Leo N. Tolstoi

An den Synod

Texte zur Exkommunikation,
Brief an den Klerus und Zeugnisse
zum eigenen Glaubensweg

Band-Signatur
TFb_A012

Tolstoi-Friedensbibliothek
Reihe A | Band 12

Herausgegeben von
Peter Bürger
Editionsmitarbeit:
Ingrid von Heiseler

Leo N. Tolstoi

An den Synod

Texte zur Exkommunikation,
Brief an den Klerus und Zeugnisse
zum eigenen Glaubensweg

Ausgewählt von Peter Bürger,
mit einem Begleittext von
Käte Gaede | 1980

Tolstoi Friedensbibliothek

TFb_A012

Die TFb-Buchausgaben
folgen dem Editionsprojekt
www.tolstoi-friedensbibliothek.de

Leo N. Tolstoi

AN DEN SYNOD

Texte zur Exkommunikation, Brief an den Klerus
und Zeugnisse zum eigenen Glaubensweg
Ausgewählt von Peter Bürger,
mit einem Begleittext von Käte Gaede (1980)

Tolstoi-Friedensbibliothek: Band-Signatur TFb_A012

Herausgeber, Redaktion & Gestaltung: Peter Bürger
www.tolstoi-friedensbibliothek.de
Umschlagmotiv: Tolstoi-Porträt (Moskau 1897 oder 1901),
Scherer & Nabholz | commons.wikimedia.org

Herstellung & Verlag: BoD – Books on Demand, Norderstedt
ISBN: 978-3-7578-4594-0

Inhalt

Vorbemerkungen des Herausgebers
zum vorliegenden Band 9

Zur Einleitung
TOLSTOI UND DIE RUSSISCHE ORTHODOXE KIRCHE
(Evangelische Verlagsanstalt, 1980)

Käte Gaede 17

———

I.
GRAF LEO TOLSTOI UND DER HEILIGE SYNOD

Deutsch von Dr. Nachman Syrkin (Berlin 1902)

Vorrede 37
Die Exkommunikation Tolstoi's (20.-22.02.1901) 39
Brief der Gräfin Sophie Tolstoi an Pobedonoszew 42
Antwort Tolstoi's an den Synod 44
[Antwort Tolstoi's: alternative Übersetzung, 1929] 53
Erwiderung des Jamburgschen Bischofs Sergius 63
Erwiderung des Herausgebers der ‚Missionären
Rundschau' W. Skworzow 72

II.
ÜBER DULDUNG
(Über die Glaubenstoleranz – O veroterpimosti, 1901)

Leo N. Tolstoi 77

III.
AN DEN KLERUS
(K duchovenstvu, 1902 | Arbeitsübersetzung)

Leo N. Tolstoi 87

IV.
VERNUNFT – GLAUBE – GEBET
Briefe Tolstois an den Bauern V. K. Zavolokin
(Dezember 1900 / Januar1901)

A. Vollständige Arbeitsübersetzung nach der
russischen Gesamtausgabe   111

B. Teilübersetzung des Globus Verlag, Berlin (1903)   126

V.
KLEINERE TEXTE TOLSTOIS
ÜBER RELIGION, KIRCHE UND GLAUBEN | 1865-1909
(Arbeitsübersetzungen)

1. Über die Religion (O religii, Fragment 1865)   141
2. Über die Bedeutung der christlichen Religion
   (O značenii christianskoj religii, Fragment 1875/1876)   145
3. ‚Christlicher Katechismus'
   (Christianskij katichizis, Fragment 1877)   150
4. Wessen sind wir? (Č'i my?, 1879)   156
5. Aufzeichnungen eines Christen
   (Zapiski christianina, Fragment 1881)   163
6. Das Wesen der christlichen Lehre
   (Suščnost' christianskogo učenija, 1908)   167
7. Gebete (Molitvy, 1909)   173

VI.
SELBSTZEUGNISSE TOLSTOIS
AUS TAGEBUCHBLÄTTERN UND BRIEFEN | 1851-1910

1. „Seligkeit im Gebet" (Tagebuch, 11.06.1851)   177
2. „Religion Christi, aber gereinigt" (Tagebuch,
   05.03.1855)   178
3. „… ich fand, dass es eine Unsterblichkeit gibt"
   (An Alexandra Alexandrowna Tolstaja, Mai 1859)   179
4. „Da kamen nun die Popen, und der kleine rosa Sarg …"
   (An A. A. Feth, Januar 1872)   182

5. „… plötzliche Bekehrungen kämen nicht vor"
(An A. A. Tolstaja, April 1876)   184

6. „Narr in Christo" (An N. N. Strachow, 1877)   185

7. „Religion … die gleiche Frage wie für einen
Ertrinkenden" (An A. A. Tolstaja, Februar 1877)   186

8. „Vom Suchen des Glaubens"
(An N. N. Strachow, Januar 1878)   187

9. „Die Einheit besteht darin, daß jeder Erlösung sucht
und sie nur in der Entäußerung seiner selbst findet"
(Tagebuch, 02.06.1878)   190

10. „Ihr Kreuz ist der Hof, meines die Gedankenarbeit"
(An A. A. Tolstaja. Jasnaja Poliana, März 1879)   193

11. „Menschen … mit Flügeln" (Tagebuch, 28.10.1879)   194

12. „Ob ich … an den Gott-Menschen glaube …"
(An A. A. Tolstaja, Februar 1880)   195

13. „Mich unterrichtet der hiesige Rabbiner Minor …"
(An W. J. Alexejew, November 1882)   199

14. „Ihr seid doch … auch Menschen, die nach Hause
gehen" (An M. A. Engelhardt, 1882)   200

15. „Ich sage nicht, dass ich bereits so ein Mensch bin …"
(An A. A. Tolstaja, 1886)   201

16. „… dieses fürchterliche Lügennetz der Propaganda"
(An A. A. Tolstaja, August/September 1887)   203

17. ‚Kritik der praktischen Vernunft' von Kant
(An N. N. Strachow, 16.10.1887)   206

18. „Vorwärtsbewegung nach einer Vollkommenheit, die
der … des Vaters ähnlich ist" (An Tschertkow, 1888)   208

19. „Chloroform der Liebe" (Tagebuch, 25.01.1889)   210

20. „In die Wüste gehen … als ständige Lebensform ist
es sicher Sünde" (An D. A. Chilkow, 1890)   211

21. „Ich denke immer alles, was ich noch nicht fühle"
(Tagebuch, 03.01.1890)   212

22. „Christ in business" (Tagebuch, 09.03.1890)   213

23. „Ist nicht alles bloß ausgedacht, was ich von der Liebe
denke und rede?" (Tagebuch, 13.06.1894)   214

24. „Ein jämmerlicher Bettler" (Tagebuch, 23.12.1895)   215

25. „Um an die Unsterblichkeit zu glauben, muß man …
ein unsterbliches Leben leben" (Tagebuch, 06.03.1896)   216

26. „Ihre Vorstellung von der Notwendigkeit der Kirche"
(An einen französischen Pfarrer, 1901)   216

27. „Sie sind der vierte Geistliche, mit dem ich mich in
voller Übereinstimmung erlebe" (Brief, 1901)   218

28. „… daß die Grundlage unseres Lebens … nicht sterben
kann" (An P. Bordakow, August 1903)   221

29. „Auffassung von Gott als einer Persönlichkeit"
(An den Geistlichen S. K., 25.12.1908)   223

30. „… so freudevoll schien es mir, als Bettler fortgehen
zu können" (Tagebuch, 2./3. Juli 1908)   225

31. „Von dieser die ganze Welt umfassenden Kirche habe
ich mich niemals getrennt" (Brief an den orthodoxen
Priester Ivan Solov'ev, 1908)   226

32. „Ich solle Gott … so auffassen, … wie Ihn andere Leute
auffassen" (An N. A. Rukawischnikoff, 04.02.1909)   230

33. „Grundlage aller Religionen …: Die Liebe zu Gott"
(An M. M. Krymbajeff, 16.03.1909)   236

34. „… wenn ich geirrt habe …, so kennt Er mich doch"
(An einen russischen Geistlichen, März 1909)   237

35. „Gott … nicht im Himmel" (An A. N. Savazk,
13.11.1909)   240

36. „Wahrhaft existiert nur Gott" (Letzte Einträge im
„Tagebuch nur für mich selbst", 31. Oktober 1910)   241

ANHANG

Bibliographische Übersicht
zu den dargebotenen Tolstoi-Texten   244

Literatur zu Tolstois
religiösen und theologiekritischen Werken   254

Übersicht zu den Bänden
der Tolstoi-Friedensbibliothek, Reihe A   258

VORBEMERKUNGEN DES
HERAUSGEBERS

„Ich habe damit begonnen, daß ich meinen orthodoxen Glauben mehr als meine Ruhe liebte, dann das Christentum mehr als meine Kirche, und jetzt liebe ich am allermeisten die Wahrheit. Und bis auf den heutigen Tag fallen Wahrheit und das Christentum, wie ich es verstehe, für mich zusammen."

LEO N. TOLSTOI, 4. April 1901[1]

„Die Vernichtung und Zertrümmerung der Lehre, die heimlich an die Stelle von Christi Lehre getreten war, ging mit der furchtbaren Gewalt eines Blitzes vor sich, der den Nachthimmel zerriß. Es bleibt nur eines von beiden: entweder dem Autor die Hand zu reichen oder zu einem der alten Altäre gehen und ihn schluchzend bitten, er möge sich und die Menschheit vor diesem Zerstörer beschützen, dessen Kraft und Entschlossenheit unvergleichlich sind."

NIKOLAI SEMJONOWITSCH LESKOW (1831-1895) über Tolstoi[2]

Die nunmehr bald vervollständigte Editionsreihe A der Tolstoi-Friedensbibliothek erschließt alle größeren religiösen (und ‚sozialethischen') Einzelwerke LEO N. TOLSTOIS (1828-1910), sofern von ihnen gemeinfreie Übersetzungen zur Verfügung stehen.[3] Nach einer lebensgeschichtlichen Krise hat der Dichter als fünfzigjähriger Mann zeitweilig versucht, sein neugewonnenes Verständnis der ‚Lehre Christi' in enger Bindung an die Orthodoxe Kirche zu bezeugen.

---

[1] Lew TOLSTOI: Antwort auf den Beschluss des Synods vom 20. bis 22. Februar und auf die aus diesem Anlass bei mir eingegangenen Briefe, übersetzt von Günter Dalitz. In: Lew Tolstoi: Philosophische und sozialkritische Schriften. (= Gesammelte Werke in zwanzig Bänden, Band 15). Berlin: Rütten & Loening 1974, S. 619-629, hier S. 628-629.

[2] Zitiert nach: Walter NIGG: Der Häretiker in der Ostkirche. In: W. Nigg: Das Buch der Ketzer [1949]. Zürich: Diogenes Tb 1986, S. 530-557, hier S. 549-550.

[3] Keine gemeinfreie – oder sonstige – Übersetzung gibt es von dem Werk: Soedinenie i perevod četyrech Evangelij (Vereinigung und Übersetzung der vier Evangelien, 1879-1881), das aber als Auszug erschlossen wird (Tolstoi-Friedensbibliothek – Reihe A, Bände 4-5).

Doch der Blick auf die Widersprüche des real existierenden Kirchentums (Symbiose mit dem Staat, materielle Privilegien, Festigung der bestehenden Macht- und Besitzverhältnisse, klerikale Rechtfertigung der Menschentötung in den staatlichen Hinrichtungs- und Militärapparaten[4] …) führt im Zuge eines theologischen Selbststudiums zum baldigen Scheitern dieses ‚Experiments'. Es entstehen zunächst Schriften zur Theologie- und Kirchenkritik, aber auch Darlegungen des eigenen Glaubens. Diese Werke werden in Russland verboten oder von der Zensur verstümmelt. Reguläre Verlagsausgaben – getreu den Manuskripten des Verfassers – können vor dem ersten Jahrzehnt des 20. Jahrhunderts nur im Ausland erscheinen.

Der vorliegende Band tanzt ‚aus der Reihe' – nicht in inhaltlicher Hinsicht, sondern aufgrund seiner Anlage. Es wird kein in sich geschlossenes größeres Werk neu ediert. Der Titel *„An den Synod"* bezieht sich auf einen sehr kurzen Text TOLSTOIS bzw. auf die dargebotene Dokumentation zur ‚Quasi-Exkommunikation' des Dichters im Februar 1901 (Abteilung →I).

Ergänzend kommen hinzu die Schriften *„Über Duldung"* (O veroterpimosti, 1901), *„An den Klerus"* (K duchovenstvu, 1902) und *„Vernunft – Glaube – Gebet"* (Briefe an den Bauern V. K. Zavolokin, 1900/1901), die in zeitlicher wie thematischer Hinsicht nähere Bezüge zur kirchenamtlichen Verurteilung LEO N. TOLSTOIS aufweisen (Abteilungen →II - IV). Wir nehmen zudem die Gelegenheit wahr, eine Reihe von wenig bekannten, meist fragmentarischen Texten in Arbeitsübersetzungen[5] zugänglich zu machen, die neben den in sich abgeschlossenen Werken der Reihe noch herangezogen werden sollten, wenn es gilt, auf breiter Grundlage die Entwicklung des theologischen – kirchenkritischen und religiösen – Denkens des russischen Christen nachzuvollziehen (Abteilung →V).

---

[4] Bezogen auf die für Tolstoi zentrale Frage von Gewalt und Krieg sei nachdrücklich auch auf die Reihe B der Tolstoi-Friedensbibliothek verwiesen und zwar auf die bereits erschienenen Bände 1-5.

[5] Mangels *gemeinfreier* Übertragungen haben wir hier ein modernes Übersetzungsprogramm genutzt und dies jeweils deutlich ausgewiesen; die bei der Bearbeitung bzw. Überprüfung herangezogenen Vergleichstexte sind im Anhang bibliographisch verzeichnet und können in wissenschaftlichen Kontexten nachträglich aufgesucht werden, wenn unsere Textdarbietung das Interesse an den Fragmenten Tolstois geweckt hat (eine Ausnahme *ohne* Vergleichstext: →V.2).

Eine kleine Auswahl von *Briefauszügen und Tagebuchblättern*, die den Band beschließt, mag manche Leserinnen und Leser neugierig machen (Abteilung →VI). Umfangreiche, z. T. in Übersetzungen erschlossene Brief- und Tagebucheditionen enthalten sehr viele verstreute Selbstzeugnisse TOLSTOIS, die – zumal bezogen auf das letzte Lebensjahrzehnt – bei Darstellungen zum theologischen bzw. religiösen Weg des Dichters nicht übergangen werden dürfen. Ein Studium dieser Quellensegmente kann uns davor bewahren, bei kontroversen Fragen (Gottesbild, ‚ewiges Leben‘, Gnadentheologie oder pelagianischer Moralismus etc.) voreilige Antworten zu formulieren. Ohne Einblicke in Persönlichkeit („Psychogramm"), lebensgeschichtliche Entwicklungen, Umbrüche und Wandlungen ist es schier unmöglich, auch nur ansatzweise etwas über ‚*die* Theologie‘ oder ‚*den* Glauben‘ eines Menschen auszusagen. Doch wie erlangen wir solche ‚Einblicke‘? Ins Herz zu schauen kann, das bleibt im Letzten Gott vorbehalten. Vielleicht ist uns – um eine Anschauung LEO TOLSTOIS aufzugreifen – hinsichtlich der ‚Kardiognosie‘ eine Möglichkeit der *Annäherung* gegeben? Sichere Urteile vermögen freilich nur die Inquisitoren abzugeben, denen bei Belangen ihrer Profession ein klar definiertes Wahrheitsdepot zur Verfügung steht. Weil es in diesem Depot nicht um das leibhaftige Leben geht, kann auch ganz außer acht bleiben, dass die Menschen – trotz der allen gemeinsamen Bedürftigkeit – mit ihren Fragen, Leiden, Abgründen, Freuden und Glückseligkeiten keineswegs über einen Leisten gezogen werden können.

Dankenswerterweise dürfen wir als einleitenden Text im Nachfolgenden Ausführungen von KÄTE GAEDE über *„Tolstoi und die Russische Orthodoxe Kirche"* (1980) dokumentieren. Die Verfasserin bietet – ausgehend von der Bibelarbeit des Grafen – eine gute Orientierung über die kirchlichen Konflikte.

Noch immer lesenswert ist ein Essay *„Der Häretiker in der Ostkirche"* (1949) von WALTER NIGG, der auf knappem Raum Kontexte der Nichtangepasstheit und Verketzerung TOLSTOIS erhellt: „Eine unterhöhlende Tätigkeit ging von Tolstois andersartiger Christentums-Auffassung aus, welche der zaristische Staat als seinen unheimlichen Feind fürchtete. Mehrfach mußte der Dichter deswegen polizeiliche Hausdurchsuchungen über sich ergehen lassen, und es wurden seine ketzerischen Schriften von der Zensur verboten. Aber allen Unterdrückungsmaßnahmen zum Trotz breitete sich Tolstois christliche Revolution aus, in der wiederum die wirklichkeitsumwälzende Kraft des Evangeliums an den Tag getreten war. Sie rief die gleiche staatszerstörende Wirkung wie das frühe Christentum hervor"[6]. – Die im Anhang des vorliegenden Bandes verzeichnete Sekundärliteratur umfasst gleichermaßen sachliche, wohlwollende und kirchlich-apologetische (bisweilen feindselige) Darstellungen.

Dem sogenannten ,Heiligen Synod', 1721 von Zar Peter I. als höchstes Leitungs- und Rechtsorgan des Russisch-Orthodoxen Staatskirchenkomplexes begründet, waren die religiösen wie sozialkritischen Schriften, die der weltberühmte Dichter in Jasnaja Poljana nach seiner Abwendung von dem eben erst wiederentdeckten kirchlichen Leben verfasst hat, selbstredend von Anfang an missliebig. „Schon 1886 hatte Monsignore Nicanor, Erzbischof von Cherson und Odessa, gegen den Ketzer gepredigt; 1891 hatte Butkewitsch, Erzpriester von Charkow, ihn der Ungläubigkeit und Gottlosigkeit geziehen. 1892, während der großen Hungersnot, hatten die Popen der Dorfkirchen die Muschiks veranlaßt, das Brot des Renegaten nicht anzunehmen; 1896 hatte [Prokurator] Pobjedonostzew sich vergeblich bemüht, vom Zaren zu erreichen, daß Leo Tolstoi im Kloster Susdal eingesperrt werde. Schließlich beschloß im April 1900 der Präsident des Heiligen Synod, Monsignore Anton, Metropolit von St. Petersburg, auf Drängen Pobjedonostzews und aus Empörung über die Angriffe gegen die orthodoxe Kirche in [dem Roman] ,Auferstehung', den Schuldigen zu exkommunizieren. Ein vertrauliches Schreiben an den Klerus erklärte, daß Leo Tolstoi nicht mehr am kirchlichen Leben teilnehmen dürfe, und verbot, Totenmessen für die Ruhe seiner Seele zu lesen, wenn er unbußfertig hinscheide. Aber nach einigen Monaten der Überlegung hielten die vollzählig versammelten Mitglieder des Heiligen Synods es für geraten, den Text dieses Zirkulars abzumildern. Am 22. Februar 1901 erließen sie eine offizielle Verfügung, die an alle Kirchentüren geheftet werden sollte. Das Dokument [→S. 39-41] war von drei Metropoliten, einem Erzbischof und drei Bischöfen unterzeichnet"[7].

---

[6] W. NIGG: Das Buch der Ketzer. Zürich 1986, S. 548-549. (Siehe Fußnote 2)

[7] Henri TROYAT: Tolstoi oder Die Flucht in die Wahrheit. Wien/Düsseldorf: Econ-Verlag 1966, S. 454.

Seit den frühen 1880er Jahren hatte Leo N. TOLSTOI offen einen ‚Ketzerglauben' bezeugt, und die Breitenwirkung seiner diesbezüglichen kleineren Schriften war gewiss nicht so bescheiden, wie der Dichter es in seiner ‚Antwort an den Synod' (→S. 44-62) darstellen wird. Warum erfolgte erst jetzt ein solcher Schritt? Die große *„Kritik der dogmatischen Theologie"*[8] war zwar in zwei Teilen schon in Genf veröffentlicht worden, dürfte aber in Russland Anfang 1901 nur wenig verbreitet gewesen sein. Vielleicht bildete der literarische – in der Tat unerhörte – Angriff auf das Mysterium des Abendmahlsakraments im Roman *„Auferstehung"* (1899)[9] wirklich den bedeutsamsten Hintergrund für das Vorgehen des Heiligen Synod. Die Leugnung der Allerheiligsten Dreifaltigkeit Gottes und des Gottseins Jesu Christi konnte von keiner Kirchenleitung gutgeheißen werden. Doch eine vom Dichter vorgeführte Entweihung der heiligen Vollmacht des Klerikers betraf das Kirchensystem viel unmittelbarer, – und auch aus Sicht der Herrschenden war die Attacke gegen eine „Kultmystik" (WALTER NIGG), die der Verschleierung sozialer Widersprüche sehr dienlich sein konnte, keine Nebensächlichkeit.

TOLSTOI bestritt keineswegs die zentralen Feststellungen des ihn ‚exkommunizierenden' Kirchenleitungsapparates, aber er bestritt, dass dieser die rechte ‚Lehre Christi' verkündete und jene wahrhaftige – universale – Kirche repräsentierte, von der er sich niemals zu trennen gedachte. Der Heilige Synod hatte ihm die Gelegenheit eröffnet, vor aller Welt noch einmal wirksam sein ‚Glaubensbekenntnis'[10] auszusprechen. Mitnichten zollten 1901 die Leute im Land den

---

[8] Tolstoi-Friedensbibliothek Reihe A, Band 2 (Teilübersetzung) und Band 3 (Gesamtausgabe).

[9] Vgl. den entsprechenden Auszug aus einer unzensierten Vollversion des Romans in Leo N. TOLSTOI: Texte gegen die Todesstrafe. Über die Unmöglichkeit des Gerichtes und der Bestrafung der Menschen untereinander. Mit einem Geleitwort von Eugen Drewermann. (= Tolstoi-Friedensbibliothek Reihe B, Band 1). Norderstedt: BoD 2023, S. 97-106.

[10] „Ich glaube an folgendes: Ich glaube an Gott, den ich als Geist, als Liebe, als Beginn von allem verstehe. Ich glaube, daß er in mir ist und ich in ihm. Ich glaube, daß Gottes Wille seinen klarsten und verständlichsten Ausdruck in der Lehre des Menschen Christus gefunden hat, den als Gott aufzufassen und anzubeten ich als größte Gotteslästerung betrachte. Ich glaube, daß das wahre Glück des Menschen in der Erfüllung des Willens Gottes liegt und es sein Wille ist, daß die Menschen einander lieben und daher mit anderen umgehen, wie sie wollen, daß man

Inquisitoren einmütig Beifall. Henry Troyat schreibt: „Die Veröffentlichung des Erlasses hatte Proteste in ganz Rußland zur Folge. Selbst jene, die Tolstois Ideen nicht billigten, empörten sich gegen das von den Priestern wieder ausgegrabene, völlig veraltete Verfahren, mit dem man gegen den größten lebenden Schriftsteller Rußlands vorging. Was würde das Ausland von diesen mittelalterlichen Methoden denken? Der Zeitpunkt für einen Kirchenbann war schlecht gewählt, zumal seit einiger Zeit die Moskauer Studenten ihre Solidarität für ihre Kommilitonen in Kiew bekundeten, die man als einfache Soldaten in die Armee gesteckt hatte, weil es an der Universität zu Unruhen gekommen war. Die ganze Stadt war in höchster Erregung. An den Straßenkreuzungen bildeten sich Menschenansammlungen. Am Sonntag, dem 14. Februar 1901, dem Tage, an dem die Exkommunizierung in den ‚Kirchlichen Nachrichten‘ verkündet wurde, stieß Leo Tolstoi auf dem Rückweg von seinem Arzt am Lubjanka-Platz auf Arbeiter- und Studentengruppen. Jemand, der ihn erkannt hatte, brüllte: ‚Da ist er, der zum Mensch gewordene Teufel!‘ – Sofort wurde er umringt und freudig begrüßt: ‚Hurra, Leo Nikolajewitsch! Heil dem großen Mann! Hurra!‘ Da er von der tausendköpfigen Menge fast totgedrückt wurde, half ihm ein Student, in einen Schlitten zu steigen, aber die Leute hinderten den Kutscher am Abfahren; Bewunderer hatten in die Zügel gegriffen. Ein berittener Gendarm mußte eingreifen, um dem Gefeierten einen Weg zu

---

mit ihnen umgehe, denn es heißt ja im Evangelium, hierin bestünden das ganze Gesetz und die Propheten. Ich glaube daher, daß der Sinn des Lebens für jeden einzelnen Menschen nur darin bestehen kann, die Liebe in sich zu mehren; daß diese Vermehrung der Liebe dem einzelnen Menschen in diesem Leben zu immer größerem Glück verhilft, daß sie nach dem Tode um so mehr Glück gewährt, je mehr der Mensch von Liebe erfüllt war, und daß sie gleichzeitig und vor allem anderen dazu beiträgt, in der Welt das Reich Gottes zu errichten, das heißt eine Lebensordnung, bei der Zwist, Betrug und die jetzt herrschende Gewalt abgelöst werden durch freie Übereinkunft, Wahrheit und brüderliche Liebe der Menschen untereinander. Ich glaube, daß es für die Mehrung der Liebe nur ein einziges Mittel gibt: das Gebet – nicht das öffentliche Gebet in Gotteshäusern, das Christus geradezu verboten hat (Matthäus 6, 5 bis 13), sondern jenes Gebet, für das Christus uns ein Beispiel gab, das einsame Gebet, bei dem wir den Sinn unseres Lebens und unserer Abhängigkeit allein von Gottes Willen in unserem Bewußtsein erneuern und festigen." (Lew TOLSTOI: Antwort auf den Beschluss des Synods vom 20. bis 22. Februar. In: Lew Tolstoi: Philosophische und sozialkritische Schriften. Berlin 1974, S. 619-629, hier S. 627-628.)

bahnen. Erschöpft und entzückt kehrte er als Triumphator nach Hause zurück. Schon ergoß sich eine Flut von Telegrammen und Glückwunschbriefen auf seinen Schreibtisch. Es kamen so zahlreiche Besucher, daß man im Vorzimmer eine Liste auslegen mußte, in die sie sich einschreiben konnten. Kleine vervielfältigte Gedichte ‚Der Löwe und die Esel‘ (Löwe und Leo heißen im Russischen ‚Lew‘) oder: ‚Pobjedonostzews Traum‘ gingen von Hand zu Hand. – In den Tagen darauf zogen Demonstrationszüge durch die Straßen, und Gruppen von Studenten kamen ins Haus, um ihre Verbundenheit mit dem ‚Exkommunizierten‘ zu bekunden. Den Zeitungen wurde die Veröffentlichung von Telegrammen und anderen Sympathiebeweisen für den von der Kirche verstoßenen Grafen verboten. Aber es war unmöglich, das Ereignis geheim zu halten und das Gerede darüber zu ersticken. Am 25. März versammelte sich in St. Petersburg anläßlich einer Wanderausstellung eine große Menschenmenge vor dem Repinschen Porträt Tolstois, klatschte Beifall und schickte dem Schriftsteller eine Depesche mit dreihundertachtundneunzig Namen.“[11]

Ja, es gab auch die gehässigen Zuschriften von ‚Frommen‘, die nach dem Spruch des staatskirchlichen Offiziums im Dichter den Leibhaftigen zu erblicken vermeinten. Doch den ‚allgemeinen Glaubenssinn‘ repräsentierten sie wohl nicht.

Zu Beginn des 20. Jahrhunderts rückte die Kritik an der institutionellen Perversion der ‚Lehre Christi‘ durch das Kirchentum der Staatsdiener im Popenkleid in TOLSTOIS Schriften zeitweilig stark in den Vordergrund. Gegen Ende seines Lebens ist der Ton einer scharfen Polemik geschwunden und der Dichter scheint im Austausch mit den kirchlich Gesinnten um Milde bemüht zu sein. Die Kriegerkanzeln in zwei Weltkriegen mit 70 Millionen Toten, welche von den staatlich besoldeten Theologen in deutschen Landen bis heute nicht als die eigentliche Selbstauflösung der verfassten Christenheit erkannt werden, haben indessen die Skepsis des Alten von Jasnaja Poljana postum auf traurige Weise als den einzig möglichen Realismus bestätigt.

pb

[11] Henri TROYAT: Tolstoi oder Die Flucht in die Wahrheit. Wien / Düsseldorf 1966, S. 455-456.

Leo N. Tolstoi (1828-1910)

Gemälde des mit dem Dichter befreundeten Künstlers
Nikolai N. Ge | Николай Николаевич Ге (1831-1894)
commons.wikimedia.org

Zur Einleitung

Tolstoi und die Russische Orthodoxe Kirche

(Evangelische Verlagsanstalt, 1980)[1]

Käte Gaede

Hatte TOLSTOIS Hinwendung zur orthodoxen Kirche die verstärkte Lektüre der Bibel und spätere Analyse zur Folge, so erhält mit der neu gefundenen Glaubensposition die Abwendung von der Kirche ihre begründete Basis. Vorbehalte, die zuvor bereits kirchlichen Zeremonien gegenüber vorhanden waren, erhärten sich.

In der Tempelreinigung (Joh. 2,12-22 Parr.) findet TOLSTOI den Beleg dafür, daß bereits Jesus jeglichen Opferkult abgelehnt hat. TOLSTOI stellt sie deshalb in seiner Evangelienübersetzung – der Überlieferung des Johannesevangeliums entsprechend – an den Anfang der öffentlichen Wirksamkeit Jesu: Jesus kam in den Tempel, „warf alles hinaus, was für ihre Opfer notwendig ist, ausdrücklich so, wie dieser es jetzt tun würde, der, wenn er in unsere Kirche käme, alles hinauswürfe, Prosphoren, Wein, Reliquien, Kreuze, Antimensien und alle jene Sachen, die zu den für den Abendmahlsgottesdienst notwendigen zählen ..." (Evangelienauslegung[2]: Kap. 2, S. 124). Die Tempelreinigung steht bei Tolstoi auch als praktische Konsequenz der Mark. 7, 1-23 (Auseinandersetzung um Rein und Unrein) ausgesprochenen Ablehnung des Opferkultes. Er behält die scharfe Polemik jenes Abschnittes bei, die sich allein gegen die

---

[1] Textquelle dieses Buchauszuges | Käte GAEDE: Lew Nikolajewitsch Tolstoi. Schriftsteller und Bibelinterpret. Berlin: Evangelische Verlagsanstalt 1980, S. 94-110. – Darbietung an dieser Stelle mit freundlicher Genehmigung der Evangelischen Verlagsanstalt (Schreiben vom 26.06.2023).

[2] Evangelienauslegung = Lew TOLSTOI: Soedinenie i perevod četyrech Evangelij (Vereinigung und Übersetzung der vier Evangelien, 1879-1881). In: PSS [Russische Gesamtausgabe in 90 Bänden, Moskau 1928-1957ff: Polnoe sobranije sočinenij v 90 tomach]. Band 24. Moskau 1957, S. 7-800. [Als Internet-Ressource: http://tolstoy.ru/creativity/90-volume-colection-of-the-works].

Gesetzesauslegung und Kultgesetze richtet, so daß der positive Bezug zum Mosaischen Gesetz (Mark. 7, 10) auch bei ihm erhalten bleibt. Dem geht die Auseinandersetzung Jesu mit den jüdischen Gruppen voran, wie sie sich an der Übertretung des Sabbatgebotes durch Jesus entzündet (Luk. 6, 1 ff.). In Luk. 13, 10 bis 14 wird Jesu Tun durch spezifische Übersetzung bei TOLSTOI zu einer Hilfeleistung. Diese ermöglicht einer Frau, die einen „Geist der Schwäche" hat, den göttlichen Geist in sich zu erkennen. Damit gebe Jesus ein Beispiel, was für „Gutes man am Sabbat tun muß" – so zu Matth. 12, 12 (Evangelienauslegung, S. 109). Die Berechtigung für die Übertretung des Sabbatgebotes durch Jesus sieht TOLSTOI in folgendem: „Nicht auf der Grundlage seiner angeblichen persönlichen Göttlichkeit verwirft Jesus den Sabbat, das heißt die äußere Gottesverehrung, sondern auf Grund des gesunden Menschenverstandes, das heißt dieses Verständnisses nämlich, welches zur Grundlage von allem geworden ist ..." (Evangelienauslegung, S. 109). Die Tischgemeinschaft Jesu mit Zöllnern und Sündern, die sich im zweiten Kapitel an die Berufung des Matthäus anschließt (Matth. 9, 9 ff.), wird mit dem Wort vom Arzt (Mark. 2, 17) begründet und dem Kommen Jesu zu den Sündern: „Ich will nicht die Rechtgläubigen [Pharisäer] überreden, sondern die Verirrten zur Besserung." (Die ausführlichere Textfassung entspricht dem Synodaltext.)

Jesu Gespräch mit der Samariterin (Joh. 4, 1-42) gipfelt, nachdem Jesus über die wahre „Verehrung des Vaters" gesprochen hat, in der Selbstoffenbarung Jesu (4, 26): „Ich bin dieser [Messias], der mit dir spricht" (Evangelienauslegung, S. 130). Die wahre Verehrung Gottes (V. 24), der hier im Text als „Geist" bezeichnet wird (eine sehr wesentliche Stelle für TOLSTOI !), geschieht „durch den Geist" und „in der Tat" (analog zu Joh. 1, 14): „Jetzt ist die Zeit gekommen, nicht hier oder dort zu ehren, sondern überall ..." (Evangelienauslegung, S. 130).

Die orthodoxe Kirche überhaupt versteht sich als Kirche der rechten Anbetung. Die Berechtigung dessen wird von TOLSTOI anhand der neutestamentlichen Aussagen in Frage gestellt. In der von ihm erlebten Kirche sieht er nicht mehr die vom Evangelium her gebotene Anbetung Gottes verwirklicht. Die mit dem Glauben an Jesus verbundene kultische Verehrung ist für ihn generell eine Verirrung und Abwendung vom wahren Willen Gottes. Die Kritik an der Kirche als der der rechten Anbetung verbindet sich bei ihm darüber hinaus mit der Kritik an der rechten Lehre.

Die Auseinandersetzung um die Einhaltung des Sabbats sowie die Warnung vor Schriftgelehrten und Pharisäern und Weherufe über sie (Matth. 23, 1 ff.) belegen Jesu Abgrenzung gegen die jüdischen Gruppen. Jesus habe sich – so deutet TOLSTOI – mit den Pharisäern nicht nur deshalb auseinandergesetzt, weil sie „Heuchler" waren – gemäß der Matthäischen Charakterisierung –, sondern weil sie für sich „das Recht zu lehren" in Anspruch genommen hatten. Die in den synoptischen Evangelien dargestellten Auseinandersetzungen Jesu mit den verschiedenen Gruppen sowie die im Johannesevangelium generalisierte Frontstellung Jesu gegen ‚die Juden' erfahren bei TOLSTOI eine besondere Charakterisierung: „Die Befolgung des Sabbats ist für den Juden dasselbe wie für den Klerikalen das Abendmahl. So ist derjenige kein Jude, der nicht den Sabbat hält – nicht ein Rechtgläubiger oder Katholik derjenige, der sich nicht das Abendmahl reichen läßt ... Und hier sagt Jesus, daß dieser Sabbat ein Unsinn, eine menschliche Erfindung ist, weil wichtiger als äußere Heiligkeit der Mensch ist" (Evangelienauslegung, S. 105 f.). „Jesus konnte damals nicht direkt über unsere Kirche, über Mittagsgottesdienste, Ikonen, Sakramente sprechen. Sie gab es damals nicht, aber er hat auch über sie gesprochen ... Ist etwa dieser Sabbat nicht der Sonntag? Es gibt Aufwand an Kerzen, an Lohn für die Popen, die Geistlichkeit der Kirche, Sorge um äußere Gottesverehrung, welche sich klar gegen die Erfüllung der Liebestaten stellen ... notwendigerweise ... aus dem einfachen Grunde, weil die Taten der Gottesverehrung immer nicht auf die Menschen, sondern auf irgend etwas Totes gerichtet sind, eine Liebestat aber kann nur auf den Menschen gerichtet sein ... Man darf nicht vergessen, daß die Lehre Jesu darin besteht, daß jeder Schritt des Lebens auf die Wohltaten für die Menschen gerichtet ist. Wie vermag es für die Erfüllung dieser Lehre eine nützliche Tätigkeit zu geben, die gegen die Menschen gerichtet ist?" (Evangelienauslegung, S. 110). Die in diesen Zitaten deutlich werdende Polemik vor allem gegen die Sakramente spiegelt sich in TOLSTOIS Übersetzung der entsprechenden Begriffe wider. Ebenso merkt TOLSTOI, wenn im Text von Opfern die Rede ist, mindestens an, daß Jesus von ihnen nicht gesprochen habe.

Er entdeckt Parallelen zwischen den Pharisäern und den Vertretern der orthodoxen Kirche. Die Rechtgläubigen *tun* nicht nur den von Jesus verkündigten Gotteswillen nicht, sondern sie lehren ihn auch nicht. Denn sie kennen die Wahrheit nicht, „solange sie das Verständnis nicht in sich aufgenommen haben" (zu Matth. 23, 29; Evangelienauslegung: Kap. 9, S. 638). Dieses wiederum haben sie so lange nicht aufgenommen, wie sie den Willen Gottes nicht *tun*, das heißt, Gott durch die Tat ehren; denn erst im Handeln erweist sich die Wahrheit der Lehre. Sie lehren demgegenüber das falsche Gesetz und damit die „äußere Gottesverehrung". Deshalb gilt für TOLSTOI die im Johannesevangelium auf ‚die Juden' ausgeweitete Polemik Jesu ebenso den „Rechtgläubigen". In seinem zweiten Kapitel benutzt er darum als Übersetzung für „Pharisäer" die Selbstbezeichnung orthodoxer Christen „*Prawoslawnyje*" – *Rechtgläubige* (Luk. 6, 2: Evangelienauslegung S. 103; Luk. 14, 3: ebd., S. 109; Matth. 9, 11 / Mark. 2, 17: ebd., S. 112; Mark. 7, 1.5: ebd., S. 113 f.; Luk. 11, 37.39, ebd.: S. 135; Luk. 18,10 ff.: ebd., S. 137) und begründet es damit, daß die Vertreter jener jüdischen Gruppe Züge tragen, die den Angehörigen der orthodoxen Kirche nahekommen. TOLSTOI benutzt die russische Übersetzung des Attributs der Selbstbezeichnung der byzantinischen Kirche, die sich zur Unterscheidung von der lateinischen die „rechtgläubige (– orthodoxe, *prawoslawnaja*) allgemeine und apostolische Kirche des Ostens" genannt hat und damit das treue Festhalten an den Ursprüngen, den Besitz der Wahrheit in Anspruch nimmt, der im Beharren bei den beiden Grunddogmen, der trinitarischen Theologie und der Christologie, seinen Ausdruck findet. Die Besonderheit der Pharisäer habe – so charakterisiert TOLSTOI zum Teil historisch zutreffend – darin bestanden, „daß sie erstens außer der Heiligen Schrift noch die mündliche Überlieferung anerkannten, die heilige Überlieferung, die bekannte äußere Zeremonien fordert, die sich für besonders wichtig hielten; zweitens legten sie die Heilige Schrift buchstäblich aus und hielten die Erfüllung von Zeremonien wichtiger als die Sache, als die Erfüllung des göttlichen Gesetzes; drittens anerkannten sie die Abhängigkeit des Menschen von Gott, welche jedoch den freien Willen nicht ganz ausschloß … (Evangelienauslegung, S. 204). In bezug auf die Anerkenntnis der Überlieferung trifft TOLSTOIS Parallelisierung zu; denn dies entspricht orthodoxem Selbstverständnis. Außerdem greift er auf die Wortbedeutung „Pharisäer" zurück und stellt richtig fest, daß dieses

Wort sowohl „Erklärer" als auch „Abgesonderter" heißen könne. Dies treffe auf die „Pastoren der Kirche" genau zu, weil dies Menschen sind, „die sich für die wahren und einzigen Erklärer des Gesetzes Gottes halten. Für die Grundlage der Wahrheit ihrer Erklärung nehmen sie die Überlieferung von Jesus Christus, die auf sie gekommen ist ... Sie trennen sich ab von den Ungelehrten durch Kleidung und äußerlich sichtbare Gottesfurcht" (Evangelienauslegung, S. 643 f.). TOLSTOIS Vorwurf trifft also vor allem die Geistlichkeit in jener Zeit. Das allgemeine Bild der Russischen Orthodoxen Kirche war damals tatsächlich von einer Entfremdung zwischen den einfachen Gläubigen und der kirchlichen Hierarchie geprägt. Seit der Zeit der Kirchenreformen durch PETER I. traten die Bischöfe oder Äbte allgemein nicht als Vorbilder geistlichen Lebens, sondern Mönche und Priester hervor, die nicht unmittelbar zum regierenden Teil der Kirche gehörten. Vor allem aber erfreuten sich die Starzen großen Zulaufs, bei denen sowohl das einfache Volk als auch gläubige und nichtgläubige Vertreter des Geisteslebens Zuspruch und Rat in geistlichen oder profanen Fragen zu erhalten suchten.

Deshalb äußert sich TOLSTOI auch erstaunt darüber, daß die Entlarvung der Pharisäer durch Jesus „vor 1800 Jahren als in jedem der 1800 Jahre geschriebene erscheint und für uns, im Jahre 1879, als gerade gegen unsere Priester, Metropoliten und Popen in der gestrigen Zeitschrift, der Zensur entschlüpft, geschrieben erscheint" (Evangelienauslegung, S. 640).

Einerseits richtet sich TOLSTOIS Kritik gegen die beamteten Vertreter der Kirche, andererseits gegen das kirchliche Leben überhaupt. Den Gottesdienst empfindet er als toten Kult und sieht ihn nicht dem orthodoxen Verständnis gemäß als Geschehen, wo sich das Durchdrungenwerden des Menschen mit dem Göttlichen realisieren kann. Da er die Vorbildfunktion Christi überbetont, steht bei ihm die Verwirklichung der Vereinigung mit Gott als Aktion des einzelnen im Vordergrund. Damit ist die Kirche insgesamt für ihn mindestens nicht alleiniger Träger der göttlichen Wahrheit und Gnade, nicht Zentrum der Erlösung und Organ des Heiligen Geistes, wodurch jedem Gläubigen die Erlösung mitgeteilt wird. Die Kirche ist also nicht heilsnotwendig. Auch außerhalb von ihr kann der Mensch gerettet werden. Gott bedarf keiner Vermittlung, sondern teilt sich dem Menschen direkt mit. Darum sind alle jene, die den

Geist Gottes in sich anerkennen und dem Willen Gottes gemäß leben, Söhne Gottes. Durch sie geschieht dann auch die Verkündigung der Lehre Jesu, indem sie sie in ihrem Leben befolgen. Damit ist schon angedeutet, was TOLSTOI seiner Ablehnung der Kirche als einer wesentlich im Kult sich darstellenden Institution und Heilsmittlerin positiv entgegenstellt. Im Text Matth. 5, 35 (ihr sollt nicht schwören ... weder beim Himmel ... noch bei der Erde ..., noch bei Jerusalem ...) ändert TOLSTOI *Jerusalem* in „Kirche", so daß die Aussage lautet: „... noch bei der Kirche – sie ist auch göttlich" (Evangelienauslegung, S. 227). Damit ist zunächst Kirche nicht grundsätzlich abgelehnt. Sie wird von TOLSTOI zu Matth. 16, 16 als „Versammlung der Menschen" bezeichnet. Sie ist dadurch gekennzeichnet, daß Jesu Lehre „der Liebe und der Wahrheit ... unter ihnen sein wird, das heißt als Grundlage ihrer Beziehungen untereinander" (Evangelienauslegung, S. 588, zu Matth. 18, 19 f.). Dementsprechend ist die Kirche für TOLSTOI die Gemeinde der ‚Heiligen', aber als solche nicht institutionalisierbar und in ihrer weltumspannenden Größe im Grunde die unsichtbare Kirche. Ferner kann man den von TOLSTOI benutzten Texten entnehmen, daß es der Lehre bedarf, weshalb die ‚Versammlungen der Gläubigen' dazu dienen, immer wieder den Glaubensgrund und -inhalt deutlich zu machen. Die Aufgabe der Gläubigen besteht darin, durch das Wort und durch die Tat Zeugnis abzulegen. Denn durch diese Einheit kann der Glaube geweckt werden bei denen, die noch nicht zur Erkenntnis Gottes und einem ihr gemäßen Leben gelangt sind. Gottesdienst ist damit ausschließlich Dienst am Bruder. Gott wird in diesem Dienst erfahren, aber auch im Gebet, dem Vaterunser, angerufen.

Die durch Jesus geschehene Verkündigung des Heils wird TOLSTOI zum Kriterium der Kritik an der Kirche: Erstens erfüllt sie ihren Auftrag nicht, weil sie nicht die Offenbarung Gottes in Jesus Christus und die in ihr sichtbar gewordene Sinngebung des Lebens für den Menschen deutlich macht. Vielmehr rede sie „unverständliche Dinge" und verführe damit die Menschen zum Unglauben oder Aberglauben. Zweitens handle die Kirche, soweit sie dennoch die Lehre Jesu und die aus ihr für den einzelnen erwachsenden Konsequenzen vermittle, selbst nicht danach und sei deshalb unglaubwürdig. Um jene Unglaubwürdigkeit zu verdecken, verfälsche sie drittens den Inhalt des Evangeliums, um so die gegen den Menschen gerichtete Politik des Staates zu rechtfertigen und dadurch ihre eigene Position zu sichern. Die Verfälschung bezieht sich vor allem auf solche kirchlichen Auslegungen, wie sie anhand der Bergpredigt deutlich geworden sind.

Da die Kirche den Glauben verwirklichen und lehren soll, fällt ihr angesichts der gesellschaftlichen Bedingungen seiner Zeit besondere Schuld zu. Deshalb kritisiert TOLSTOI die Kirche von ihrem Glaubensgrund (Jesus) her und stellt ihrer Glaubenslehre den wahren Menschen Jesus, wie er ihn dem Zeugnis im Neuen Testament entnimmt, gegenüber. TOLSTOIS Kritik steht also letztlich im Interesse an der Kirche und dem von ihr verkündigten Heilswillen Gottes, so daß er mit seinem Hinweis auf die *„viva vox evangelii"* die Kirche auf die Konsequenzen ihres Verkündigungsauftrages aufmerksam machen will.

Eine ähnliche Position findet sich auch in seiner Schrift *„Mein Glaube"*. Hier faßt er „Christi Hauptgebote" wie folgt zusammen: „… die Liebe zum Nächsten und die Verbreitung seiner Lehre durch das lebendige Wort. Das eine wie das andere verlangt eine fortwährende Gemeinschaft mit der Welt"[3]. Die Verkündigung als Aufgabe der Kirche wird unterstrichen: „Es war die Kirche, welche die vernünftige Lehre Christi in das Leben der Welt eingeführt hat. Jedes Organ der Welt wurde durch sie genährt und wuchs und gedieh." Wenn in seiner Zeit die Kirche „ihre Pflicht erfüllt [hat] und … abgestorben" ist, so gilt das für jene Kirche, die die Lehre Christi nur in der Verhüllung vieler anderer Äußerlichkeiten verkündigt und darum vielen Menschen den Zugang zu deren ‚Kern' versperrt. Denn es gilt für TOLSTOI weiterhin, daß die der Welt notwendige Nahrung – wie er obiges Bild weiterführt – „doch wieder nur bei der Mutter zu finden ist und ihnen nur in einer anderen Weise übergeben werden kann"[4]. Einerseits bestünde also die Aufgabe der Kirche darin, ihrer Funktion als der Verkünderin der Lehre Christi gerecht zu werden und dazu notwendig selbst umzukehren; zum anderen soll – wenn die Kirche dazu nicht imstande ist – außerhalb oder

---

[3] Leo N. TOLSTOI: Mein Glaube. (= Leo N. Tolstoi: Gesammelte Werke. I. Serie, Band 2.) Von dem Verfasser genehmigte Ausgabe von Raphael Löwenfeld. Erstes bis drittes Tausend. Leipzig: Eugen Diederichs 1902, S. 246. [Neuedition in unserer Reihe: Tolstoi-Friedensbibliothek – Reihe A, Band 6].
[4] TOLSTOI: Mein Glaube. Leipzig 1902, S. 321.

unabhängig von ihr der Inhalt des Evangeliums weitergegeben werden, und das geschieht gewissermaßen durch jeden, der der Lehre gemäß lebt. Am Ende von *„Mein Glaube"* heißt es, daß die Kirche, „die aus Menschen besteht, die nicht durch Versprechungen und Salbungen, sondern durch Werke der Wahrheit und Liebe zu einem Ganzen vereinigt sind – diese Kirche immer gelebt [hat] und ewig leben wird. Diese Kirche besteht, wie früher so auch jetzt nicht aus Menschen, die da rufen: ‚Herr, Herr!' und Gesetzlosigkeiten verrichten, sondern aus Menschen, die auf meine Worte hören und sie erfüllen (Matth. 7, 21.22). Ob es jetzt wenige, ob es viele solcher Menschen gibt, dies ist die Kirche, die durch nichts besiegt werden kann und der alle Menschen sich anschließen. Fürchte dich nicht, du kleine Herde; denn es ist eures Vaters Wohlgefallen, euch das Reich Gottes zu geben (Luk. 12,32)"[5].

Auch in späteren Schriften tauchen kirchenkritische Gedanken auf, ebenso die von TOLSTOI beibehaltene Aufgabenstellung für die Kirche. In *„Was sollen wir denn tun?"* (1882 bis 1886) spricht er von der wahren Kirche, die „so lange bestanden [hat], wie ihre Lehrer duldeten und litten, sobald sie sich aber dem Wohlleben hingaben, war es um ihr Lehramt geschehen. ‚Die Popen waren von Gold und die Schüsseln von Holz; nun sind die Schüsseln von Gold und die Popen von Holz' ... Es ist kein Zufall, daß Christus am Kreuz starb, und nicht zufällig vermag das Leidensopfer alles zu besiegen"[6].

In *„Das Reich Gottes ist inwendig in euch"* (1893) steht die Kritik an der dogmatischen Entwicklung der Kirche, in der TOLSTOI an zweiter Stelle die Ursache für die Fehlentwicklung erblickt, und er kommt zu dem Schluß: „Christus hat unmöglich die Kirche begründen können, das heißt das, was wir jetzt unter diesem Wort verstehen, da etwas Derartiges ..., mit Sakramenten, Priesterschaft und vor allem mit ihrer Behauptung von der Unfehlbarkeit, weder in den Worten Christi noch in den Anschauungen der Menschen jener Zeit vorhanden war"[7]. TOLSTOI wendet sich auch noch einmal gegen die

---

[5] TOLSTOI: Mein Glaube. Leipzig 1902, S. 354.

[6] Lew TOLSTOI: Philosophische und sozialkritische Schriften. (= Gesammelte Werke in zwanzig Bänden, herausgegeben von Eberhard Dieckmann und Gerhard Dudek, Band 15). Berlin: Rütten & Loening 1974, S. 421.

[7] Leo TOLSTOI: Das Reich Gottes ist inwendig in Euch oder das Christentum als eine neue Lebensauffassung, nicht als mystische Lehre. Von dem Verfasser

Behauptung, es gebe eine „einige Kirche"[8]. Es gab immer nur „viele Vereinigungen von Menschen, die später, unterstützt von der Gewalt, zu mächtigen Einrichtungen wurden", und sie stellten „das Haupthindernis für die Verbreitung des wahren Verständnisses der Lehre Christi" dar[9]. Als Alternative steht hier: „Die Bergpredigt oder das Symbol des Glaubens!"[10]. Denn „ein Mensch, der an das Heil der Menschen durch den Glauben an die Erlösung oder an die Sakramente glaubt, kann nicht mehr all seine Kräfte der Erfüllung der Sittenlehre Christi im Leben widmen"[11]. TOLSTOI sieht die Geistlichen durch das Bekenntnis zu Christus „gebunden durch den Widerspruch, in dem sie sich befinden – dem Glauben an die Göttlichkeit des Meisters und den Nicht-Glauben an seine sonnenklaren Worte, aus dem sie sich auf irgendeine Weise herauswinden müssen, und darum waren von ihnen vorurteilslose Ansichten über den eigentümlichen Kern der Frage nicht zu erwarten: über die Umgestaltung der Lebensweise der Menschen, die aus der Anwendung der Lehre Christi auf die bestehende Ordnung sich ergibt"[12].

Eine Reaktion der orthodoxen Kirche auf die vielfältigen Angriffe TOLSTOIS konnte nicht ausbleiben. Zunächst war ohnehin die Veröffentlichung der Schriften „Beichte", „Mein Glaube", „Kritik der dogmatischen Theologie" sowohl von der weltlichen als auch von der geistlichen Zensur verboten. 1884 entschließt sich TOLSTOI zu einem Privatdruck der Schrift „Mein Glaube", um – dem hohen Preis und der Anzahl von fünfzig Exemplaren entsprechend – zu zeigen, „daß das Buch nicht zum allgemeinen Gebrauch gedruckt wird, und es auf diese Weise zu retten"[13]. Die Reaktion der Behörden darauf ist differenziert, wie TOLSTOIS Frau in einem Brief am 29. Januar 1884

---

genehmigte Ausgabe von Raphael Löwenfeld. Erster Band. [= Leo N. Tolstoj – Gesammelte Werke, Serie II, Band 8]. Jena: Verlag Eugen Diederichs 1911, S. 93. [Neuedition in unserer Reihe: Tolstoi-Friedensbibliothek – Reihe A, Band 9].

[8] TOLSTOI: Das Reich Gottes ist inwendig in Euch. Erster Band. Jena 1911, S. 98.

[9] TOLSTOI: Das Reich Gottes ist inwendig in Euch. Erster Band. Jena 1911, S. 101.

[10] TOLSTOI: Das Reich Gottes ist inwendig in Euch. Erster Band. Jena 1911, S. 122.

[11] TOLSTOI: Das Reich Gottes ist inwendig in Euch. Erster Band. Jena 1911, S. 124.

[12] TOLSTOI: Das Reich Gottes ist inwendig in Euch. Erster Band. Jena 1911, S. 71.

[13] Leo N. Tolstois Biographie und Memoiren. Autobiographische Memoiren, Briefe und biographisches Material. Herausgegeben von Paul Birukof und durchgesehen von Leo Tolstoi. Band II: Reifes Mannesalter. Wien/Leipzig: Moritz Perthes (k. u. k. Buchhandlung) 1909, S. 525.

ihrem Mann mitteilt: Der Verleger WLADIMIR NIKOLAJEWITSCH „MARAKUJEF hat erzählt, daß die weltliche Zensur Dein neues Buch der geistlichen Zensur übergeben hat; daß der Archimandrit, der Vorsitzende des Zensurkomitees, das Buch gelesen und gesagt hat, daß in diesem Buch so viele hohe Wahrheiten seien, daß man sie anerkennen müsse, daß er für seine Person keinen Grund sieht, das Buch zu verbieten'"[14]. Der Druck wurde dennoch hintertrieben, durch KONSTANTIN PETROWITSCH POBEJDONOSZEW (1827-1906), von 1880 bis 1905 Oberprokuror des Heiligen Synods. Entsprechende Vermutungen hatte Tolstois Frau in dem erwähnten Brief bereits geäußert: „Aber ich glaube, daß Pobejdonoszew mit seiner Taktlosigkeit und Pedanterie das Buch wieder verbieten wird."

Als Vertreter des Zaren – des „Summus Episkopos" der Kirche – hatte POBEJDONOSZEW die Leitung im Synod inne. Gleichzeitig war er, gewissermaßen als ‚Religionsminister', stimmberechtigtes Mitglied im Kabinett des Zaren. Als im März 1881 ALEXANDER III. Zar wurde, der seinen ehemaligen Erzieher POBEJDONOSZEW zu seinen engsten Vertrauten zählte, steigerte sich dessen politischer Einfluß beträchtlich. Er nahm auf die russische Innenpolitik einen bestimmenden Einfluß und nutzte in diesem Sinne auch sein Amt als Oberprokuror, indem er das geistliche Leben der Russischen Orthodoxen Kirche dieser Politik unterordnete. Nach seinem politischen Programm fiel es der Kirche zu, den Glauben an die von Gott eingesetzte Obrigkeit und das Gesetz zu pflegen. Denn die höchsten Tugenden des einzelnen seien Gehorsam und Unterwürfigkeit. Weil Staat und Kirche im Wechselverhältnis stünden, wäre eine Trennung schädlich und auch unnatürlich. Denn das Wesen des russischen Menschen läge in der Besonderheit seiner Religion. Da die Russische Orthodoxe Kirche die einzig wahre Religion habe und darum die alleinseligmachende Kirche sei, verfolgte POBEJDONOSZEW eine dementsprechende Kirchenpolitik.[15]

---

[14] *Leo N. Tolstois Biographie und Memoiren.* Herausgegeben von Paul Birukof. Band II: Reifes Mannesalter. Wien/Leipzig 1909, S. 525.

[15] Wichtige Quelle hierzu ist: F. STEINMANN und E. HURWICZ: Konstantin Petrowitsch Pobedonoszew, der Staatsmann der Reaktion unter Alexander III. Königsberg/Berlin 1933. – Der große Einfluß Pobedonoszews wird unter anderem auch von K. ONASCH: Einführung in die Konfessionskunde der orthodoxen Kirchen. Berlin 1962, S. 58, unterstrichen.

Zwar war bereits vorher die Russische Orthodoxe Kirche Stütze des Zaren und seiner Regierung, doch verstand es POBEJDONOSZEW, sie vollends zum Instrument des zaristischen Absolutismus zu machen.

Der Konflikt zwischen POBEJDONOSZEW und TOLSTOI war bereits 1881 aufgebrochen. Große Teile der Öffentlichkeit hatten sich bei ALEXANDER III. dafür eingesetzt, die an dem Attentat auf seinen Vater, Zar ALEXANDER II., Beteiligten zu begnadigen und die vorgesehene Hinrichtung nicht vollstrecken zu lassen. Man wollte darin ein Zeichen liberalerer Regierungspolitik sehen. TOLSTOI schreibt am 15. März 1881 an den Zaren und übergibt den Brief POBEJDONOSZEW, mit der Bitte um Weiterleitung. Dieser aber unterläßt das nicht nur, sondern beeinflußt den Zaren dahingehend, keine Milde walten zu lassen. Zweieinhalb Monate nach vollzogener Hinrichtung erhält TOLSTOI eine Antwort von POBEJDONOSZEW: „... Nehmen Sie es mir nicht übel, daß ich Ihren Auftrag nicht ausgeführt habe. In einer so wichtigen Sache muß alles nach dem Glauben getan werden. Aber als ich Ihren Brief durchgelesen hatte, sah ich, daß Ihr Glaube eines ist, mein und der Kirchenglaube – ein anderes und daß unser Christus nicht Ihr Christus ist. Den meinen kenne ich als einen Mann voll Kraft und Wahrheit, der die Kranken heilt, in Ihrem aber glaube ich die Züge eines Kranken zu sehen, der selbst der Heilung bedarf. Deswegen konnte ich meinem Glauben nach Ihren Auftrag nicht ausführen"[16].

Um TOLSTOIS öffentliche Wirksamkeit zu unterbinden, setzt sich POBEJDONOZEW auch für ein Verbot des Dramas *Macht der Finsternis* ein. Als er von der beabsichtigten Aufführung in kaiserlichen Theatern hörte, schreibt er am 18. Februar 1887 an den Zaren: „... schon bei der Lektüre dieses Stückes muß der gute russische Mensch sich in seiner unmittelbaren Empfindung tief verletzt fühlen – was soll nun erst bei der Aufführung werden? ... Diese Darstellung stimmt übrigens mit der ganzen Tendenz der neuesten Werke Tolstojs überein: unser ganzes Volk steckt angeblich in der Finsternis, und er, Tolstoj, sei der erste, der ihm ein neues Evangelium bringt."[17] POBEJDONOSZEW erreicht ein Verbot der Aufführungen

---

[16] Nach: *Leo N. Tolstois Biographie und Memoiren.* Herausgegeben von Paul Birukof. II. Band: Reifes Mannesalter. Wien/Leipzig 1909, S. 420 f.
[17] Zitiert nach F. STEINMANN/E. HURWICZ 1933, S. 190.

und darüber hinaus – entgegen der Ansicht des amtlichen Zensors FEOKTISTOW – auch ein Verbot des Textbuches.

Parallelen des Kampfes, den POBEJDONOSZEW gegen TOLSTOI führte, finden sich in seinem Vorgehen gegen die russischen Stundisten[18]. Er begründete deren Schädlichkeit wie folgt: „Die Lehre der Stundisten ... droht eine gefährliche Seuche für unsere Bauernbevölkerung zu werden. Die Sache beginnt gewöhnlich mit einem Protest gegen die Kirche, wirkt sich aber in der unwissenden Masse recht bald in Form eines Protestes gegen die Obrigkeit und Staatsgesetze aus ..."[19]

In die gleiche Richtung weist auch eine Einschätzung der Baptisten, wie sie von Seiten des Ministerkomitees am 4. Juli 1899 vorgenommen wird: Die Baptisten predigen „soziale Grundsätze, wie allgemeine Gleichheit, Teilung des Vermögens usw., so daß ihre Lehre die Wurzeln des orthodoxen Glaubens und der Nationalität untergräbt".[20]

Durch die absolute Verflechtung der Russischen Orthodoxen Kirche mit dem zaristischen Staat wird Kritik an dieser gleichzeitig zu einer solchen gegenüber dem Staat. Deshalb interveniert POBEJDONOZEW 1891 erneut beim Zaren. TOLSTOI hatte anläßlich einer Hungersnot einen Aufsatz verfaßt und als rettendes Mittel für die Gesellschaft formuliert: „Reue, das heißt Änderung unserer Lebensweise, Niederreißung der Mauern zwischen uns und dem Volk, Rückgabe dessen, was dem Volk geraubt worden ist, und Verbindung, zwangsläufige Verschmelzung mit ihm durch Verzicht auf das Vorrecht der Gewalt" (im Brief vom 23. November 1891 an ISAAK BORISSOWITSCH FEINERMANN, 1863-1925, Lehrer in Kiew und Anhänger TOLSTOIS, indirekt wiedergegeben). Der Druck dieses Aufsatzes war von der Zensur verboten. Er erscheint dann im *„Daily Telegraph"*, wird zurückübersetzt und in Nr. 22/1891 der *„Moskowskije wedemosti"* (Moskauer Nachrichten), entstellt und mit gehässigen Kommentaren versehen, veröffentlicht, um TOLSTOI als „Staats- und Volksfeind" zu stempeln.[21] POBEJDONOSZEW schrieb seinerseits

---

[18] *Stundisten*: in Südrußland entstandene freikirchliche Bewegung.

[19] Zitiert nach F. STEINMANN/E. HURWICZ 1933, S. 225.

[20] F. STEINMANN/E. HURWICZ 1933,, S. 220.

[21] Lew TOLSTOI: Briefe. Zweiter Band (1886-1910). Übersetzt von Günter Dalitz. (= Gesammelte Werke in zwanzig Bänden. Herausgegeben von Eberhard Dieck-

am 1. November 1891 an den Zaren: „Man darf sich ja überhaupt nicht verhehlen, daß die Erregung der Geister in den letzten Jahren unter dem Einfluß der Werke des Grafen Tolstoi stark zunahm und daß die Gefahr einer Verbreitung abstruser und naturwidriger Anschauungen über Glauben und Kirche, Regierung und Gesellschaft akut wurde: eine Richtung, die durch und durch negativ ist und nicht nur von der Kirche, sondern auch vom Volkstum abtrünnig wird. Es ist geradezu, als hätte sich ein epidemischer Wahnsinn der Geister bemächtigt."[22]

Es kommt sogar so weit, daß der Innenminister beim Zaren die Verbannung TOLSTOIS in das Susdalkloster beantragt. Der Zar lehnt jedoch ab, weil er TOLSTOI nicht zum Märtyrer machen will.

TOLSTOI äußert sich im Dezember 1900 über POBEJDONOSZEW: „Von allen verbrecherischen Dingen sind die häßlichsten und empörendsten für den Geist jedes ehrlichen Menschen die Dinge, die von Eurem abscheulichen, herzlosen, gewissenlosen Berater in religiösen Angelegenheiten hervorgebracht werden – einem Verbrecher, dessen Name als der eines vornehmen Verbrechers in die Geschichte eingehen wird: Pobejdonoszew."[23]

Kirchlicherseits ist ein breiteres Spektrum der Auseinandersetzung mit TOLSTOIS Anschauungen zu finden. Seit 1886 erscheinen in den *„Moskauer Kirchennachrichten"* Aufsätze, die gegen seine Auffassungen polemisieren. In einem Gespräch äußert der Erzbischof von Cherson und Odessa, NIKANOR, „daß die Häresie des Grafen Tolstoj alle Grundlagen nicht nur des orthodox-christlichen Glaubens, sondern auch jeder Religion zerstört".[24]

Eine intensive theologische Auseinandersetzung mit den dogmatischen und ethischen Anschauungen TOLSTOIS läßt sich bei dem seinerzeitigen Rektor der Moskauer Geistlichen Akademie, Metropolit ANTONI (CHRAPOWIZKI, 1863-1936), nachweisen. Er führt diese in der von ihm 1891 gegründeten Zeitschrift der Moskauer Geistlichen Akademie, in Aufsätzen beispielsweise über den *„Sittlichen*

---

[22] Zitiert nach F. STEINMANN/E. HURWICZ 1933, S. 197.

mann u. Gerhard Dudek, Band 17). Berlin: Rütten & Loening 1971, S. 125-130.

[23] Lew TOLSTOI: Polnoje sobranije sotschineni, tom 63, Moskwa 1934, S. 58. Zitiert nach POSOISKI, S. J., Leo Tolstoi i zerkow, Tula 1963, S. 15.

[24] Besedy preoswjaschtschennogo Nikanora, Odessa 1889, S. 16. Zitiert nach S. J. POSOISKI 1963, S. 15.

Gehalt des Dogmas vom Heiligen Geist" oder *„Die sittliche Begründung des wichtigsten christlichen Dogmas"*[25]. Ferner finden sich in seiner Knabenfibel zur Frage der Armut Ausführungen, die sich gegen jene vermeintlich von TOLSTOI an den Anfang gestellte ‚Bemühung der Frömmigkeit' richten. ANTONI will mit seinen Ausführungen vor ‚Schmarotzertum' warnen, welches TOLSTOIS Auffassungen zur Folge haben könnten, wofür dieser persönlich jedoch kein Beispiel gebe. Ferner wendet sich ANTONI noch gegen das für TOLSTOI allein mögliche nicht öffentliche Gebet. 1892 besucht TOLSTOI den Metropoliten: „Ohne einander das geringste Zugeständnis zu machen, bewahrten sich doch beide Männer eine gegenseitige Wertschätzung."[26]

Den Lesern der *„Tulaer Eparchialnachrichten"* wird empfohlen, die „Kritische Analyse der Lehre des Grafen L. N. Tolstoj über den Glauben und die Lebensregeln des Menschen" des Oberpriesters JOHANN POSPELOW, 1898 herausgegeben, zu lesen.[27]

Die Anhängerschaft TOLSTOIS hatte inzwischen Dimensionen angenommen, die auf dem 3. Allrussischen Missionskongreß der Russischen Orthodoxen Kirche in Kasan, 1897, zu der Feststellung Anlaß gab, daß diese zu den „für Staat und Kirche gefährlichen Sekten" gerechnet werden müßten. Man beschließt deshalb „den Heiligen Synod zu bitten, er wolle bei der Regierung dafür eintreten, daß das Gesetz, das er für besonders gefährliche Sekten" gäbe, auch für die Anhänger TOLSTOIS ausgedehnt werde".[28] Versuche des Ministers für Innere Angelegenheiten sowie POBEJDONOSZEWS, die Verbannung TOLSTOIS selbst zu bewirken, waren fehlgeschlagen. Deshalb sieht sich der Heilige Synod im März 1900, als TOLSTOI schwer erkrankt, genötigt, ein Rundschreiben zu verfassen. Darin wird den Geistlichen im Falle des Ablebens TOLSTOIS untersagt, eine Totenmesse zu halten. Am 21. Februar 1901 schließlich erscheint in den *„Kirchlichen Nachrichten"* ein Beschluß des Synods vom 20. bis 22. Februar 1901 als „Rundschreiben an die treuen Kinder der Orthodo-

---

[25] P. HAUPTMANN: Die Katechismen der Russisch-Orthodoxen Kirche. Göttingen 1971, S. 95.

[26] Die Angaben sind entnommen: P. HAUPTMANN 1971, S. 315, 316, 95.

[27] S. J. POSOISKI 1963, S. 16.

[28] Allgemeine Evangelisch-lutherische Kirchenzeitung 1897, Nr. 38, Sp. 938. Zitiert nach J. GEHRING: Die Sekten der russischen Kirche. Leipzig 1898, S. 208.

xen russisch-griechischen Kirche über den Grafen L. Tolstoi", worin sein „Abfall von der Kirche" bekundet wird. Dies hat den Charakter einer Antwort auf die von TOLSTOI zuvor demonstrierte Lossagung von dieser Kirche. Als unmittelbarer Anlaß dafür gilt das Erscheinen des Romans „Auferstehung". Hier hat TOLSTOI die Meßzeremonie als Farce beschrieben und außerdem – so wird angenommen – in dem unfähigen und amoralischen Toporow ein Porträt POBEJDONOSZEWS gezeichnet.

In dem Rundschreiben des Synods heißt es unter anderem: „Graf Tolstoi erhob sich im Übermut seines stolzen Verstandes gegen den Herrn und seinen Heiland und sein heiliges Gut, sagte sich offen von seiner Mutter, der orthodoxen Kirche, die ihn ernährt und auferzogen hatte, los und widmete seine literarische Tätigkeit sowie das ihm von Gott gewährte Talent zur Verbreitung von Lehren, die Christus und der Kirche zuwider sind, sowie zur Ausrottung des väterlichen Glaubens aus dem Verstand und dem Herzen des Menschen, der die Welt begründet hat, und in welchem unsere Vorfahren lebten und ihr Heil fanden, und auf welchen das heilige Rußland sich bisher stützte. In seinen Schriften und Briefen, die von ihm und seinen Jüngern allüberall in großer Zahl verbreitet werden, namentlich aber in den Grenzen des teuren Vaterlandes, predigte er mit dem Eifer eines Fanatikers den Sturz aller Dogmen der orthodoxen Kirche sowie des Wesens des christlichen Glaubens. Er verneint den persönlichen, lebendigen Gott, der in der heiligen Kirche gelobt wird, den Schöpfer und den Erhalter der Welt; er verneint den Herrn Jesus Christus, den Gottmenschen, den Erlöser der Welt, der unsertwegen gelitten hat und unseres Heils wegen aus dem Tode auferstanden ist; er leugnet die samenlose Empfängnis des Herrn Christi sowie die Jungfernschaft der heiligen Mutter Gottes Maria; er leugnet alle Sakramente der Kirche und die heilbringende Wirkung des Heiligen Geistes in demselben und verspottet das größte aller Sakramente, die heilige Eucharistie. Das alles predigt Graf Leo Tolstoi unaufhörlich, durch Wort und Schrift, zur Verführung und zum Schrecken der ganzen orthodoxen Welt, so daß er sich dadurch offen vor der ganzen Welt bewußt und absichtlich von jeglicher Gemeinschaft mit der orthodoxen Kirche losgesagt hat. Die zu seiner Bekehrung gemachten Versuche sind von keinem Erfolg gekrönt worden. Die Kirche hält ihn darum nicht für ihr Mitglied und kann ihn als solches nicht betrachten, solange er nicht Buße thut und seine Gemeinschaft mit derselben nicht wieder herstellen wird …"[29]

Ehe noch TOLSTOI auf diese Erklärung antwortet, wendet sich seine Frau an den Oberprokuror und die Metropoliten: „… vom Gesichtspunkte der Kirche aber, zu welcher ich gehöre und von welcher ich mich niemals lossagen werde, die von Christus zur Segnung im Namen Gottes aller bedeutendsten Momente des Lebens … geschaffen worden ist …, die das Gesetz der Liebe, der Vergebung, der Liebe zu den Feinden, zu unseren Hassern laut verkünden und für alle beten muß – von diesem Gesichtspunkt ist für mich die Verfügung des Synods unbegreiflich." Aus ihren weiteren Worten wird deutlich, daß auch sie das Ansinnen TOLSTOIS verstanden hat: „… Die Schuld an dem sündigen Abfall von der Kirche haben eben nicht die Verirrten, die nach einer neuen Wahrheit suchen, sondern diejenigen, welche sich stolz an der Spitze der Kirche dünken und anstatt Liebe, Demut und Allvergebung auszuteilen, die geistigen Henker derjenigen geworden sind, denen Gott ihr demütiges, auf die irdischen Güter verzichtendes Leben, das voll Liebe und Menschenhilfe ist, wenn es auch außerhalb der Kirche steht, eher vergeben wird, als denjenigen, die Brillantenmützen und Sterne tragen, aber strafen und exkommunizieren, – den Kirchenhirten …"[30]

Nachdem TOLSTOI dann zahlreiche Zuschriften erhalten hatte, äußerte er sich selbst am 4. April 1901 zum Beschluß des Synods. Diese Antwort wurde zusammen mit drei weiteren Gegenantworten in der „Missionsrundschau" veröffentlicht. In seiner Antwort bestätigt TOLSTOI die Loslösung von der Kirche und begründet sie gleichzeitig: „Doch habe ich mich nicht deswegen von ihr losgesagt, weil ich mich wider den Herrn erhob, sondern weil ich ihm mit allen Kräften meiner Seele dienen wollte …"[31]. Ferner faßt er noch einmal den Inhalt seines Glaubensbekenntnisses zusammen: „…Ich glaube an Gott, den ich als Geist, als Liebe, als Beginn von allem verstehe. Ich glaube, daß er in mir ist und ich in ihm. Ich glaube, daß Gottes Wille seinen klarsten und verständlichsten Ausdruck in der Lehre des Menschen Christus gefunden hat, den als Gott aufzufassen und

---

[29] Zitiert nach: Graf Leo Tolstoi und der Heilige Synod, deutsch von SYRKIN. Berlin 1902, S. 12 ff.
[30] Graf Leo Tolstoi und der Heilige Synod. Berlin 1902, S. 19 f. und 21 f.
[31] TOLSTOI: Philosophische und sozialkritische Schriften. Berlin 1974, S. 621.

anzubeten ich als größte Gotteslästerung betrachte. Ich glaube, daß das wahre Glück des Menschen in der Erfüllung des Willens Gottes liegt und es sein Wille ist, daß die Menschen einander lieben und daher mit anderen umgehen, wie sie wollen, daß man mit ihnen umgehe; denn es heißt ja im Evangelium, hierin bestünden das ganze Gesetz und die Propheten. Ich glaube daher, daß der Sinn des Lebens für jeden einzelnen Menschen nur darin bestehen kann, die Liebe in sich zu mehren, daß diese Vermehrung der Liebe dem einzelnen Menschen in diesem Leben zu immer größerem Glück verhilft, daß sie nach dem Tode um so mehr Glück gewährt, je mehr der Mensch von Liebe erfüllt war, und daß sie gleichzeitig und vor allem anderen dazu beiträgt, in der Welt das Reich Gottes zu errichten, das heißt eine Lebensordnung, bei der Zwist, Betrug und die jetzt herrschende Gewalt abgelöst werden durch freie Übereinkunft, Wahrheit und brüderliche Liebe der Menschen untereinander. Ich glaube, daß es für die Mehrung der Liebe nur ein einziges Mittel gibt: das Gebet …"[32]. Schließlich formuliert TOLSTOI die Wandlung seiner Beziehung zum Glauben wie folgt: „… Ich habe damit begonnen, daß ich meinen orthodoxen Glauben mehr als meine Ruhe liebte, dann das Christentum mehr als meine Kirche, und jetzt liebe ich am allermeisten die Wahrheit. Und bis auf den heutigen Tag fallen Wahrheit und das Christentum, wie ich es verstehe, für mich zusammen. Dieses Christentum bekenne ich; und in dem Maße, wie ich es bekenne, lebe ich ruhig und froh und nähere mich ruhig und froh meinem Tode …"[33].

An der Erwiderung des Jamburgischen Bischofs SERGI – die anderen beiden gleichzeitig veröffentlichten Äußerungen sind die des Redakteurs der Moskauer Kirchennachrichten und eines ANONYMUS – fällt auf, daß er in der Antwort TOLSTOIS noch einmal die Richtigkeit des Schrittes des Synods bestätigt findet: „Wenn bei irgend jemand bis jetzt darüber noch Zweifel möglich waren", nämlich daß man TOLSTOI als rechtgläubig bezeichnen könne, „so werden jetzt alle Zweifel zerstreut." SERGI sieht die Notwendigkeit der Exkommunikation nicht nur für die Gegenwart, sondern vor allem für die Zukunft: „… Wenn bei uns in Rußland das analphabete Volk diesen

[32] TOLSTOI: Philosophische und sozialkritische Schriften. Berlin 1974, S. 627 f.
[33] TOLSTOI: Philosophische und sozialkritische Schriften. Berlin 1974, S. 628 f.

Namen nicht kennt, so kann doch eine solche Lage der Dinge nicht ewig dauern. Es wird doch eine Zeit kommen, wo alle lesen und schreiben können werden, und man muß darum auch diese im Auge haben und die Zukunft vor der Versuchung verhüten. Diese besondere Berühmtheit des Namens des Grafen Tolstoi war eben die Ursache, daß die Kirche, die schon seit langer Zeit von ihrem Recht der Exkommunikation keinen Gebrauch machte, dieses Mal sich entschlossen hat, dasselbe anzuwenden. Das ist die Praxis der Kirche seit der Zeit ihrer Begründung ..."[34]

Hierin wird deutlich, daß ein solcher Schritt um der Wirksamkeit TOLSTOIS willen unternommen worden war. Interessanterweise bestätigt SERGI die Tatsache, daß TOLSTOI in seinem theologischen Denken den Boden der Orthodoxie nicht verlassen hat: „... Während nun Lew Nikolajewitsch die kirchlichen Begriffe von der Unsterblichkeit und Vergeltung leugnet, so legt er doch in diese Worte jenen Sinn hinein, begleitet sie mit jenen Gefühlen, von welchen diese Worte nur in der kirchlichen Auffassung begleitet werden, und welche unstatthaft sind, wenn man die Worte in ihrem unpersönlichen Sinn nimmt, wie sie Graf Tolstoi in der Theorie (nicht aber in der Praxis) versteht ... Wenn die Möglichkeit und Notwendigkeit des Gebets anerkannt wird, wenn die Grundlage des Lebens Liebe und Gott ist, wenn der Mensch Seinen Willen erfüllen muß, so ist dieser Gott ein persönlicher und lebendiger, jener Gott eben, an welchen die rechtgläubige Kirche glaubt und welchen sie bekennt, und welchen der Graf theoretisch leugnet. Die Morallehre des Grafen dürfte ihn zur Kirche zurückbringen, kann man aber darum hoffen, daß dies auch in Wirklichkeit der Fall sein wird?"[35] Schließlich beruft sich SERGI auch auf Äußerungen von Bischof ANTONI (CHRAPOWIZKI), der gesagt habe, „daß der Graf Tolstoi als Denker sich bekehren wird, denn seine ganze Lebensauffassung, seine ganze moralische Lehre bedarf der christlichen, rechtgläubigen Voraussetzungen, daß der Graf sich aber als Mensch kaum bekehren wird ..."[36].

Wollte man die Wirksamkeit TOLSTOIS einschränken, so war der von der Kirche, die im Volk Autorität besaß und geliebt wurde,

---

[34] Graf Leo Tolstoi und der Heilige Synod. Berlin 1902, S. 47 und S. 50.
[35] Graf Leo Tolstoi und der Heilige Synod. Berlin 1902, S. 62 f.
[36] Graf Leo Tolstoi und der Heilige Synod. Berlin 1902, S. 60 f.

ausgesprochene Ausschluß TOLSTOIS das wirksamste Mittel. Betrachtet man den Text der Verfügung des Synods unabhängig von den auf sie folgenden schriftlichen Auseinandersetzungen, so ist festzustellen: Dem Worte nach lassen sich die dogmatischen Vorwürfe gegen TOLSTOIS Schriften fast alle belegen. Es ist auch zutreffend, daß er sich äußerlich von der Russischen Orthodoxen Kirche entfernt hatte. Dies war Zeichensetzung seinerseits. Er hat in der staatserhaltenden Kirche einen unüberbrückbaren Widerspruch zu einer vom Evangelium her lebenden Gemeinschaft von Menschen gesehen. In der Meinung, daß Liebe und ‚reine Lehre' sich ausschlössen, war seine Kritik in den Anfängen stärker auf die ‚reine Lehre' konzentriert, wenngleich er ja in der Evangelienübersetzung nicht nur in dogmatischen, sondern gerade in sozialen Fragen die Kirche sehr heftig angegriffen hat. Dabei überschreitet seine Polemik manchmal den Boden der sachlichen Argumentation; auch läßt er in seinen Äußerungen zu neutestamentlichen Texten gelegentlich das Verständnis für die zeitgeschichtliche Eigenart der Glaubensäußerungen vermissen. Durch überspitzte Formulierungen, vor allem in bezug auf „die Legende von der Auferstehung und den Wunderberichten", hat er selbstverständlich der Kirche Argumente in die Hand gegeben, die sie neben den dogmatischen Differenzen auch den Vorwurf der Frechheit und Hoffärtigkeit erheben ließ. Dadurch konnte der von TOLSTOI beabsichtigte und berechtigte Angriff gegen die Kirche verdrängt werden. Es ging ihm ja letztlich darum, daß die Kirche als Stütze des Staates und in *dieser* Eigenschaft als falscher Lehrer des Evangeliums auftrat. Es waren die Taten, an denen er die Wahrheit der Lehre maß, weshalb er die soziale und politische Funktion der Kirche zur damaligen Zeit kritisch beleuchtete. Es waren darum auch tatsächlich jene Anwürfe, die die Verfügung des Synods auslösten. Die von TOLSTOI in derselben Schärfe schon längere Zeit verbreitete ‚falsche' Glaubenslehre hätte einen solchen erklärten Ausschluß zu einem früheren Zeitpunkt – und nicht erst zwanzig Jahre nach Abfassen der kirchenkritischen Schriften – erwarten lassen.

TOLSTOIS Gesellschaftskritik war aber inzwischen auf fruchtbaren Boden gefallen, weshalb man sich bei zunehmender Verschärfung der politischen Lage gezwungen sah, seinen Einfluß zu unterbinden. Eine solche Argumentation enthält auch der Vortrag des

Erzbischof von Charkow, AMWROSSI (KLJUTSCHAREW), den er am 31. März 1901 in dem dortigen geistlichen Seminar gehalten hat: „Die Tolstojaner ... findet man in allen staatlichen und gesellschaftlichen Kreisen, von den Höchsten bis zu den Niedrigsten ..." „Tolstoi stehe nicht allein da mit seiner Auffassung ... er habe auch Gesinnungsgenossen ..., die im Geheimen unter dem Volke arbeiten. Diese Agitatoren bilden sozialistische Gesellschaften und Kolonien ..."[37].

EMIL BLUM hat bereits 1924 in seiner Untersuchung „Leo Tolstoj – sein Ringen um den Sinn des Lebens" darauf hingewiesen, daß es „weniger die Glaubenslehren der Kirche als vielmehr ihre Stellung zum Staat und öffentlichen Leben gewesen sind, welche Tolstoj zur Empörung gegen sie trieben"[38].

Man wird sagen müssen, daß TOLSTOI seine Beziehung zu jener staatserhaltenden Kirche selbst gelöst hat, ohne jedoch den christlichen Glauben aufzugeben. Und es sind die Glaubenslehren der orthodoxen Kirche, denen er – modifiziert – verbunden bleibt. Die Russische Orthodoxe Kirche hat sich als Vollzugsorgan staatlicher Macht gebrauchen lassen, als sie seine Lossagung von sich deklarierte.

Noch kurz vor seinem Tode hat die Kirche versucht, ihn von seiner Haltung abzubringen. Mönchspriester WARSANOFI, einer der letzten Starzen der Einsiedelei Optina, war vom Synod nach Astapowo gesandt worden, um mit dem Schriftsteller auf dem Sterbebett zu sprechen. Er wurde jedoch nicht vorgelassen. TOLSTOI hat – wunschgemäß – im Park von Jasnaja Poljana seine letzte Ruhestätte gefunden. Er wurde dort am 9. November 1910 ohne kirchlichen Segen beigesetzt. Anläßlich seines Todes fanden in jenen Tagen in Petersburg, Moskau, Kiew, Charkow, Odessa, Nikolajew, Warschau und anderen Städten Versammlungen, Demonstrationen und auch politische Streiks von Arbeitern und Studenten statt.

---

[37] In: L. N. TOLSTOI: Der Sinn des Lebens / Antwort an den Synod / Brief an den Zaren und Seine Leute. Leipzig 1902, wird in der Anmerkung des Übersetzers, S. 90, die Rede direkt und indirekt zitiert. Tolstoi hat auf diese Rede in seinem Antwortschreiben an den Synod Bezug genommen.

[38] Emil BLUM: Leo Tolstoj – sein Ringen um den Sinn des Lebens. Schlüchtern/Habertsdorf 1924, S. 199.

I.
Graf Leo Tolstoi
und der heilige Synod

Deutsch von Dr. N. Syrkin
(Berlin 1902)[1]

VORREDE
(Nachmann Syrkin)

Im Februar 1901 wurde die russische Welt ebenso wie die westeuropäische durch die Kundgebung des heiligen Synods in Rußland, einer der einflußreichsten Institutionen des Reiches, gegen Leo Tolstoi überrascht. Über den edelsten und besten Menschen der modernen Menschheit, über das größte Genie Rußlands, den „großen Schriftsteller des russischen Reiches", wie Tolstoi seit Jahrzehnten in Rußland genannt wird, ist die Exkommunikation verhängt worden. Wenn nun auch diese Strafe in der Neuzeit nicht den Schatten jener Bedeutung hat, die sie im Mittelalter hatte, so tritt sie doch auch jetzt mit dem Anspruch der moralischen Verurteilung auf und nimmt sich noch immer als der abfällige Urteilsspruch einer zu Recht bestehenden Gemeinschaft über den Einzelnen aus. Die moralische Vernichtung Tolstois hat indessen der heilige Synod nicht bewirkt. Die Gräfin Sophie Tolstoi sandte an den Oberprokureur des Synods sowie die Metropoliten ein offenes Schreiben vom Standpunkte der Kirche aus. Tolstoi erhob in seiner Antwort an den Synod seine mächtige Stimme frei, unerschrocken und mit der Sicherheit jener erhabenen Überlegenheit, die die ewige Wahrheit kennzeichnet. Der Verdammte wurde zum Ankläger nicht allein der russischen

---

[1] Textquelle | Graf Leo Tolstoi und der heilige Synod. Deutsch von Dr. N[achman]. Syrkin. Berlin: Hugo Steinitz Verlag 1902. [77 Seiten & Buchwerbung]. – Texterfassung für die Tolstoi-Friedensbibliothek: Hg. und Ingrid von Heiseler.

orthodoxen Kirche, sondern der Kirche überhaupt, die er als eine tückische Verzerrung des wahren Christentums, der Lehre Christi, im Interesse der herrschenden Gewalten brandmarkte. In zahlreichen Exemplaren fand die Antwort Tolstois in Rußland Eingang und Verbreitung. Das gebildete Rußland stellte sich auf Seiten Tolstois. Der heilige Synod mußte dem Druck der öffentlichen Meinung nachgeben und begann mit dem Verdammten eine litterarische Fehde. Das Juniheft der *„Missionären Revue"* des Jahres 1901·brachte die Antwort Tolstois an den Synod zum Abdruck, um die Widerlegung der schriftstellernden Geistlichen folgen zu lassen. Die Stellen freilich, wo Tolstoi die orthodoxe Kirche einer scharfen Kritik unterzieht, sind fortgelassen und durch eine Bemerkung der Redaktion abgethan worden. Es folgten auf die Kritik Tolstois drei Widerlegungen, die eine von W. Skworzow, dem Redakteur der *Missionären Revue*, die zweite vom Jamburgschen Bischof und die dritte von einem Anonymus, einem ehemaligen Gesinnungsgenossen Tolstois. Der Übersetzer hielt es für angebracht, die litterarisch wichtigste und für das kirchliche Rußland am meisten charakteristische Widerlegung des Jamburgschen Bischofs Sergius und die des Herausgebers der Missionären Revue hier in deutscher Sprache wiederzugeben.

Der Übersetzer

[Die ‚Exkommunikation']

Vom 20. – 22. Februar 1901.
„RUNDSCHREIBEN AN DIE TREUEN KINDER DER ORTHODOXEN RUSSISCH-GRIECHISCHEN KIRCHE ÜBER DEN GRAFEN LEO TOLSTOI"

Besorgt um die Kinder der orthodoxen Kirche, um ihren Schutz vor der verderblichen Verführung und um das Heil der Verirrten hielt der heilige Synod einen Rat über den Grafen Leo Tolstoi und seine antichristliche und antikirchliche Irrlehre ab und erkannte es für zeitgemäß, folgendes Schreiben in den „Kirchlichen Nachrichten" zu veröffentlichen, um der Störung des Kirchenfriedens vorzubeugen.

Durch Gottes Gnade.
Der Heilige Allrussische Synod an die treuen Kinder der Orthodoxen katholischen griechisch-russischen Kirche.

Daß ihr euch in Gott freuet.

Wir bitten euch, Brüder, daß ihr euch vor denjenigen hütet, die Zwietracht und Uneinigkeit stiften und daß ihr ihnen ausweichet (Römerbr. 16, 17).

Die Kirche Christi erduldete ursprünglich Schmähungen und Angriffe von Seiten der zahlreichen Ketzer und falschen Lehrer, die darnach strebten, sie zu stürzen und sie in ihren Grundlagen, die sich auf den Glauben von Christus, den Sohn des lebendigen Gottes stützen, zu erschüttern. Doch alle Kräfte der Hölle vermochten es nicht, laut dem Versprechen des Herrn, die heilige Kirche zu erschüttern, welche für alle Ewigkeit unanfechtbar bleiben wird. Auch in unseren Tagen erschien ein neuer falscher Lehrer, Graf Leo Tolstoi, der der ganzen Welt bekannte Schriftsteller, von Geburt Russe, getauft und erzogen als Rechtgläubiger. Graf Tolstoi erhob sich im Übermut seines stolzen Verstandes gegen den Herrn und seinen Heiland und sein heiliges Gut, sagte sich offen von seiner Mutter, der orthodoxen Kirche, die ihn ernährt und auferzogen hatte, los, und widmete seine litterarische Thätigkeit sowie das ihm von Gott gewährte Talent zur Verbreitung von Lehren, die Christus und der Kirche zuwider sind, sowie zur Ausrottung des väterlichen Glaubens aus dem Verstand und dem Herzen der Menschen, der die Welt begründet hat, und in welchem unsere Vorfahren lebten und ihr Heil fanden, und auf welchen das heilige Rußland sich bisher stützte. In seinen Schriften und Briefen, die von ihm und seinen Jüngern allüberall in großer Zahl verbreitet werden, namentlich aber in den Grenzen des teuren Vaterlandes, predigte er mit dem Eifer eines Fanatikers den Sturz aller Dogmen der orthodoxen Kirche sowie des Wesens des christlichen Glaubens. Er verneint den persönlichen, lebenden Gott, der in der heiligen Kirche gelobt wird, den Schöpfer und den Erhalter der Welt; er verneint den Herrn Jesus Christus, den Gottmenschen, den Erlöser der Welt, der unsertwegen gelitten hat und unseres Heils wegen aus dem Tode auferstanden ist; er leugnet die samenlose Empfängnis des Herrn Christi sowie die Jungfernschaft der heiligen Mutter Gottes Maria; er erkennt nicht das zukünftige Leben sowie die Vergeltung an, leugnet alle Sakramente der Kirche und die heilbringende Wirkung des heiligen Geistes in demselben und verspottet das größte aller Sakramente, die heilige Eucharistie. Das alles predigt Graf Leo Tolstoi unaufhörlich, durch Wort und Schrift, zur Verführung und zum Schrecken der ganzen orthodoxen Welt, so daß er sich dadurch offen vor der ganzen Welt bewußt und absichtlich von jeglicher Gemeinschaft mit der orthodoxen Kirche losgesagt hat. Die zu seiner Bekehrung gemachten Versuche sind von keinem Erfolg gekrönt worden. Die Kirche hält ihn darum nicht für ihr Mitglied und kann ihn als solches nicht betrachten, solange er nicht Buße thut und seine Gemeinschaft mit derselben nicht wieder herstellen wird. Das bezeugen wir jetzt vor der gesamten Kirche zur Stärkung der Rechtsstehenden und zur Belehrung der Verirrten, namentlich aber zur abermaligen Belehrung des Grafen Tolstoi selbst.

Viele, die ihm nahe stehen und den Glauben wahren, denken mit Schmerz daran, daß er am Ende seiner Tage ohne Glauben an Gott und unseren Heiland dasteht, indem er sich von dem Segen und den Geboten der Kirche sowie von jeglicher Gemeinschaft mit derselben losgesagt hat.

Indem wir somit seinen Abfall von der Kirche bekunden, beten wir zu Gott, daß er ihm zur Buße verhelfe. Wir beten zu dir, barmherziger Gott, der du den Tod der Sünder nicht willst, erhöre und begnadige und bekehre ihn zu deiner heiligen Kirche. Amen.

Eigenhändig unterzeichnet:

Der demütige Antonius,
    Petersburger und Ladogaer Bischof.
Der demütige Theognost,
    Kienzer und Galizscher Metropolit.
Der demütige Wladimir,
    der Moskauer und Kolomerscher Metropolit.
Der demütige Hieronymus,
  Cholmscher und Warschauer Erzbischof.
Der demütige Jakob,
    Kischinewscher und Cholischer Erzbischof.
Der demütige Markell, Bischof.
Der demütige Boris, Bischof.

an den Oberprokureur des Synods, und die Metropoliten
wegen der Verfügung des Synods über die Exkommunikation
von Lew Nikolajewitsch Tolstoi

Nachdem ich in den Zeitungen die grausame Verfügung des Synods über die Exkommunikation meines Mannes, des Grafen Lew Nikolajewitsch Tolstoi, unter Unterschrift der Hirten der Kirche gelesen habe, konnte ich diesem gegenüber nicht ganz gleichgiltig bleiben. Meine schmerzhafte Empörung kennt keine Grenzen.

Und das nicht von dem Gesichtspunkte aus, daß mein Mann durch dieses Papier geistig zu Grunde gehen wird: das ist nicht die Sache der Menschen, sondern die Sache Gottes.

Das Leben der menschlichen Seele ist vom religiösen Standpunkte aus niemand bekannt und glücklicherweise auch niemand untergeordnet. Vom Gesichtspunkte der Kirche aber, zu welcher ich gehöre und von welcher ich mich niemals lossagen werde, die von Christus zur Segnung im Namen Gottes aller bedeutendsten Momente des Lebens: der Geburt, der Ehe, des Todes, der Freuden und Leiden des Lebens geschaffen worden ist …, die das Gesetz der Liebe, der Vergebung, der Liebe zu den Feinden, zu unseren Hassern laut verkünden und für alle beten muß, – von diesem Gesichtspunkte ist für mich die Verfügung des Synods unbegreiflich.

Sie wird bei den Menschen nicht Sympathien, sondern Haß hervorrufen (mit Ausnahme vielleicht der „Moskauer Nachrichten"), um so mehr aber Liebe und Sympathie für Lew Nikolajewitsch. Wir erhalten schon jetzt solche Kundgebungen, und sie werden bald von allen Enden der Welt zahlreich kommen.

Ich kann nicht umhin, noch des Leids zu erwähnen, das mir die sinnlose Verfügung bereitet hat, von welcher ich vorher hörte, und zwar die geheime Verfügung des Synods an die Geistlichen, beim Tode von Lew Nikolajewitsch keine Messe zu singen. Wen will man damit strafen? Den toten Menschen, der nichts mehr fühlt, oder seine Nahestehenden, die Gläubigen? Wenn es eine Drohung ist, für wen und wozu soll sie denn dienen? Werde ich denn nicht einen ordentlichen Geistlichen finden, der vor dem wahren Gott der Liebe die Menschen nicht fürchten wird, oder einen unordentlichen, der für Geld eine Messe singen und in der Kirche für den Toten einen Gottesdienst abhalten wird?

Ich brauche es aber auch gar nicht. Für mich ist die Kirche ein abstrakter Begriff und ich betrachte nur diejenigen als ihre Diener, die wirklich die Bedeutung der Kirche verstehen. Hält man aber diejenigen für Diener der Kirche, die durch ihren Haß wagen, das höchste Gesetz der Liebe Christi zu verletzen, so würden wir, die wirklich Gläubigen und die Kirche Besuchenden, uns von derselben längst losgesagt haben.

Die Schuld an dem sündigen Abfall von der Kirche haben eben nicht die Verirrten, die nach einer neuen Wahrheit suchen, sondern diejenigen, welche sich stolz an der Spitze der Kirche dünken und anstatt Liebe, Demut und Allvergebung auszuteilen, die geistigen Henker derjenigen geworden sind, denen Gott ihr demütiges, auf die irdischen Güter verzichtendes Leben, das voll Liebe und Menschenhilfe ist, wenn es auch außerhalb der Kirche steht, eher vergeben wird, als denjenigen, die Brillantenmützen und Sterne tragen, aber strafen und exkommunizieren, – den Kirchenhirten.

Es ist leicht, meine Worte durch heuchlerische Argumente zu widerlegen. Allein das tiefe Verständnis der Wahrheit und der wahren Absichten der Menschen kann niemand irre führen.

Gräfin Sophie Tolstoi.[2]

26. Februar, 1901.
Moskau, Chamownitscheskigasse 21.

---

[2] [Vgl. zu diesem Protest auch Henri TROYAT: Tolstoi oder Die Flucht in die Wahrheit. Wien/Düsseldorf: Econ-Verlag 1966, S. 457: Der „Brief wurde im Ausland veröffentlicht und hatte einen solchen Widerhall, daß Monsignore Anton sich zu einer Antwort gezwungen sah. Er schrieb in einem salbungsvollen Stil, zitierte die Evangelien, bewies, daß die Kirche nicht die Gotteslästerer segnen könne, und bemerkte, daß nicht der Heilige Synod den Grafen aus der Kirche ausgestoßen, sondern er selber sich aus der Gemeinschaft der Gläubigen ausgeschlossen habe. ‚Die Hirten sind von Gott eingesetzt und haben sich nicht selber, wie Sie sagen, stolz an die Spitze der Kirche gestellt. Ihre glänzenden Mitren und ihre Orden haben keine Bedeutung im Dienste an Gott … Gott segne Sie und behüte Sie, ebenso wie den Grafen, Ihren Mann …'.“]

[Leo N. Tolstoi]

ANTWORT AUF DIE
VERFÜGUNG DES SYNODS VOM 20. – 22. FEBRUAR
SOWIE AUF DIE VON MIR AUS DIESEM ANLAß ERHALTENEN BRIEFE

[Otvet na postanovlenie Sinoda ot 20-22 fevralja i na polučennye mnoju po ètomu slučaju pis'ma, 4.4.1901]

He who begins by loving Christianity better than truth will proceed by loving his own Sect or Church better than Christianity and end in loving himself better than all.
Coleridge

Ursprünglich wollte ich nicht auf die Synodsbestimmung gegen mich antworten. Allein diese Bestimmung hatte viele Briefe zur Folge, in welchen die einen, mir unbekannten Korrespondenten mich beschimpfen, weil ich angeblich etwas verneine, was ich in Wirklichkeit gar nicht verneine, die anderen mich an dasjenige zu glauben ermahnen, woran ich in Wirklichkeit immer glaubte, während die Dritten mir ihre Zustimmung ausdrücken, die vielleicht kaum vorhanden ist, und ihr Mitgefühl, auf das ich kaum ein Recht habe. Ich habe mich darum entschlossen, sowohl auf die Verfügung selbst als auch auf die Schreiben meiner mir unbekannten Korrespondenten zu antworten.

Die Verfügung des Synods hat überhaupt viele Mängel. Sie ist ungesetzlich oder absichtlich doppelsinnig; sie ist willkürlich, unbegründet, ungerecht und enthält außerdem eine Verleumdung in sich und die Aufreizung zu den schlechtesten Gefühlen und Handlungen.

Sie ist ungesetzlich oder absichtlich doppelsinnig. Denn will sie eine Exkommunikation sein, so genügt sie nicht jenen Kirchenregeln, wonach eine solche Exkommunikation ausgesprochen werden muß; ist sie aber eine Erklärung dahingehend, daß derjenige, der an die Kirche und ihre Dogmen nicht glaubt, zu ihr nicht gehört, so ist dies ja selbstverständlich, so daß sie also keinen anderen Zweck haben kann, als den Schein einer Exkommunikation zu erwecken, wie dies auch in Wirklichkeit die allgemeine Auffassung ist.

Sie ist willkürlich, denn sie beschuldigt mich allein des Unglaubens in allen in dem Synodsbeschluß angeführten Punkten, während doch nicht nur viele, sondern fast alle gebildeten Leute denselben Unglauben teilen und ihn sowohl in den Gesprächen, als auch in den Schriften und Büchern ausdrückten und ausdrücken.

Sie ist unbegründet, weil als ihr Hauptgrund die große Verbreitung meiner Irrlehre angegeben wird, während ich genau weiß, daß es kaum hundert Menschen giebt, die meine Gesinnung teilen, und die Verbreitung meiner Schriften wegen der Zensur eine so geringe ist, daß die meisten Menschen, die von der Exkommunikation Kenntnis genommen, von meinen religiösen Schriften keine Vorstellung haben, wie es aus den bei mir einlaufenden Briefen zu ersehen ist.

Sie enthält eine offene Unwahrheit, denn es heißt darin, daß von Seiten der Kirche erfolglose Versuche gemacht wurden, um mich auf den wahren Weg zurückzubringen. Nichts ähnliches ist in Wirklichkeit der Fall gewesen.

Sie ist das, was man in juristischer Sprache Verleumdung nennt, weil sie bewußt ungerechte, auf mein Verderben abzielende Behauptungen enthält.

Sie ist endlich eine Aufreizung zu bösen Gefühlen und Handlungen, indem sie bei den unaufgeklärten Menschen Erbitterung und Feindseligkeit gegen mich hervorgerufen hat, die bis zu Todesdrohungen gehen und die in den von mir erhaltenen Briefen zum Ausdruck gelangen. „Nun bist du dem Kirchenbanne verfallen und wirst zur ewigen Qual hingehen und wie ein Hund krepieren … Du bist verdammt, Du alter Teufel … sei verflucht! …“ schreibt einer. Ein anderer macht der Regierung Vorwürfe, daß man mich nicht in ein Kloster gesteckt hat, und überhäuft mich mit Schimpfereien. Ein dritter schreibt: „wenn die Regierung Dich nicht vernichten wird, so werden wir selbst Dich zum Schweigen bringen,“ der Brief endet mit Schimpfereien. „Um Dich, Lump zu vernichten,“ schreibt ein Vierter, „werde ich schon Mittel finden,“ worauf unanständige Schimpfereien folgen. Zeichen einer solchen Erbitterung nehme ich jetzt bei meinen Begegnungen mit gewissen Leuten wahr. Am 25. Februar, am Tage der Veröffentlichung der Exkommunikation, hörte ich beim Passieren eines Platzes ausrufen: „Da kommt der Teufel in Menschengestalt,“ und wäre die Menge von anderer

Zusammensetzung, so würde man mich durchprügeln, wie man vor einigen Jahren einen Mann bei der Panteleimonschen Kapelle zugerichtet hatte.

Die Exkommunikation des Synods ist darum überhaupt eine sehr schlechte Handlung; der Schluß der Verfügung, daß die Unterzeichner um meine Wiederkehr zu Gott flehen, macht sie nicht besser.

Das ist nun so im allgemeinen; im einzelnen ist die Verfügung in folgendem ungerecht. In der Verfügung heißt es: „Der der ganzen Welt bekannte Schriftsteller, seiner Geburt nach Russe, seiner Taufe und Erziehung nach rechtgläubig, lehnte sich im Übermut seines Verstandes gegen Gott und seinen Heiland und sein heiliges Gut auf, indem er sich offen vor aller Welt von seiner Mutter, der orthodoxen Kirche, die ihn ernährt und aufgezogen, losgesagt hat."

Daß ich mich von der Kirche, die sich rechtgläubig nennt, losgesagt habe, ist vollständig richtig.

Ich habe mich aber von ihr nicht darum losgesagt, weil ich mich gegen Gott auflehnte, sondern im Gegenteil, weil ich mit allen meinen Kräften Gott zu dienen suchte. Vor meiner Abtrünnigkeit von der Kirche und der Einheit mit dem Volke, welche mir unaussprechlich teuer war, widmete ich, als mir Zweifel über die Wahrheit der Kirche ausgingen, einige Jahre darauf, um die Lehre der Kirche theoretisch und praktisch zu erforschen. Theoretisch las ich alles über die Kirche, was ich konnte, erforschte und ergründete kritisch die Theologie; praktisch befolgte ich streng im Laufe eines Jahres alle Vorschriften der Kirche, fastete und hielt alle vorgeschriebenen Gottesdienste ab. Und ich überzeugte mich, daß die Lehre der Kirche theoretisch eine listige und schädliche Lüge ist, praktisch aber eine Sammlung der gröbsten abergläubischen Vorstellungen und Zaubereien, welche den ganzen Sinn der christlichen Lehre vollständig verdecken.[3]

---

[3] Man braucht nur die Kirchenagende zu lesen, die Zeremonien der rechtgläubigen Geistlichkeit, die als der christliche Gottesdienst gilt, zu verfolgen, um zu sehen, daß alle diese Zeremonien nichts anderes sind als verschiedene Formen der Zauberei, welche für alle Fälle des Lebens angepaßt sind. Damit ein gestorbenes Kind ins Paradies fliege, muß man es nach einer gewissen Vorschrift mit Oel schmieren und es nach Aussprache gewisser Worte baden; damit die Gebärerin aufhöre, unrein zu sein, muß man gewisse Verschwörungsworte ausspre-

Und ich habe mich in der That von der Kirche losgesagt, habe aufgehört, ihre Ceremonien zu erfüllen, und in meinem Testament meinen Nächsten meinen Willen bekundet, daß sie, wenn ich sterben werde, keine Geistlichen zu mir zulassen und meinen toten Leib ohne jegliche Gebete und Zaubereien fortschaffen sollen, wie man jede widerwärtige und unnütze Sache fortschafft, damit sie die Lebenden nicht störe.

Wenn es aber heißt, daß „ich meine litterarische Thätigkeit und das mir von Gott geschenkte Talent zur Verbreitung von Lehren, die gegen Christus und die Kirche sind etc." und daß „ich in meinen Werken und Briefen, die von mir und meinen Jüngern in der ganzen Welt, namentlich aber in den Grenzen unseres teuren Vaterlandes, zahlreich verbreitet werden, mit dem Eifer eines Fanatikers die Abschaffung aller Dogmen der orthodoxen Kirche sowie des Wesens des Christentums selbst predige," – so ist es ungerecht. Ich war niemals um die Verbreitung meiner Lehre besorgt. Ich habe in meinen Schriften meine Auffassung der christlichen Lehre für mich selbst ausgedrückt und diese Werke vor den Menschen, die sie kennen lernen wollten, nicht verborgen; habe sie aber selbst niemals gedruckt. Von meiner Auffassung der Lehre Christi sprach ich zu anderen Menschen nur dann, wenn man mich darum fragte. Nur in diesem Falle sagte ich, was ich denke, und gab meine Bücher, wenn ich sie hatte.

Alsdann heißt es, daß ich „Gott, den in der heiligen Dreieinigkeit gelobten Schöpfer und Erhalter leugne, den Herrn Jesum Christum, den Gottmenschen, den Erlöser und Heiland der Welt, der für uns Menschen und unser Heil gelitten und vom Tode auferstanden, die samenlose Empfängnis des Herrn und die Jungfernschaft der Allerreinsten Mutter Gottes verneine." Daß ich die niemand begreifliche Dreieinigkeit, die sinnlose Fabel von dem Sündenfall, die Zaubergeschichten von dem Gott, der von einer Jungfrau geboren ist und die

---

chen; damit man bei einem Werk einen Erfolg habe oder im neuen Hause ruhig lebe, damit das Getreide gedeihe, das Trockenwetter aufhöre, damit man von Krankheit geheilt werde, damit der Verstorbene im Jenseits in seiner Lage erleichtert werde, für dieses alles sowie für tausend andere Umstände giebt es gewisse Beschwörungen, die an einer gewissen Stelle für bestimmte Geschenke von Geistlichen ausgesprochen werden.

Welt erlöst, verneine, ist vollständig richtig. Den Gott-Geist aber, den Gott-Liebe, den einzigen Gott, den Urquell von allem verneine ich nicht nur [nicht], sondern halte nichts außer Gott für wirklich existierend und sehe den ganzen Sinn des Lebens nur in der Erfüllung des Willens Gottes, wie sie in der christlichen Lehre zum Ausdruck gelangt ist.

Es heißt nun weiter: „er erkennt das zukünftige Leben und die Vergeltung nicht an." Versteht man das zukünftige Leben im Sinne einer nachmaligen Auferstehung, einer Hölle mit ewigen Qualen, Teufeln, und eines Paradieses mit ewiger Seligkeit, so ist es vollständig richtig, daß ich ein solches Jenseits nicht anerkenne. Das ewige Leben aber sowie die Vergeltung hier und überall, jetzt und immer, erkenne ich in solchem Grade an, daß ich, der am Rande des Grabes steht, öfter Anstrengungen machen muß, um den Tod des Fleisches, d. h. die Geburt zum neuen Leben nicht zu wollen. Ich glaube ferner, daß jede gute Handlung das wahre Heil meines ewigen Lebens vergrößert, während jede schlechte Handlung es verringert.

Es heißt ferner, daß ich alle Sakramente verneine. Das ist vollständig richtig. Ich halte alle Sakramente für eine niedrige, rohe, dem Gottesbegriff und der christlichen Lehre nicht entsprechende Zauberei und außerdem noch für eine Verletzung der direkten Vorschriften des Evangeliums. In der Taufe der Kinder sehe ich die offenbare Entartung des Sinnes, welchen die Taufe für die Erwachsenen, die sich zum Christentum bewußt bekennen, haben könnte; in der Erfüllung des Sakraments der Ehe über den Menschen, die noch früher in gegenseitigem Verkehr standen, in der Zulässigkeit der Ehescheidungen sowie in der Heiligung der getrennten Ehe erblicke ich die direkte Verletzung des Sinnes sowohl als auch des Buchstabens der evangelischen Lehre.

In der periodischen Vergebung der Sünden bei der Beichte sehe ich einen schändlichen Betrug, der die Unmoral nur fördert und die Furcht vor der Sünde vernichtet.

In der Ölheiligung sowie in der Salbung sehe ich Formen der gröbsten Hexerei, ebenso wie in der Verehrung der Heiligenbilder und Reliquien und in allen den Zeremonien, Gebeten, Beschwörungen, von denen die Kirchenagende voll ist. In dem Abendmahl sehe ich die Vergötterung des Fleisches und die Entartung der christlichen Lehre. In der Geistlichkeit sehe ich außer der offenbaren

Vorbereitung zum Betrug eine direkte Verletzung der Worte Christi, der es direkt verboten hat, jemand Lehrer, Vater, Erzieher zu nennen (Matth. 23, 8-10).

Als die letzte und höchste Stufe meiner Schuld ist die Thatsache angeführt, „daß ich die heiligsten Gegenstände des Glaubens beschimpfe und nicht zurückgeschrocken bin, das heiligste der Sakramente, die Eucharistie, zu verspotten." Daß ich nicht zurückgeschrocken bin, einfach und objektiv das zu beschreiben, was der Geistliche zur Vorbereitung dieses sogenannten Sakraments thut, ist vollständig richtig. Daß aber dieses sogenannte Sakrament etwas heiliges ist und daß es Hohn ist, wenn man es richtig beschreibt, ist vollständig ungerecht. Der Hohn liegt nicht darin, daß man eine Scheidewand Scheidewand und ein Gefäß Gefäß nennt; dagegen ist es eine schreckliche Lästerung, wenn Menschen alle Mittel des Betruges und der Hypnose dazu vergeuden, um die Kinder und das ewige Volk zu versichern, daß in gewisser Form zerschnittene Brotkrümel beim Eintauchen in Wein sich in Gott verwandeln; daß der Lebende, in dessen Namen ein Krümel hervorgezogen wird, gesund werden, der Tote im Jenseits seliger sein wird, und daß derjenige, der diese Krümelchen verzehrte, sich selbst in Gott verwandeln wird.

Das ist ja schrecklich!

Man mag die Persönlichkeit Christi verstehen so wie man will, so ist doch seine Lehre, die das Übel der Welt vernichtet, jedenfalls einfach, leicht und heilvoll für alle Menschen, – wenn man sie nur nicht entstellt, – und doch ist diese Lehre verheimlicht, in eine rohe Hexerei von Baden, Salben, Körperbewegungen, Beschwörungen, Schlucken von Brotkrümeln verwandelt, so daß von der Lehre selbst nichts übrig geblieben ist. Und wenn jemand den Versuch macht, den Menschen in Erinnerung zu bringen, daß die Lehre Christi nicht in diesen Hexereien, Gebeten, Messen, Kerzen, Heiligenbildern besteht, sondern darin, daß die Menschen sich gegenseitig lieben, nicht Böses mit Bösem vergelten, nicht richten, nicht töten, – so entsteht der Haß derjenigen, welchen dieser Betrug vorteilhaft ist, und die Menschen sprechen laut und mit unbegreiflicher Frechheit in den Kirchen, drucken es in Büchern, Zeitungen, Katechismen, daß Christus niemals den Eid, den Mord (Hinrichtungen und Kriege) verboten hat, und daß die Lehre vom Nichtwiderstehen dem Übel mit teuflischer List von den Feinden Christi ersonnen worden ist.[4]

Das Furchtbare liegt hauptsächlich darin, daß die Menschen, denen es nützlich ist, nicht nur die Erwachsenen, sondern auch, weil sie die Macht dazu haben, die Kinder betrügen, dieselben Kinder, von welchen Christus sagte: weh demjenigen, der sie betrügen wird. Es ist furchtbar, daß diese Menschen ihrer kleinen Vorteile wegen ein solches schreckliches Übel anrichten, indem sie die Wahrheit vor den Menschen verbergen, die Christus entdeckt hatte und die ein Heil bringt, das auch nicht im tausendsten Teil durch die Vorteile des Übels kompensiert wird. Sie handeln wie jener Mörder, welcher eine ganze Familie von 5 – 6 Mann tötet, um einen alten Rock und 40 Kopeken Geld zu rauben. Man würde ihm gern die ganzen Kleider und das ganze Geld abgeben, nur daß er niemand töte. Er kann aber nicht anders handeln.

Dasselbe ist auch mit den religiösen Betrügern der Fall. Man könnte ihre Lage um das zehnfache verbessern, sie mit größtem Luxus umgeben, damit sie davon absehen, die Menschen durch ihren Betrug zu Grunde [zu] richten. Sie können aber nicht anders handeln. Darum ist es nicht nur erlaubt, ihren Betrug aufzudecken, sondern es ist das geradezu ein Gebot. Wenn es etwas heiliges giebt, so ist es sicherlich nicht das, was sie Sakramente nennen, sondern eben diese Pflicht, ihren Betrug auszudecken.

Wenn ein Tschungasch seine Götzen mit Sahne schmiert oder ihn prügelt, so kann ich seinen Glauben nicht verletzen und gleichgiltig vorbeigehen, denn er thut es im Namen seines mir fremden Aberglaubens und trifft nicht das, was für sie heilig ist. Wenn aber Menschen durch ihren Aberglauben im Namen jenes Gottes, durch welchen ich lebe, und jener Lehre Christi, welche mir das Leben gegeben und es allen Menschen geben kann, die roheste Hexerei predigen, so kann ich es nicht gleichgiltig sehen, mögen diese Menschen noch so zahlreich und mächtig sein, und mag ihr Aberglaube noch so alt sein. Und wenn ich dasjenige, was sie thun, beim Namen nenne, so thue ich das, was ich thun muß, was ich nicht umhin kann, zu thun, wenn ich nur an Gott und die christliche Lehre glaube. Nennen sie aber die Aufdeckung ihres Betruges Lästerung, so be-

---

[4] Rede des Charkowschen Bischofs Amwrosius.

weist es nur die Kraft ihres Betruges und dies muß die Anstrengungen der Menschen, die an Gott und das Christentum glauben nur noch mehr verstärken, diesen Betrug, welcher den wahren Gott vor den Menschen verbirgt, aufzudecken.

Von Christus, welcher die Ochsen, Schafe und Händler aus dem Tempel verjagt hat, mußte man sagen, daß es ein Lästerer war.

Würde er jetzt kommen und das sehen, was in seinem Namen in der Kirche geschieht, so würde er mit noch größerem und gesetzlichem Zorn alle diese furchtbaren Speere, Krüge, Gefäße, Kerzen, Heiligenbilder sowie alle die Zaubermittel, wodurch man Gott und seine Lehre vor den Menschen verbirgt, hinauswerfen.

Das ist nur gerecht und ungerecht ist die Synodsverfügung über mich. Ich glaube wirklich nicht daran, woran sie zu glauben behaupten. Ich glaube aber an vieles, wovon sie behaupten, daß ich daran nicht glaube.

Ich glaube an folgendes: Ich glaube an Gott, den ich als Gott, als Liebe, als Urquell begreife. Ich glaube daran, daß Er in mir ist und ich in ihm bin. Ich glaube daran, daß der Wille Gottes am klarsten und begreiflichsten in dem Menschen Christus zum Ausdruck gelangt ist, und halte es darum für die größte Hexerei, wenn man ihn als Gott auffaßt und zu ihm betet. Ich glaube daran, daß das wahre Heil des Menschen in der Erfüllung des Willens Gottes besteht, daß sein Wille aber der ist, daß die Menschen sich gegenseitig lieben und darum den andern Menschen gegenüber so handeln sollen, wie sie wollen, daß man ihnen gegenüber handle, wie es auch im Evangelium heißt, daß das der ganze Sinn des Gesetzes und der Propheten ist. Ich glaube daran, daß der Sinn des Lebens eines jeden Menschen nur in der Steigerung der Liebe in sich besteht, daß diese Steigerungen der Liebe den Einzelmenschen in diesem Leben zu immer größerem Heil führt, nach dem Leben ein um so größeres Heil bringt, je mehr Liebe in dem Menschen ist, und zu gleicher Zeit am meisten zur Herstellung des Gottesreichs in der Welt beiträgt, d. h. einer solchen Lebensordnung, unter welcher die jetzt herrschende Zwietracht, Betrug und Gewalt durch die frühere Eintracht, Wahrheit und Bruderliebe unter den Menschen ersetzt werden wird. Ich glaube, daß es zur Förderung der Liebe unter den Menschen nur ein Mittel giebt: das Gebet, – und zwar nicht das öffentliche Gebet in dem Tempel, das von Christus direkt verboten ist (Matth. 6, 5-13), sondern das Gebet nach dem Muster Christi, das einsame Gebet, das in der Wiederherstellung und Erstarkung des Sinnes des Lebens im Bewußtsein und die Abhängigkeit vom Willen Gottes besteht.

Wenn nun diese meine Glaubenslehren jemand verletzt, betrüben, verführen, stören, mißfallen, – so kann ich sie ebensowenig verändern wie meinen Körper. Ich muß allein leben, allein sterben (und zwar sehr rasch), und kann darum nicht anders glauben, als ich glaube, indem ich mich vorbereite, zu jenem Gott zu gehen, von welchem ich hergekommen bin. Ich glaube nicht, daß mein Glaube für alle Zeit unzweifelhaft die Wahrheit behalten wird. Ich sehe aber keinen andern, klaren und allen Anforderungen meines Verstandes und Herzens mehr entsprechenden. Wenn ich einen solchen erkennen werde, werde ich ihn auch sofort annehmen, denn Gott braucht nichts anderes als die Wahrheit. Zu dem zurückkehren, wovon ich mich unter solchen Leiden soeben befreit habe, kann ich unter keinen Umständen, eben so wenig wie der fliegende Vogel in die Schale des Eis hineinkommen kann, aus welcher er herausgekommen ist.

Wer damit anfangen wird, daß er das Christentum mehr lieben wird als die Wahrheit, wird sehr bald seine Kirche oder Sekte mehr lieben als das Christentum, und damit enden, daß er sich selbst (seine Ruhe) mehr als alles andere in der Welt lieben wird, sagte Coleridge.

Ich bin den umgekehrten Weg gegangen. Ich liebte erst meinen orthodoxen Glauben mehr als meine Ruhe, liebte nachher das Christentum mehr als meine Kirche, und liebe jetzt die Wahrheit mehr als alles in der Welt. Und bis jetzt noch fällt für mich die Wahrheit mit dem Christentum, wie ich es verstehe, zusammen. Und ich bekenne dieses Christentum, und in dem Maße, als ich es bekenne, lebe ich ruhig und freudig und gehe ruhig und freudig dem Tode entgegen.

[Alternative Übersetzung

Leo N. Tolstoi
ANTWORT AUF DIE VERORDNUNG DES SYNODS
vom 20.–22. Februar und die von mir
aus diesem Anlaß erhaltenen Briefe.[5]

He who begins by loving Christianity better
than Truth will proceed by loving his own
Sect or Church better than Christianity, and
end in loving himself better than all.
Coleridge.

Ich wollte anfangs nicht auf die Verfügung des Synods über mich
antworten; aber diese Verfügung rief so viele Briefe hervor, in denen
mir unbekannte Korrespondenten – die einen mich schmähen, weil
ich das leugne, was ich nicht leugne, die andern mich ermahnen, an
das zu glauben, woran zu glauben ich nicht aufgehört habe, und die
dritten eine Übereinstimmung mit mir zum Ausdruck bringen, die
kaum in der Wirklichkeit existiert, und eine Sympathie, auf die ich
kaum ein Anrecht habe; und ich entschloß mich, sowohl die Verfügung selbst zu beantworten, indem ich auf das hinwies, was in ihr
ungerecht ist, als auch die Zuschriften meiner unbekannten Korrespondenten.

Die Verfügung des Synods hat im ganzen viele Mängel. Sie ist
ungesetzlich oder absichtlich zweideutig; sie ist willkürlich, unbegründet, unwahr und enthält außerdem Verleumdung und Aufreizung zu schlechten Gefühlen und Handlungen.

Sie ist ungesetzlich oder absichtlich zweideutig – denn wenn sie
eine Exkommunikation aus der Kirche sein will, so befriedigt sie
nicht die kirchlichen Kanones, nach denen eine solche Exkommunikation ausgesprochen werden kann; ist sie aber eine Kundmachung
darüber, daß derjenige, der nicht an die Kirche und ihre Dogmen

---

[5] Textquelle dieser Übersetzung | L. N. TOLSTOJ: Antwort auf die Verordnung des
Synods [1901]. In: L. N. Tolstoj: Ausgewählte Werke, herausgegeben von W[illy].
Lüdtke. Band XII.: Weltanschauung. Auswahl von W. Lüdtke. Wien/Hamburg/
Zürich: Gutenberg-Verlag Christensen & Co. 1929, S. 104-112.

glaubt, ihr nicht angehört, so ist das selbstverständlich, und eine solche Kundmachung kann keinen andern Zweck haben als nur den, daß sie, ohne im Grunde genommen eine Exkommunikation zu sein, als eine solche erscheinen soll: was wirklich auch geschehen ist, da sie so auch verstanden wurde.

Sie ist willkürlich, weil sie allein mich des Unglaubens an alle die Punkte beschuldigt, die in der Verfügung aufgeführt sind, während doch nicht nur viele, sondern fast alle gebildeten Menschen diesen Unglauben teilen und ihn unausgesetzt in Unterhaltungen, Vorlesungen, Broschüren und Büchern zum Ausdruck gebracht haben und zum Ausdruck bringen.

Sie ist unbegründet, weil als Hauptanlaß ihres Erscheinens die große Verbreitung meiner die Menschen verderbenden Irrlehre hingestellt wird, während mir doch gut bekannt ist, daß es kaum hundert Menschen gibt, die meine Anschauungen teilen, und die Verbreitung meiner Schriften über die Religion dank der Zensur doch so unbedeutend ist, daß die meisten Leute, die die Verfügung des Synods gelesen haben, nicht den geringsten Begriff davon haben, was ich über die Religion geschrieben habe, wie dies aus den an mich gerichteten Briefen ersichtlich ist.

Sie enthält eine offenbare Unwahrheit, da es in ihr heißt, von seiten der Kirche wären in bezug auf mich nicht von Erfolg gekrönte Versuche der Belehrung unternommen worden. Nichts Derartiges ist jemals geschehen.

Sie stellt sich als das dar, was in der juridischen Sprache eine Verleumdung heißt, da sie wissentlich unrichtige, auf meine Schädigung abzielende Behauptungen enthält.

Sie ist schließlich eine Aufreizung zu schlechten Gefühlen und Handlungen, da sie, wie es nicht anders zu erwarten war, in ungebildeten und urteilslosen Menschen Erbitterung und Haß gegen mich hervorrief, die bis zur Drohung des Mordes gingen und in den an mich gerichteten Briefen ausgesprochen wurden: „Jetzt bist du dem Anathema verfallen und wirst nach dem Tode in die ewige Qual eingehen und wirst krepieren wie ein Hund … Anathema, du alter Teufel … sei verflucht", schreibt der eine. Ein anderer macht der Regierung Vorwürfe, weil ich noch nicht in einem Kloster eingesperrt bin, und füllt seinen Brief mit Schmähungen. Ein dritter schreibt: „Wenn die Regierung dich nicht wegschafft, werden wir selber dich zum Schweigen bringen"; der Brief schließt mit Flüchen. „Um dich Aas zu vernichten", schreibt ein vierter, – „dazu werde ich schon Mittel finden" ... es folgen unanständige Schimpfereien. Anzeichen der gleichen Erbitterung bemerkte ich nach der Verfügung des Synods auch bei den Begegnungen mit einigen Menschen. Gleich am 25. Februar, dem Tage, wo die Verfügung veröffentlicht wurde, hörte ich, als ich über einen Platz ging, die Worte: „Da ist der Teufel in Menschengestalt", und wenn die Menge anders zusammengesetzt gewesen wäre, hätte es leicht passieren können, daß man mich totgeprügelt hätte, wie man es vor einigen Jahren mit einem Mann bei der Pantelejmon-Kapelle gemacht hat.

Somit ist die Verordnung des Synods im ganzen sehr schlecht; daß es am Schlusse der Verordnung heißt, die Personen, die sie unterschrieben hätten, beteten, ich möchte ein solcher werden wie sie, macht sie nicht besser.

So ist sie im ganzen; im einzelnen aber ist diese Verfügung in folgendem ungerecht. In der Verfügung heißt es: „Der weltbekannte Schriftsteller, Russe von Geburt, Rechtgläubiger durch Taufe und Erziehung, Graf Tolstoj, ist in der Verblendung seines hoffärtigen Geistes frech aufgestanden gegen den Herrn und gegen Seinen Christus und gegen Sein heiliges Erbe, indem er offen vor allen sich von der Mutter, der rechtgläubigen Kirche, losgesagt hat, die ihn genährt und aufgezogen hat."

Daß ich mich von der Kirche, die sich die rechtgläubige nennt, losgesagt habe, das ist vollkommen richtig.

Aber ich habe mich von ihr nicht losgesagt, weil ich gegen den Herrn aufgestanden bin, sondern im Gegenteil nur, weil ich Ihm mit allen Kräften der Seele zu dienen wünschte. Bevor ich mich von der Kirche lossagte und der Einheit mit dem Volke, die mir unaussprechlich teuer war, habe ich, nachdem mir an einigen Anzeichen die Wahrheit der Kirche zweifelhaft geworden war, einige Jahre darauf verwandt, theoretisch und praktisch die Lehre der Kirche zu erforschen: theoretisch – ich las alles durch über die Lehre der Kirche, was ich konnte, studierte die dogmatische Theologie und prüfte sie kritisch; und praktisch – ich befolgte streng länger als ein Jahr alle Vorschriften der Kirche, beobachtete alle Fasten und alle kirchlichen Gottesdienste. Und ich kam zu der Überzeugung, daß die Lehre der Kirche theoretisch eine arglistige und schädliche Lüge ist, praktisch aber ein Sammelsurium von gröbstem Aberglauben und Zauberei, das vollkommen den ganzen Sinn der christlichen Lehre überdeckt hat[6].

Und ich sagte mich wirklich von der Kirche los, hörte auf, ihre Riten zu erfüllen, und schrieb in meinem Testament für meine Angehörigen nieder, sie sollten, wenn ich sterbe, keinen Kirchendiener zu mir lassen und meinen toten Körper so schnell als möglich wegschaffen, ohne alle Beschwörungen und Gebete, wie man jedes widerliche und nutzlose Ding wegschafft, damit es die Lebenden nicht störe.

Wenn es aber heißt, „ich hätte meine literarische Tätigkeit und das mir von Gott verliehene Talent dazu verwandt, um im Volke Lehren zu verbreiten, die Christo und der Kirche widersprechen, usw.", und „ich predigte in meinen Werken und Briefen, die sowohl von mir als auch von meinen Schülern über die ganze Welt, besonders aber in den Grenzen unsers teuren Vaterlandes verbreitet werden, mit dem Eifer des Fanatikers den Umsturz aller Dogmen der rechtgläubigen Kirche und des Wesens des christlichen Glaubens überhaupt", – so ist das unrichtig. Ich habe mich niemals um die Verbreitung meiner Lehre gekümmert. Es ist wahr, ich habe für mich selbst in Schriften meine Auffassung der Lehre Christi zum Ausdruck gebracht und habe diese Schriften nicht vor den Menschen verborgen, die sie kennenzulernen wünschten; doch ich habe sie nie selbst gedruckt; gesprochen aber habe ich mit Leuten darüber, wie ich die Lehre Christi verstehe, nur dann, wenn sie mich danach fragten. Solchen Leuten habe ich gesagt, was ich denke, und

---

[6] Man braucht nur das Rituale zu lesen, jene Riten durchzugehen, die fortdauernd von der rechtgläubigen Geistlichkeit vollzogen und als christlicher Gottesdienst betrachtet werden, um zu erkennen, daß alle diese Riten nichts anderes sind als verschiedene Methoden der Zauberei, die auf alle möglichen Fälle des Lebens angewandt werden. Damit ein Kind, wenn es stirbt, ins Paradies komme, muss man verstehen, es mit Öl zu salben und unter Hersagung bestimmter Worte ins Wasser zu tauchen; damit eine Wöchnerin aufhöre, unrein zu sein, muß man bestimmte Beschwörungen aussprechen; damit ein Unternehmen Erfolg habe oder Ruhe in einem neuen Hause wohne, damit das Korn gut gedeihe, die Dürre aufhöre, damit Heilung von einer Krankheit eintrete, damit die Lage eines Toten in jener Welt erleichtert werde, für alles dies und für tausend andere Fälle gibt es bestimmte Beschwörungen, die an einem bestimmten Orte gegen bestimmte Opfergaben vom Priester hergesagt werden. (Anm. des Verf.)

habe ihnen, wenn sie bei mir waren, meine Bücher gegeben.

Dann heißt es, ich „verwerfe Gott, den in der heiligen Dreieinigkeit gepriesenen Schöpfer und Erhalter des Alls, leugne den Herrn Jesus Christus, den Gottmenschen, den Versöhner und Erlöser der Welt, der um unser, der Menschen willen und um unserer Erlösung willen gelitten hat und von den Toten auferstanden ist, leugne die unbefleckte Empfängnis des Herrn Christus nach der Menschheit und die Jungfräulichkeit der Allerreinsten Gottesmutter vor und nach der Geburt." Daß ich die unbegreifliche Dreieinigkeit verwerfe, die Fabel vom Falle des ersten Menschen, die zu unserer Zeit gar keinen Sinn hat, die lästerliche Geschichte von dem Gotte, der von der Jungfrau geboren wurde und das Menschengeschlecht erlöst hat, das ist vollkommen richtig. Gott den Geist aber, Gott die Liebe, den einzigen Gott, das Prinzip des Alls, leugne ich nicht nur nicht, sondern erkenne nichts als wirklich existierend an außer Gott, und den ganzen Sinn des Lebens sehe ich nur in der Erfüllung des Willens Gottes, der in der christlichen Lehre ausgedrückt ist [7]

Es heißt noch: „Er erkennt das Leben nach dem Tode und die Vergeltung nicht an." Wenn man das Leben nach dem Tode im Sinne einer Wiederkunft des Herrn, der Hölle mit ewigen Qualen, mit Teufeln, und des Paradieses, der beständigen Seligkeit, versteht, so ist es vollkommen richtig, daß ich ein solches Leben nach dem Tode nicht anerkenne; aber ein ewiges Leben und Vergeltung hier und überall, jetzt und stets erkenne ich in einem solchen Grade an, daß ich, der ich nach meinen Jahren am Rande des Grabes stehe, oft Anstrengungen machen muß, um den leiblichen Tod, das ist die Geburt zu einem neuen Leben, nicht zu wünschen, und glaube, daß jede gute Tat das wahre Glück meines ewigen Lebens vergrößert und jede böse Tat es verringert.

Es heißt auch, daß ich alle Sakramente verwerfe. Das ist vollkom-

---

[7] Vgl. auch folgende Stelle in seinem Brief an seine Tochter Mascha vom 23. März 1895: „… In der letzten Zeit, die offenbar die letzte Zeit meines Lebens ist, in der alles ganz besonders ernst wird – wundert, betrübt, quält mich jener unnütze Unsinn von Christus dem Gotte, Seiner Auferstehung, Erlösung u. dgl. m., den die Leute ohne jede Notwendigkeit ihrem oftmals aufrichtigen religiösen Streben beizumischen für notwendig halten, und ich würde den Menschen so furchtbar gern helfen, sich von dieser unnötigen, störenden Unvernunft zu befreien." (Anmerkung des *Übersetzers*)

men richtig. Alle Sakramente halte ich für niedrige, rohe, dem Gottesbegriff und der christlichen Lehre nicht angemessene Zauberei und außerdem für eine Verletzung der direktesten Anweisungen des Evangeliums. In der Taufe der Kinder sehe ich eine offensichtliche Verkehrung des ganzen Sinnes, den die Taufe für die Erwachsenen, die bewußt das Christentum annehmen, haben konnte; in der Vollziehung des Sakraments der Ehe an Menschen, die sich wissentlich vorher vereinigt haben, und in der Zulassung von Scheidungen und in der Weihe der Ehen Geschiedener sehe ich eine direkte Verletzung sowohl des Sinnes als auch des Buchstabens der Lehre des Evangeliums.

In der periodischen Vergebung der Sünden in der Beichte sehe ich einen schädlichen Betrug, der nur die Unsittlichkeit anreizt und die Scheu vor Versündigung vernichtet.

In der letzten Ölung sehe ich, ebenso wie in der Myronsalbung, die Methoden einer rohen Zauberei; ebenso auch in der Verehrung der Heiligenbilder und Reliquien und ebenso in allen jenen Riten, Gebeten, Beschwörungen, von denen das Rituale voll ist. Im Abendmahl sehe ich eine Vergottung des Fleisches und eine Verkehrung der christlichen Lehre. Im Priestertum sehe ich, außer der offenkundigen Vorbereitung zum Betrug, eine direkte Verletzung der Worte Christi, – der direkt verbietet, jemand, wer es auch sei, Lehrer, Vater, Meister zu nennen.

Es heißt schließlich, als letzter und höchster Grad meiner Schuld, ich „beschimpfe die heiligsten Gegenstände des Glaubens, ich scheute mich nicht, meinen Spott über das heiligste von den Sakramenten – die Eucharistie, auszugießen". Daß ich mich nicht gescheut habe, einfach und objektiv das zu beschreiben, was der Priester zur Vorbereitung dieses sogenannten Sakramentes tut, das ist vollkommen richtig; aber daß dies sogenannte Sakrament etwas Heiliges ist, und daß es einfach beschreiben [*beschrieben*], wie es ausgeführt wird, eine Lästerung ist, – das ist vollkommen unrichtig. Die Lästerung liegt nicht darin, daß man eine Wand Wand und nicht Ikonostas nennt, und eine Schale Schale und nicht Potir (Kelch) usw.; sondern die entsetzlichste, unaufhörliche, empörendste Lästerung liegt darin, – daß Menschen, indem sie alle möglichen Mittel des Betruges und der Hypnotisation gebrauchen, Kindern und dem einfältigen Volk die Überzeugung beibringen, daß, wenn man auf eine bestimmte Weise und unter Hersagung bestimmter Worte Stückchen Brot zerschneidet und in den Wein legt, dann in diese Stückchen Gott eingeht; daß ein Lebender, auf dessen Namen ein Stückchen herausgenommen wird, gesund wird; daß aber einem Toten, auf dessen Namen ein solches Stückchen herausgenommen wird, es in jener Welt besser gehen wird; und daß derjenige, der dies Stückchen ißt, in den Gott selbst eingeht.

Das ist ja entsetzlich!

Wie man auch die Person Christi auffassen mag, doch Seine Lehre, die das Böse der Welt vernichtet, die so einfach, leicht, unzweifelhaft den Menschen das Heil gibt, wenn sie sie nur nicht verkehren, – diese Lehre ist ganz verdeckt, ganz umgewandelt zu einer rohen Zauberei von Waschungen, Ölungen, Körperbewegungen, Beschwörungen, Verschlucken von Brotstückchen usw., so daß von der Lehre nichts übriggeblieben ist. Und wenn einmal jemand den Versuch macht, die Menschen daran zu erinnern, daß nicht in diesen Zauberkünsten, nicht in öffentlichen Gebeten, Messen, Lichtern, Heiligenbildern – die Lehre Christi bestehe, sondern darin, daß die Menschen einander lieben, nicht Böses mit Bösem vergelten, nicht richten, nicht einander töten, – dann erhebt sich der Unwille derjenigen, für die dieser Betrug vorteilhaft ist, und diese Leute sagen vor aller Welt mit unüberbietbarer Frechheit in den Kirchen, drucken in Büchern, Zeitungen, Katechismen, daß Christus niemals das Schwören (den Eid) verboten habe, niemals den Mord (Todesstrafe, Krieg) verboten habe, daß die Lehre von dem Nichtwiderstreben dem Bösen mit satanischer List von den Feinden Christi erdacht sei[8].

Entsetzlich ist vor allem: daß die Menschen, für die dies vorteilhaft ist, nicht nur die Erwachsenen betrügen, sondern, da sie die Macht dazu haben, auch die Kinder, eben jene Kinder, von denen Christus gesagt hat: Wehe dem, der sie betrügt. Entsetzlich ist es, daß diese Menschen für ihre kleinen Vorteile ein so entsetzliches Böses tun, indem sie den Menschen die Wahrheit verbergen, die von Christus offenbart ist und ein Heil gibt, das nicht durch das Tausendfache des daraus erzielten Vorteils aufgewogen wird. Sie handeln wie ein Räuber, der eine ganze Familie, 5–6 Köpfe, totschlägt, um eine alte Jacke und 40 Kopeken in bar zu erbeuten. Gern hätten

---

[8] Rede des Ambrosius, Bischofs von Charkow. (Anm. des Verf.)

sie ihm den ganzen Anzug und alles Geld gegeben, wenn er sie nur nicht getötet hätte. Aber er kann nicht anders handeln.

So steht es auch mit den religiösen Betrügern. Man könnte sie zehnmal besser, im größten Luxus erhalten, wenn sie nur die Menschen nicht zugrunde richten würden mit ihrem Betrug. Doch sie können nicht anders handeln. Und das eben ist entsetzlich. Und ihren Betrug aufzudecken ist deshalb nicht nur zulässig, sondern geboten. Wenn es etwas Heiliges gibt, so ist es ganz gewiß nicht das, was sie ein Sakrament nennen, sondern gerade diese Verpflichtung, ihren religiösen Betrug aufzudecken, wenn man ihn erkennt.

Wenn ein Tschuwasche seinen Götzen mit Rahm bestreicht oder ihn peitscht, bin ich imstande, seinen Glauben nicht zu kränken und gleichgültig vorüberzugehen, weil er dies im Namen eines mir fremden Aberglaubens tut und nicht das, was für mich heilig ist, berührt; aber wenn Menschen mit ihrem wilden Aberglauben, wie viele ihrer auch sein mögen, wie alt ihr Aberglaube auch sein mag, und wie mächtig sie auch seien, – im Namen jenes Gottes, dem ich lebe, und jener Lehre Christi, die mir das Leben gegeben hat und es allen Menschen geben kann, – rohe Zauberei predigen, – dann kann ich das nicht ruhig ansehen. Und wenn ich das, was sie tun, bei Namen nenne, so tue ich nur, was ich muß, um was ich nicht herumkomme, wenn ich an Gott und die christliche Lehre glaube. Wenn sie aber die Aufdeckung ihres Betruges Lästerung nennen, so beweist das nur die Stärke ihres Betruges und muß nur die Anstrengungen der Menschen, die an Gott und an die Lehre Christi glauben, vergrößern, um diesen den Menschen den wahren Gott verhüllenden Betrug zu vernichten.

Von Christus, der die Ochsen, Schafe und Verkäufer aus dem Tempel vertrieb, hätten sie sagen müssen, Er lästere.

Wenn Er jetzt erschiene und sähe, was in Seinem Namen in der Kirche geschieht, dann würde Er mit noch größerem und berechtigtem Zorne alle diese entsetzlichen Altartücher und Lanzen und Kreuze und Schalen und Lichter und Heiligenbilder hinauswerfen und alles, wodurch sie zaubernd den Menschen Gott und Seine Lehre verhüllen.

Das ist es, was in der Verordnung des Synods über mich richtig und was unrichtig ist. Ich glaube wirklich nicht an das, an was, wie sie sagen, sie glauben. Aber ich glaube an vieles, wovon sie den

Menschen einreden wollen, daß ich nicht daran glaube.

Ich glaube an folgendes: Ich glaube an Gott, den ich als Geist, als Liebe, als Prinzip des Alls verstehe. Ich glaube, daß Er in mir ist und ich in Ihm bin. Ich glaube, daß der Wille Gottes am allerklarsten, verständlichsten in der Lehre des Menschen Christus ausgedrückt ist, den als Gott aufzufassen und zu dem zu beten – ich für die größte Lästerung halte. Ich glaube, daß das wahre Heil des Menschen in der Erfüllung des Willens Gottes besteht, Sein Wille aber darin, daß die Menschen einander lieben und infolgedessen gegen die andern so handeln, wie sie wünschen, daß man gegen sie handele, wie es auch im Evangelium heißt, darin bestehe das ganze Gesetz und die Propheten. Ich glaube, daß der Sinn des Lebens eines jeden Menschen deshalb nur in der Vergrößerung der Liebe in sich besteht; daß diese Vergrößerung der Liebe den einzelnen Menschen in diesem Leben zu immer größerem und größerem Heile führt, nach dem Tode ein um so größeres Heil schenkt, je mehr Liebe im Menschen ist, und zugleich mehr als alles andere zur Aufrichtung des Reiches Gottes in der Welt beiträgt, d. h. einer Lebensordnung, bei der die Zwietracht, der Betrug und die Gewalt, die jetzt herrschen, durch freie Übereinstimmung, Wahrheit und brüderliche Liebe der Menschen zueinander ersetzt sein werden. Ich glaube, daß es zum Fortschreiten in der Liebe nur ein Mittel gibt: das Gebet, – nicht das gemeinschaftliche Gebet in den Tempeln, das direkt von Christus verboten ist (Mt. 6, 5–13), – sondern das Gebet, von dem uns Christus ein Muster gegeben hat, – das einsame, das darin besteht, in seinem Bewußtsein den Sinn seines Lebens und seiner Abhängigkeit nur von dem Willen Gottes wiederherzustellen und zu befestigen.

Beleidigen, kränken oder ärgern jemand diese meine Glaubensmeinungen, stören sie etwas und jemand oder mißfallen sie, – ich kann sie doch ebenso wenig ändern wie meinen Körper. Ich muß für mich allein leben, auch für mich allein sterben (und sehr bald), und deshalb kann ich durchaus nicht anders glauben, als so, wie ich glaube, indem ich mich bereite, zu jenem Gott zu gehen, von dem ich gekommen bin. Ich glaube nicht, daß mein Glaube der einzige, für alle Zeiten unzweifelhaft wahre sei; doch ich sehe keinen andern, der einfacher, klarer wäre und allen Bedürfnissen meines Geistes und Herzens mehr entspräche; wenn ich einen solchen kennenlerne, so werde ich ihn sofort annehmen, weil Gott nichts anderes braucht außer der Wahrheit. Zurückkehren aber zu dem, von dem ich unter solchen Leiden eben erst losgekommen bin, kann ich auf keine Weise mehr, wie der fliegende Vogel nicht in die Schale des Eies zurück kann, aus dem er ausgekrochen ist.

„Wer damit beginnt, das Christentum mehr zu lieben als die Wahrheit, wird dahin kommen, daß er seine eigene Sekte oder Kirche mehr liebt als das Christentum, und damit enden, daß er sich selbst (seine Ruhe) mehr liebt als alles", hat Coleridge gesagt.

Ich bin den umgekehrten Weg gegangen. Ich habe damit begonnen, meinen rechtgläubigen Glauben mehr als alle Ruhe zu lieben; dann habe ich das Christentum mehr als meine Kirche geliebt; jetzt aber liebe ich die Wahrheit mehr als alles auf der Welt. Und bis jetzt fällt die Wahrheit für mich mit dem Christentum zusammen, wie ich es verstehe. Und ich bekenne dies Christentum; und in dem Maße, wie ich es bekenne, lebe ich ruhig und fröhlich und nähere mich ruhig und fröhlich dem Tode.

Moskau, den 4. April 1901.][9]

---

[9] [Vgl. zu Tolstois Antwort auch Henri TROYAT: Tolstoi oder Die Flucht in die Wahrheit. Wien/Düsseldorf: Econ-Verlag 1966, S. 458: „Diese würdige Antwort löste eine neue Woge der Begeisterung aus. Die junge Sascha, unterstützt von einem Cousin, vervielfältigte heimlich das Kredo ihres Vaters. Alexis Suworin, Chefredakteur der Zeitung ‚Neue Zeit', notierte in seinem Tagebuch: ‚Wir haben zwei Zaren: Nikolaus II. und Leo Tolstoi. Welcher ist der stärkere? Nikolaus II. ist ohnmächtig gegen Tolstoi; er kann seinen Thron nicht erschüttern, während Tolstoi bestimmt den Thron Nikolaus II. und seiner Dynastie erschüttert. Man verdammt ihn, der Heilige Synod fällt ein Urteil gegen ihn. Tolstoi schreibt eine Entgegnung, die in vielen maschinengeschriebenen Exemplaren zirkuliert und in den ausländischen Zeitungen erscheint. Jemand soll nur versuchen, Tolstoi anzurühren. Die ganze Welt wird dann aufschreien, und unsere Regierung wird klein beigeben müssen!'"]

ERWIDERUNG AN TOLSTOI
VOM
JAMBURGSCHEN BISCHOF SERGIUS

Kann man nunmehr nach diesem neuen Bekenntnis des Grafen Tolstoi ihn als zur rechtgläubigen Kirche gehörend und als rechtgläubig bezeichnen? Wenn bei irgend jemand bis jetzt darüber noch Zweifel möglich waren, so werden jetzt alle diese Zweifel zerstreut. Graf Tolstoi leugnet nicht nur bewußt und konsequent die Hauptdogmen des Christentums, nicht nur daß er die rechtgläubige Kirche und ihre Sakramente abweist und beschimpft und das ganze kirchliche Leben und seine Praxis als eine Kette von Lügen, Betrug und rohen Aberglauben darstellt, sondern er hat sich bewußt von der Kirche losgesagt, indem er seinen Verwandten seinen letzten Willen bekundete, daß er nicht nach den Gebräuchen der rechtgläubigen Kirche zu Grabe geleitet werden sollte; die Abneigung nach den Gebräuchen der Kirche zu Grabe geleitet zu werden, setzt bei ihm bekanntlich auch der Petersburger Metropolit in seiner Antwort aus den Brief der Gräfin voraus. Über den Abfall des Grafen von der Kirche kann es keine zwei Meinungen geben, und der Graf selbst giebt es unumwunden zu. Wir werden noch mehr sagen: hatte der heilige Synod, der von der Lehre des Grafen Tolstoi wußte, daß sie in der ganzen Welt bekannt ist und wenn auch keine Anhänger gewinnt, so doch die allgemeine Aufmerksamkeit auf sich lenkt, – hatte der heilige Synod das Recht, demgegenüber gleichgiltig zu bleiben und dadurch die treuen Söhne der Kirche in Versuchung zu bringen und den Glauben an die Kirche zu verlieren? Hatte der heilige Synod das Recht, es zuzulassen, daß der Graf, der in der ganzen Welt bekannt ist, nach seinem Tode zum Hohn aller Feinde der Kirche und zur Versuchung und zum Staunen der Gläubigen, als Rechtgläubiger zu Grabe geleitet werden sollte? Wir wiederholen es: darüber kann es keine verschiedenen Meinungen geben. Der heilige Synod hat durch diese Verfügung nicht nur von seinem unveräußerlichen und natürlichen Recht Gebrauch gemacht, sondern seine Pflicht erfüllt, welcher er unter keinen Umständen ausweichen konnte. Gebe nun Gott, daß auch in Zukunft unsere anverwandte Kirche ebenso unerschrocken und fest vor der ganzen Welt ihr

Bekenntnis aussprechen, den Glauben an sich und ihren göttlichen Beruf bekennen sollte.

Indem Graf Tolstoi sich mit dem Grundgedanken der Verfügung, daß er von der Kirche abgefallen ist, einverstanden erklärt, macht er Einwände gegen die Zeitgemäßheit einer solchen Verfügung, sowie gegen einige Behauptungen und Gedanken privater Natur. Zu allererst erscheint es ihm ungerecht, daß man gerade ihn aus der Kirche ausschließt, während viele andere ihren Unglauben in Wort und Schrift verkünden, ohne daß sie darum aus der Kirche ausgeschlossen werden. In der Vorausahnung des Einwandes, daß man doch ihn, den Grafen Tolstoi, den allüberall bekannten Schriftsteller, dessen Worten alle lauschen, dessen Werke beinah im Augenblick ihres Erscheinens in russischer Sprache in alle Sprachen übersetzt werden, unmöglich mit den kleinen litterarischen Fliegen vergleichen kann, fügt der Graf hinzu, daß seine Anhänger an Zahl sehr gering sind, daß die Verbreitung seiner Schriften sehr unbedeutend ist. Damit kann man sich nicht einverstanden erklären. Wenn es wenig wirklich aufrichtige Anhänger Tolstois giebt, so ist seine Lehre in ihren Grundsätzen wenigstens überall bekannt, wo der Name Tolstoi bekannt ist, d. h. in der gesamten lesenden Welt. Wenn bei uns in Rußland das analphabete Volk diesen Namen nicht kennt, so kann doch eine solche Lage der Dinge nicht ewig dauern. Es wird doch eine Zeit kommen, wo alle lesen und schreiben können werden, und man muß darum auch dies im Auge haben und die Zukunft vor der Versuchung verhüten. Diese besondere Berühmtheit des Namens des Grafen Tolstoi war eben die Ursache, daß die Kirche, die schon seit langer Zeit von ihrem Recht der Exkommunikation keinen Gebrauch machte, dieses Mal sich entschlossen hat, dasselbe anzuwenden. Das ist die Praxis der Kirche seit der Zeit ihrer Begründung. Weil sie gegen die menschlichen Schwächen nachsichtig ist, verhängt sie nur in den äußersten Fällen den Bannfluch, wenn die Versuchung besonders groß war und wo es keine Hoffnung gab, den Menschen durch andere Mittel zu bessern. Indem die Kirche so handelte, handelte sie vollständig vernünftig und folgerichtig Sie war sich immer bewußt, daß das endgiltige Los des Menschen nicht von einem Stückchen geschriebenen oder gedruckten Papiers, nicht von der Exkommunikation von der Kirche selbst abhängt, sondern von jenem innern Abfall der Menschen von der

Quelle des Lebens und der Wahrheit, wovon die Exkommunikation von der Kirche nur noch ein äußeres Zeugnis ablegt. Bleibt nun wegen der Nachlässigkeit der Kirchenhirten oder ihrer großen Nachsicht irgend ein angestecktes Glied in der Gemeinschaft der Gläubigen, so kann es sich doch vor dem unsichtbaren Gericht Gottes nicht verbergen und der Heiligkeit der Kirche nicht schaden. Andererseits war der Bannfluch niemals ein Werkzeug der Strafe, eine Art Rache an den Sünder für die begangene Sünde. Mein ist die Rache, sagt der Herr, und die Kirche ist dieser Worte mehr als irgend sonst jemand eingedenk. Der kirchliche Bannfluch hatte darum immer entweder die Besserung des Sünders im Auge, oder er diente zur Benachrichtigung der Gemeinschaft von der aufgetretenen Irrlehre, um die Unerfahrenen vor Versuchung zu wahren. Zu gleicher Zeit war er auch ein Bekenntnis des kirchlichen Glaubens. Die Kirche wandte darum dieses Mittel nur in äußerst seltenen Fällen an, und ein solcher außerordentlicher Fall erschien nun jetzt.

Der Graf findet die Verfügung des Synods auch noch darum für unstatthaft, weil sie sich als Aufreizung zu schlechten Handlungen und Gedanken erweisen kann, wovon er bereits einige Beispiele erlebte. Alles soeben gesagte kann auch dieser Verwunderung des Grafen zur Antwort dienen. Wenn, um mit den Worten des Grafen Tolstoi selbst zu sprechen, der Tschuwasch seine Götzen mit Sahne schmiert oder ihn prügelt, so kann ich seinen Glauben nicht verletzen und ruhig vorbeigehen, denn er thut es im Namen seines mir fremden Aberglaubens und trifft nicht das, was für mich heilig ist. Auch die Kirche würde freilich an dem Grafen ruhig vorbeigehen, wenn seine Predigt nicht das treueste Gut der Kirche betroffen, wenn sie nicht zu ihrem Zweck hätte, den heiligsten Schatz der Kirche zu untergraben. Jetzt aber mußte die Kirche diesen Schatz, ebenso wie jene Tausende , und Millionen, welche dieses Schatzes verlustig werden könnten, behüten. Möge nun dieser Schritt der Kirche „Jemand beleidigen, betrüben, in Versuchung bringen, stören, oder mißfallen," mögen einige eifrige, aber nicht überlegende Mitglieder der Kirche in diesem Schritt den Anlaß zu nicht lobenswerten Streichen finden, so kann die Kirche dies alles nur bedauern, kann aber, trotz dieser möglichen Streiche nicht anders verfahren, wie der Graf selbst nicht anders gehandelt hätte, wenn er sich in einer ähnlichen Lage befunden hätte.

Der Graf nennt ferner die Verfügung „das, was in der juristischen Sprache Verleumdung genannt wird, da in derselben bewußt unwahre, auf sein Verderben abzielende Behauptungen enthalten seien." Zum Beispiel für derartige Behauptungen kann vielleicht die Thatsache dienen, daß der heilige Synod dem Grafen einen fanatischen Eifer zur Verbreitung seiner Lehre zuschreibt. „Das," sagt L. N. „ist ungerecht. Ich war niemals um die Verbreitung meiner Lehre besorgt." Dem Leser kann freilich eine solche Behauptung von L. N. sehr sonderbar, gleichsam als Sophismus erscheinen. Wußte er doch, daß seine Werke, in der letzten Zeit namentlich, bis zur letzten Zeile abgedruckt und in tausenden Exemplaren verbreitet werden. Wie kann er dann glauben, daß er an der Verbreitung seiner Irrlehre keine Schuld habe? Wenn der heilige Synod davon spricht, daß der Graf Tolstoi mit dem Eifer eines Fanatikers die Abschaffung aller Dogmen der rechtgläubigen Kirche predigt, so spricht er von der gesamten litterarischen Thätigkeit des Grafen, ganz gleichgiltig, ob L. N. selbst ins Volk ging und predigte, ob er selbst seine Handschriften in die Druckerei schickte, oder ob es seine Freunde und Verehrer für ihn thaten. Wer einem Menschen Gift reicht, ist allerdings schuldig; eine viel größere Schuld aber hat derjenige, der dieses Gift gemacht, zumal wenn er wußte, daß es verabreicht werden wird. Dieser Punkt im Brief des Grafen Tolstoi erscheint überhaupt sonderbar und ruft Staunen hervor. Nicht minder sonderbar ist auch jener Punkt, wo der Graf den heiligen Synod ganz unzweideutig der bewußten und absichtlichen Lüge, „der offenbaren Unwahrheit," beschuldigt. Das ist „bezüglich der Ermahnungsversuche, die von keinem Erfolg gekrönt wurden." „Nichts ähnliches (behauptet ohne weiteres der Graf) ist jemals geschehen." Hier liegt ein schwer begreifliches Mißverständnis vor. Zu L. N. kamen Geistliche und sprachen mit ihm über den Glauben. Einige kamen garnicht aus eigenem Antrieb, sondern wurden von den kirchlichen Behörden geschickt. Der Graf sprach mit diesen Geistlichen, teilte nachher seine Eindrücke aus diesen Gesprächen seinen Bekannten und Besuchen mit. Der Graf wußte, daß diese Geistlichen zu ihm von den Bischöfen (z. B. von dem aus Tula) geschickt wurden und sagte es nachher seinen Bekannten, daß die Gespräche des Geistlichen ihm gefallen, daß es nur noch unangenehm ist, zu wissen, daß der Bischof den Geistlichen zu seiner Ermahnung geschickt hat. (Wir sagen es auf Grund wirklicher Thatsachen.) Wie kann nun nachher der Graf behaupten, daß seitens der Kirche keine Ermahnungsversuche gemacht wurden, und daß der heilige Synod eine offenbare Unwahrheit sagt, wenn er diese Versuche erwähnt? Wir wollen nicht diese Beschuldigungen der Lüge durch eine ebensolche Beschuldigung beantworten, behaupten aber, daß der Graf L. N. selbst im Namen der Wahrheit sein Wort öffentlich einschränken oder ihnen einen indirekten Sinn geben muß. Vielleicht glaubte er, daß der heilige Synod von unmittelbaren Versuchen des heiligen Synods selbst spricht. Vielleicht glaubte er, daß der örtliche Bischof unabhängig vom Synod zu ihm einen Geistlichen geschickt hat. Jedenfalls muß sich Tolstoi erklären, sonst fällt auch auf den guten Namen des Schriftstellers ein sonderbarer und für niemand gewünschter Schatten.

Der Graf behauptet, daß er die Kirche nur dann verlassen hat, nachdem er die Kirchenlehre theoretisch und praktisch erforscht und erprobt, nachdem er die ganze theologische Litteratur gelesen und über ein Jahr die Vorschriften der Kirche befolgt hatte. Nach den Behauptungen des Grafen bestärkte dies alles nur seine Zweifel und machte seine Verzweiflung an dem kirchlichen Christentum zu einer endgiltigen.

Dies ist freilich eine sehr traurige Thatsache, leider aber keine einzige und keine haltbare und rührt nicht von der Unwahrheit der kirchlichen Lehre, des kirchlichen Lebens, her, sondern von der geistigen Begabung und Stimmung desjenigen, der an diese Lehre, noch mehr aber an dieses Leben herantritt. Die Psychologie dieses Verhältnisses zur Kirche und ihren Sakramenten schilderte der Graf L. N. Tolstoi selbst in herrlicher Weise in seinem Roman: „*Anna Karenina*", namentlich dort, wo die Messe am Sterbebett des Nikolaus Lewin geschildert wird. Dieser Ungläubige, der fern von der Kirche lebte, entschließt sich vor dem Tode eine Messe zu singen, in der Annahme, daß in seiner Seele plötzlich der Glaube entstehen würde, der ihn von der Schwindsucht heilen werde. Er sieht sinnlos auf das Heiligenbild, schlägt Kreuze über sich, sucht sich zu entflammen, ohne aber daß daraus etwas herauskommt. Nach der Messe aber befiehlt er, das Heiligenbild fortzuschaffen, indem er an seiner Wunderkraft verzweifelt. Es ist dies jener geistige Materialismus, dessen schreckliches Beispiel L. N. in seiner „*Auferstehung*" darstellte, in dem Glauben, daß er darin die Lehre der Kirche wiedergebe. Der Mensch will nicht begreifen, daß das Werk des Heils auf dem Wege der langen sittlichen Entwicklung vor sich geht, daß man die Gemeinschaft mit Gott nur durch die Heiligkeit erreichen kann, der Mensch will plötzlich vermittels irgend welcher Äußerlichkeit den Gipfel der geistlichen Entwicklung ersteigen und alle ihre Früchte kosten. Die Sakramente erscheinen ihm als irgend welche Arzeneien, er bereitet sich vor, um die Wirkung derselben in sich selbst sofort zu empfinden. Dasselbe ist auch mit den übrigen kirchlichen Verfügungen der Fall. Der Mensch bemerkt freilich keine unmittelbaren Folgen aus den Sakramenten sowie der Erfüllung der kirchlichen Vorschriften, er bemerkt sie darum nicht, weil die geistliche und sittliche Entwicklung, für welche die Sakramente bestimmt sind, den Menschen als etwas belangloses und uninteressantes erscheint, er sucht nur die Früchte dieser Entwicklung, die ihm angenehm erscheinen. Als Resultat dieses unrichtigen Verhältnisses zum geistigen Leben ergiebt sich bei manchem der Selbstbetrug, das was in der Sprache der Mönche Reiz genannt wird, wenn der Mensch durch gewisse künstliche Mittel anfängt, seine Einbildungskraft zu entflammen, das Gefühl zu erhitzen, wobei er diese künstliche und körperliche Erhitzung für die Wirkung des Heils hält und am Ende zu Halluzinationen gelangt. Die unkritischen oder mehr weltlichen Naturen bemerken es für gewöhnlich, daß die Sakramente in ihnen keine unmittelbaren halb körperlichen, halb geistigen Veränderungen hervorrufen und beginnen zu behaupten, daß die Sakramente keine Wirkung haben, daß das Gebet nicht helfe, und daß die ganze Lehre der Kirche ein Betrug sei. L. N. ging leider denselben Weg. Ihm, dem genialen Schriftsteller und Dichter, war es freilich schwer, sich vor irgend einer Autorität zu beugen. Als er sich entschlossen hatte, den kirchlichen Weg zu erproben, wollte er zu gleicher Zeit auch beobachten, wie dieses neue Mittel auf ihn wirken werde. Das Mittel und der Weg sind ihm freilich bald überdrüssig geworden, greifbare Wirkungen nahm der Graf in sich nicht wahr und schob die Schuld nicht sich, sondern der Kirche und ihren Sakramenten zu. Die Kirche und die Sakramente bringen aber das Heil nicht in der Form von Arzeneien, sondern unter der Bedingung der innern Selbstverleugnung, der Kreuzigung seines Selbst, der Selbstaufopferung für Gott. So faßt sich die Kirche auf, so fassen alle rechtgläubigen Heiligen das Leben auf, so faßt sein Verhältnis zu den Sakramenten auch unser einfaches Volk auf, allüberall wo es nur die Veranlassung und die Möglichkeit vorfindet, um durch Wort und That diese seine Auffassung zu bekunden. Und unsere Geistlichen und einfachen Leute werden freilich erschrecken, wenn sie in der „Auferstehung" lesen werden, wie der Graf das Sakrament des Abendmahls auffaßt; ihnen ist die Möglichkeit, das Sakrament so grob, materialistisch mit solchen himmelschreienden Einzelheiten aufzufassen, niemals in den Sinn gekommen.

Noch eine Bemerkung. Am Ende seines Briefes behauptet L. N., er könne seine Gedanken ändern, wenn man ihm eine andere richtige Auffassung des Lebens bieten werde, er könne aber nicht zur Kirche zurückkehren, „ebenso wenig wie der fliegende Vogel in die Schale des Eies hineinkommen kann, aus welchem er hervorgegangen ist." Es liegt eine Wahrheit, eine traurige tragische Wahrheit in diesen Worten. Aus diesem Anlaß erinnere ich mich der Worte des bekannten Bekämpfers Tolstois, des Bischofs von Ufa Antonius. Er sagte einst, daß der Graf Tolstoi als Denker sich bekehren wird, denn seine ganze Lebensauffassung, seine ganze moralische Lehre bedarf der christlichen, rechtgläubigen Voraussetzungen, daß der Graf sich aber als Mensch kaum bekehren wird. Der Graf behauptet, er glaube an den Gott-Geist, Gott-Liebe, und glaubt, daß diese Verbindung einiger Bezeichnungen seinen Glauben vollständig ausdrückt. Was ist aber Gott-Liebe, wenn er nicht zu gleicher Zeit die Persönlichkeit ist? Hat denn diese Liebe eine ewige Bedeutung, die Bedeutung eines allgemeinen Gesetzes des universellen Lebens, wenn Gott nicht in der Dreieinigkeit ist, in welcher diese Liebe ewig wirklich ist und sich ewig verwirklicht? Entnimmt nicht L. N. einen Termin[us] aus dem Glauben, den er selbst verlacht und verlassen hat? Dasselbe ist auch mit der Unsterblichkeit und der Vergeltung der Fall. Wenn es keine persönliche, vollständig bestimmte und bewußte Unsterblichkeit giebt, so giebt es auch freilich kein Jenseits, keine Vergeltung, denn die Natur ist sich immer gleich, sie stirbt nicht und wird in ihrer Summe niemals verändert. Wer wird denn nun die Unsterblichkeit, die Tolstoi erwartet, erleben und erkennen oder wenigstens das Objekt derselben sein? Während nun L. N. die kirchlichen Begriffe von der Unsterblichkeit und Vergeltung leugnet, so legt er doch in diese Worte jenen Sinn hinein, begleitet sie mit jenen Gefühlen, von welchen diese Worte nur in der kirchlichen Auferstehung begleitet werden, und welche unstatthaft sind, wenn man die Worte in ihrem unpersönlichen Sinn nimmt, wie sie Graf Tolstoi in der Theorie (nicht aber in der Praxis) versteht. Es ergiebt sich eine ziemlich sonderbare Sachlage: Ein Mensch liebt, betet, verehrt etwas, setzt den ganzen Sinn seines Lebens darin, um einen bestimmten Willen zu erfüllen, und behauptet zu gleicher Zeit, daß dieses etwas gar keinen Willen und kein Bewußtsein hat, daß man es folglich weder anrühren noch lieben kann und freilich auch auf die Liebe und Wahrheit desselben nicht rechnen kann. W. S. Solawjew hat einmal diese sonderbare Religiösität und ein solches Leben im Glauben sehr böse ausgelacht: Wie kann man zu einem Götzenstand[10] beten und von ihm Hilfe bitten, wenn man von vornherein weiß, daß er nichts thut und nicht einmal hören kann. Wenn die Möglichkeit und Notwendigkeit des Gebets anerkannt wird, wenn die Grundlage des Lebens Liebe und Gott ist, wenn der Mensch Seinen Willen erfüllen muß, so ist dieser Gott ein persönlicher und lebendiger, jener Gott eben, an welchen die rechtgläubige Kirche glaubt und welchen sie bekennt, und welchen der Graf theoretisch leugnet. Die Morallehre des Grafen dürfte ihn zur Kirche zurückbringen, kann man aber darum hoffen, daß dies auch in Wirklichkeit der Fall sein wird? Der Bruder Tichon Sadonski dachte einst daran, wie der Hirt erlöst werden kann, wenn er die ganze Zeit an die Erlösung anderer denken muß. Und nun sieht er einen Traum. Er träumt davon, daß er auf einen hohen Berg stieg, daß er ihn mit Schwierigkeiten und Anstrengungen und ganz einsam besteigt. Plötzlich aber erscheint jemand, beginnt ihm zu helfen, alsdann kommt noch ein Mensch herbei, und nach ihm viele andere, bis sich endlich eine große Menschenmenge um ihn angesammelt hat. Sie alle stützten ihn, trugen ihn fast in die Höhe, so daß er schon die frühere Ermüdung und Arbeit beinahe nicht mehr fühlte. So helfen die Schüler dem Lehrer, auf daß er zu einer größeren Vollkommenheit hinaufsteige und bekräftigen ihn in der gegebenen Richtung. Dasselbe kann auch mit dem Grafen der Fall sein, nur in umgekehrter Richtung. Dieselben Schüler, die er der Kirche entrissen hat, werden ihm jetzt zum größten Hindernis für seine Bekehrung und seine Buße werden. Ihm ist die Bekehrung jetzt

---

[10] [sic! *Standbild* ?]

schwerer, als irgend jemand sonst. Solange er aber hier unter uns weilt, solange noch für ihn die Stunde nicht geschlagen hat, um vor dem Thron unseres Richters zu erscheinen, können wir uns noch von der Gnade Gottes Hilfe erhoffen und zu ihm flehen, daß der Herr sich seines Knechtes erbarme und ihn bekehre und ihn uns zurückgebe, auf daß wir mit einem Herzen und einem Mund Seinen Heiligen Namen preisen.

W. Sergius.

ERWIDERUNG AN TOLSTOI
VON W. SKWORZOW,
DEM HERAUSGEBER DER „MISSIONÄREN REVUE"

In den ersten Zeilen seiner Antwort giebt der Graf Tolstoi eine wenig beneidenswerte Charakteristik seiner Gesinnungsgenossen, indem er sie als Menschen, die kaum mit ihm übereinstimmen, d. h. seine Lehre nicht verstehen, darstellt. Diese Bemerkung ist für die Anhänger Tolstois charakteristisch und für diejenigen lehrreich, die sich als die Anhänger des Grafen Tolstoi betrachten.

Es ist ferner sonderbar, beim Grafen Tolstoi, der immer und überall jegliches Gesetz und jegliche aus demselben hervorgehende Form verachtet, dem Einwand zu begegnen, daß die Verfügung des heiligen Synods ungesetzmäßig sei und den Regeln nicht genüge. … Ferner ist seine Behauptung vollständig ungerecht, als ob von seiten der Kirche keine Versuche gemacht wurden, ihn zu bekehren. Erst über das Gesetz und die Religion. Woran denkt hier der Graf Tolstoi, das in bezug auf ihn nicht innegehalten worden sei? Denkt er an die Ermahnung durch die Geistlichen, an die Einladung ins Konsistorium oder an die Einsteckung ins Kloster wie es mit den Molokanen und Stundisten der Fall ist? Hat er aber nicht selbst vor kurzem gegen die Anwendung solcher Formen und Regeln in bezug auf die Sektierer gekämpft? Der Graf mißt nicht mit dem gleichen Maß dieselben Erscheinungen, sobald es sich um seine eigene Person handelt. …

Will man aber schon vom Gesetz sprechen, so giebt es doch Paragraphen, welche in Bezug auf der falschen Lehre von Jesneje Polja, für auf den falschen Lehrer von Jasnaja Poljana, für welchen das Gesetz in Wirklichkeit nicht existiert, nicht angewendet werden. Es unterliegt keinem Zweifel, daß die Verfügung der Kirche über den Grafen Tolstoi mit dem Grundgesetz der christlichen Kirche im Einklang ist, wie es auch vom Begründer derselben gelehrt wurde (Matth. 18, 15-18): Wenn dein Bruder sündigen wird, so gehe und belehre ihn allein; hört er nicht auf dich, so nimm einen, oder zwei oder drei Zeugen mit, hört er auch auf sie nicht, so melde es der Kirche und hört er die Kirche nicht, so soll er in deinen Augen wie ein Heide und Abtrünniger sein. Ebenso heißt es auch in den Vorschriften der Apostel (Tim. 3, 10-16 [Titus 3, 10f.]): Wende dich nach der „ersten und zweiten Belehrung von dem Ketzer ab, wenn du weißt, daß er sündigt, da er sich selbst verurteilt hat." Der Apostel Paulus schloß nicht nur den Ketzer, sondern den Sünder aus der Kirche aus, „damit in der Ohnmacht des Fleisches die Seele gerettet werde". Somit hat die Kirche das gesetzliche Recht des Ausschlusses von Christus und den Aposteln. Die folgenden kirchlichen Kanone[s] bestätigen nur dieses Recht, indem sie seine Ausübung erklären und es mit gewissen Zeremonien verknüpfen. Auch in der alten Kirche exkommunizierte man sowohl auf den Konzilen, als auch durch einfache schriftliche Zeugnisse der Vertreter der Kirche.

Wir begreifen nicht, wie der Graf in seiner Antwort sagen konnte, daß keine Versuche zu seiner Belehrung gemacht wurden. Ist es ein Zeichen des durch das Alter geschwächten Gedächtnisses? Zur Widerlegung dieser Unwahrheit des Grafen Tolstoi beziehen wir uns auf die dokumentalen Thatsachen sowie auf die lebendigen Zeugen dieser Versuche. Der Geistliche Iwanow aus Tula erzählt in der *„Missionären Rundschau"* sowie in den örtlichen kirchlichen Nachrichten von den Gesprächen, die der Erzbischof von Tula Nikander mit dem Grafen führte, und daß er in seiner Verzweiflung wegen der Hartnäckigkeit des Grafen zu Gott flehte, daß er vor Lew Nikolajewitsch sterben sollte, um nicht Zeuge seines unchristlichen Todes zu sein. Auch dieser aufgeklärte Geistliche Iwanow sprach mündlich mit Lew Nikolajewitsch und schickte ihm Ermahnungsbriefe, die ohne Antwort blieben. Bekanntlich fuhren auf Grund einer Bestimmung der örtlichen Geistlichkeit der verstorbene Rektor des Tulaschen Seminars Romanow sowie der Lehrer der dogmatischen Theologie zum Grafen Tolstoi nach Jasnaja Poljana, um mit ihm Gespräche zu pflegen und ihn auf richtigere Bahnen zu bringen. Jetzt liegt der Brief eines bekannten Edelmannes vor, eines Gutsnachbars der Familie Tolstoi, der in seiner Entrüstung wegen dieser unwahren Behauptung der „Antwort" bezeugt, daß er selbst von Lew Nikolajewitsch Ausdrücke der Unzufriedenheit darüber hörte, daß der Gefängnisgeistliche auf Befehl des Bischofs den Grafen durch seine Gespräche belästige (sich zu ihm immer schleppe).

Einer von den Tulaschen Geistlichen schrieb uns selbst von seinen Besuchen beim Grafen sowie von den zahlreichen Gesprächen mit Lew Nikolajewitsch, in welchen letzterer mehr als einmal auf die evangelische Wahrheit keine Antwort wußte.

Der Chersonsche Erzbischof Nikanor „berichtete als erster der Kirche" vom Katheder des Tempels herunter über die ketzerische Weisheit des Grafen Tolstoi und gab sie in einer seiner Predigten der Kritik preis. Als im vorigen Jahre der Graf Tolstoi schwer erkrankte, gab der Metropolit Wladimir in seiner Sorge um das Seelenheil des berühmten russischen Schriftstellers dem ehemaligen Religionslehrer der Kinder des Grafen, dem Priester S., den Auftrag, ihn noch einmal zu ·ermahnen. Letzterer war dreimal im Hause des Grafen, um ihn zu ermahnen, Tolstoi wich aber unter verschiedenen Vorwänden (des Unwohlseins, der eiligen Korrekturarbeiten an der „Auferstehung") der Unterredung mit dem erhabenen Kirchenhirt aus; der Graf wurde sehr zornig, als er hörte, daß der Geistliche zu ihm von dem Bischof geschickt wurde. Während der ersten zwei Besuche unterhielt sich mit dem Geistlichen S. die Gräfin Sofja Andrejewna über den Grafen und versprach sogar, auf den Rat des Geistlichen S., den Vater Johannes aus Kronstadt zum Grafen einzuladen. Das letzte Mal indessen hat auch die Gräfin den Priester nicht empfangen. Von den häufigen Versuchen zur Ermahnung des Grafen, welche Geistliche sowohl (wie z. B. der jetzige Bischof von Ufa), als auch Laien (wie sein ehemaliger Gesinnungsgenosse S–ko) machten, sowie der litterarischen Enthüllung der Irrtümer des Grafen gar nicht mehr zu sprechen. Die Verfasser schickten dem Grafen ihre Werke ein, welche gegen seine Irrlehren gerichtet sind, der Graf schnitt aber diese Bücher nicht auf. Sind es nun keine Versuche?

Das ist nun die Wahrheit über die Ermahnungsversuche.

Ohne jeglichen Grund nennt ferner Lew Nikolajewitsch das Schreiben willkürlich, weil er allein des Unglaubens beschuldigt wird, während doch „die ganze gebildete Gesellschaft" so ungläubig sei. Es ist zuviel gesagt, wenn er von der „ganzen gebildeten Gesellschaft" spricht. Darauf kommt es aber nicht an. Die Geschichte lehrt uns, daß die Ketzer immer Anhänger hatten, daß aber die Kirche auf ihren Konzilen nur die Verkünder der Irrlehre exkommunizierte und strafte. So wurde auch in Bezug auf Tolstoi verfahren.

Der Graf behauptet die offenbare Unwahrheit, wenn er sagt, daß seine Lehre wenig verbreitet sei, und daß er kaum hundert Anhänger zähle. Und die Tausend Duchoberen [Duchoborzen], die jetzt in

Kanada zu Grunde gehen, gehören sie schon nicht mehr zu Tolstoi? Und die Hunderte von Bauern aus Pawlow, die der Fürst Chilkow, der Freund und Jünger des Grafen Tolstoi, verführt hat? Und die Weroneschen Anhänger von W. G. Tschertkow? Und weiß denn nicht der Graf, wie viele unter den Stundisten und Molokanen seine Lehre teilen? Und diese fast „ganze gebildete Gesellschaft", wie Tolstoi sich ausdrückt?

Bei der allgemeinen Charakteristik der Synodsverfügung erklärt sie der Graf als „sehr schlecht", als" „Verleumdung", als „ungerecht". Wenn er aber weiter unten von jeder einzelnen gegen ihn aufgestellten Beschuldigung spricht, so bekennt er absolut alles, daß er antikirchlich glaubt und denkt, wodurch er eben die vollständige Gerechtigkeit der Verfügung bestätigt.

Mit einem des aufgeklärten Grafen nicht würdigen Cynismus sowie einer Leichtfertigkeit spricht Tolstoi von den Gebeten unserer Kirchenagende, von den Zeremonien und Sakramenten, womit die Kirche, wie eine liebende Mutter, unser ganzes Leben begleitet, indem er dies alles nur noch Hexerei nennt. Braucht man es dann zu widerlegen, wenn es jeder einfache Mann weiß, daß Gebet und Hexerei zwei verschiedene Dinge sind, daß das eine der Dienst Gottes ist, während das andere im Namen und durch die Macht des Teufels, des Vaters der Lüge, geschieht.

In der Kirchenagende fand Tolstoi Tausend Beschwörungen, während dort in Wirklichkeit nur eine Beschwörung gegen den „unreinen Geist" (den Teufel) vorhanden ist. Lew Nikolajewitsch hat demnach die Kirchenagende schlecht gelesen und begriffen.

Unser Körper ist der Tempel des lebendigen Gottes, nach Tolstoi ist er aber ein unnützes, ekelhaftes Ding (Schmutz!) … Hier ist auch jeglicher Streit überflüssig. Man kann aber auch nicht jenes elende Pharisäertum mit Stillschweigen übergehen, wie der Graf sich verteidigt, daß er niemals um die Verbreitung seiner Lehre besorgt war, daß er seine gotteslästernden Werke nur für sich allein geschrieben und sie niemals gedruckt habe (die Gräfin druckte sie?), daß er nur noch seine Werke vor denjenigen nicht verborgen hielt, die sie kennen lernen wollten. Dieser Sophismus brachte uns sofort die traurige Geschichte der Ausgabe des schlechten politischen Pamphlets Tolstois („Nikolai Palkin") durch einen seiner feurigen Anhänger in Erinnerung. Als Tolstoi über den Ursprung dieser Erzählung befragt wurde, gab er dieselbe sophistische Antwort, daß er die Erzählung des Scherzes wegen geschrieben und auf dem Tisch gelassen, während der junge Mann dieselbe herausgegeben habe. Der Graf selbst pflege seine Gedanken nicht zu verbergen und die Ausgabe seiner Werke nicht zu verhindern. So ist *„Nikolai Palkin"* entstanden. Für den Grafen hatte die Sache keine weiteren Folgen, er blieb ruhig in Jasnaja Poljana, während der junge Mann unter Polizeiaufsicht geraten ist, die auf ihm gegen 10 Jahre lastete; die durch diesen Vorfall erschrockene Gräfin verbot seitdem noch diesem Anhänger das Haus. Dies ist die uns dokumental bekannte Begebenheit. Die Kommentare sind hier überflüssig. Darauf beschränken wir vorläufig unsere Bemerkungen. Die Leser werden die Unwahrheit sowie die Widersprüche der Lehre von dem Tolstoischen unpersönlichen Gott, die logische Verworrenheit der Leugnung des Paradieses und der Hölle und der Anerkennung der Vergeltung, der Leugnung der Sakramente und der Anerkennung der Taufe für Erwachsene und des Wesens der Ehe, der Bezeichnung der Salbung als „Hexerei", während die Apostel selbst diese Hexerei trieben, selbst beurteilen.

Zum Schluß noch zwei kleine Bemerkungen.

Der Graf sagt unter anderem in seinem Credo: „Ich glaube, daß Er (Gott) in mir ist und daß ich in ihm bin." Weiß es aber der Jasno-Poljansche Verfasser der neuen quasichristlichen Vernunftreligion nicht, daß dies eine alte These des Chlüstowschen Mystizismus ist? Im übrigen waren ja bei dem Grafen Delegierte der Chlüsten, wie er dies selbst vor kurzem einem theologischen Besucher in Moskau erzählte.

Etwas Krankhaftes enthält in sich die stolze Behauptung des Grafen in seiner „Antwort": „ich sage nicht, daß mein Glaube für alle Zeiten ewig sein wird, ich sehe aber keinen anderen, einfacheren, klareren und allen Ansprüchen meiner Vernunft und meines Herzens mehr entsprechenden ..." Dem oben erwähnten Besucher erklärte Lew Nikolajewitsch einfach, daß an der ganzen orthodoxen Kirche kein Fetzen geblieben wäre, wenn man seine Werke freigegeben hätte. Und dies sagte der Irrlehrer Tolstoi vollständig ernst. Ist das nicht *mania grandiosa*?

Ja, auch bei großen Männern ist vom Großen zum Lächerlichen und Unsinnigen nur ein Schritt.

II.
Über Duldung

(Über die Glaubenstoleranz – O veroterpimosti, 1901)[1]

Leo N. Tolstoi

I.

In Rußland gibt es Missionare, deren Verpflichtung in der Bekehrung aller Nicht-Orthodoxen zur Orthodoxie besteht.

Am Ende des Jahres 1901 versammelte sich in der Stadt Orjol ein Kongreß solcher Missionare – und am Schluß dieses Kongresses hielt der Adelsmarschall des Gouvernements, Herr Stachowitsch, eine Rede, in der er dem Kongreß vorschlug, die volle Freiheit des Gewissens anzuerkennen; er verstand, wie er sich ausdrückte, unter diesen Worten nicht nur die Freiheit des Glaubens, sondern auch die Freiheit des Bekenntnisses, die die Freiheit des Abfalls von der Orthodoxie in sich schließt und sogar der Verführung zu den mit der Orthodoxie nicht übereinstimmenden Glaubensbekenntnissen. Herr Stachowitsch nahm an, daß eine solche Freiheit nur den Triumph und die Verbreitung der Orthodoxie befördern könne, als deren gläubigen Bekenner er sich erklärte.

Die Mitglieder des Kongresses stimmten mit dem Vorschlage des Herrn Stachowitsch nicht überein und ließen sich nicht auf seine Beurteilung ein. Nachher aber begann ein lebhafter Meinungsaustausch und Streit darüber, ob die christliche Kirche duldsam sein müsse oder nicht: die einen – die Mehrheit der Orthodoxen, der Geistlichen sowie der Weltlichen – waren in Zeitungen und Journalen gegen die Duldung und erklärten es aus diesen oder jenen Gründen für unmöglich, die Verfolgungen gegen abfallende Glieder der

---

[1] Textquelle dieser Übersetzung | L. N. TOLSTOJ: Über Duldung [1901]. In: L. N. Tolstoj: Ausgewählte Werke, herausgegeben von W. Lüdtke. Band XII.: Weltanschauung. Auswahl von W. Lüdtke. Wien/Hamburg/Zürich: Gutenberg-Verlag Christensen & Co. 1929, S. 117-124. – Texterfassung: Hg. & Katrin Warnatzsch.

Kirche einzustellen. Andere aber – die Minderheit – stimmten mit der Meinung Stachowitschs überein, billigten sie und erwiesen die Gewissensfreiheit als für die Kirche selbst erwünscht und notwendig.

Die mit dem Vorschlag des Herrn Stachowitsch nicht Übereinstimmenden sagten, die Kirche, die den Menschen das ewige Heil schenke, müsse alle von ihr abhängenden Mittel anwenden, um ihre unverständigen Glieder vom ewigen Verderben zu retten, und eins von diesen Mitteln seien die von der Obrigkeit aufgestellten Schranken gegen den Abfall von der wahren Kirche und die Verführung ihrer Glieder. Vor allem aber, sagten sie, weiß die Kirche, die von Gott die Gewalt erhalten hat, zu binden und zu lösen, immer, was sie tut, wenn sie Gewalt gegen ihre Feinde anwendet.

Die Räsonnements der weltlichen Leute aber über die Richtigkeit und Unrichtigkeit ihrer Maßnahmen sind nur ein Zeichen der Verirrung der weltlichen Leute, die sich erlauben, die Handlungen der unfehlbaren Kirche zu verurteilen.

So sprachen und sprechen die Gegner der Duldung.

Ihre Anhänger aber behaupten, es sei ungerecht, mit Gewalt das Bekenntnis zu Glaubensformen, die mit der Orthodoxie nicht übereinstimmen, zu hindern; die von den Gegnern der Duldung gebrauchte Scheidung zwischen dem Glauben und dem äußeren Bekenntnis sei ohne Grundlage, da jeder Glauben sich unvermeidlich in äußeren Handlungen kundtue.

Außerdem, sagten sie, kann für die wahre Kirche, die Christus als ihr Haupt und Seine Verheißung hat, daß niemand Seine Kirche überwältigen solle, keine Gefahr entstehen, wenn einer kleinen Zahl von Häretikern oder Abtrünnigen Lüge gepredigt wird, um so mehr, als die Verfolgungen ihr Ziel nicht erreichen, da das Märtyrertum nur die moralische Autorität der verfolgenden Kirche schwächt und die Kraft der Verfolgten stärkt.

II.

Die Anhänger der Duldung sagen, die Kirche dürfe in keinem Falle Gewalt gegen die mit ihr nicht übereinstimmenden Mitglieder und Bekenner anderer Glaubensformen anwenden. Die Kirche darf nicht

Gewalt anwenden! Aber da erhebt sich unwillkürlich die Frage: Wie kann die Kirche Gewalt anwenden?

Die christliche Kirche ist nach der Definition, die sie sich selbst gibt, eine von Gott eingesetzte Gesellschaft von Menschen, die den Zweck hat, den Menschen den sie in dieser und in der zukünftigen Welt rettenden wahren Glauben zu überliefern.

Auf welche Weise kann nun eine solche Gesellschaft von Menschen, die zu ihrem Werkzeug Segen und Predigt hat, Gewalt wünschen und in Wirklichkeit ausüben über Menschen, die ihren Glauben nicht annehmen?

Der Kirche raten, die Menschen nicht zu verfolgen, die von ihr abfallen oder ihre Glieder verführen, ist ganz das gleiche, wie einer Akademie von Gelehrten raten, keine Verfolgungen, Strafen, Verschickungen usw. über Leute zu verhängen, die mit ihren Meinungen nicht übereinstimmen. Eine Gelehrtenakademie kann das nicht wollen, und wenn sie es wollte, so kann sie es nicht tun, da sie keine Mittel dazu hat. So ist es auch mit der Kirche. Die christliche Kirche kann nach ihrer eigenen Definition nicht Gewalt gegen die mit ihr Nicht-Übereinstimmenden anwenden, und wenn sie es wollte, so kann sie es nicht tun, da sie keine Mittel dazu hat.

Was bedeuten denn jene Verfolgungen, die seit den Zeiten Konstantins von der christlichen Kirche ausgeführt sind, bis zur Gegenwart fortgesetzt werden und deren Einstellung die Anhänger der Duldung der Kirche raten?

III.

Herr Stachowitsch zitiert in seiner Rede die Worte Guizots über die Notwendigkeit der Gewissensfreiheit für die christliche Religion und führt nach diesen guten und klaren Worten Guizots die schlechten und wirren Worte Aksakows an, der den Begriff ‚Kirche‘ dem Begriff ‚christliche Religion‘ unterschiebt und durch diese Unterschiebung zu beweisen versucht, für die christliche Kirche sei Duldung möglich und notwendig. Doch die christliche Religion und die christliche Kirche ist nicht ein und dasselbe, und wir haben kein Recht anzunehmen, das, was der christlichen Religion eigentümlich sei, sei auch der christlichen Kirche eigentümlich.

Die christliche Religion ist jenes höchste Bewußtsein des Menschen von seiner Beziehung zu Gott, das die Menschheit, von einer niedrigeren zu einer höheren Stufe des religiösen Bewußtseins emporsteigend, erreicht hat. Und deshalb kann die christliche Religion und [*können*] alle Menschen, die die wahre christliche Religion bekennen, nicht anders als duldsam sein; denn sie wissen, daß sie eine bestimmte Stufe von Klarheit und Höhe des religiösen Bewußtseins erreicht haben nur dank der ununterbrochenen Bewegung der Menschheit aus der Finsternis zum Licht. Indem sie sich selbst im Besitze einer nur bestimmten Stufe der Wahrheit finden, die immer mehr und mehr durch die gemeinsamen Anstrengungen der Menschheit erhellt und erhöht wird, verurteilen sie, wenn sie auf Glaubenssätze treffen, die für sie neu sind und die mit ihren nicht übereinstimmen, diese nicht nur nicht und werfen sie nicht weg, sondern bewillkommnen sie freudig, erforschen sie, prüfen von neuem an ihnen ihre Glaubenssätze, stoßen das zurück, was mit der Vernunft nicht übereinstimmt, nehmen das an, was die von ihnen bekannte Wahrheit erhellt und erhöht, und werden noch mehr in dem befestigt, was in allen Glaubensformen ein und dasselbe ist.

So ist die Eigentümlichkeit der christlichen Religion im allgemeinen beschaffen, und so verfahren die Menschen, die das Christentum bekennen. Doch so ist es nicht mit der Kirche. Die Kirche, die sich für die einzige Hüterin der vollen, göttlichen, ewigen, in allen Zeiten unveränderten, den Menschen von Gott selbst offenbarten Wahrheit erklärt, kann nicht umhin, jede religiöse Lehre, die anders als in ihren Dogmen ausgedrückt ist, als eine lügenhafte, verderbliche oder sogar böswillige (wenn sie von Leuten ausgeht, die die Stellung der Kirche kennen) Lehre anzusehen, die die Menschen ins ewige Verderben führt. Und deshalb kann die Kirche nach ihrer eigenen Definition nicht duldsam sein und kann nicht umhin, gegen alle Bekenntnisse, wie auch gegen die Prediger von mit ihr nicht übereinstimmenden Glaubenslehren, alle jene Mittel anzuwenden, die sie für übereinstimmend mit ihrer Lehre hält. Die christliche Religion und die christliche Kirche sind also ganz verschiedene Begriffe. Es ist wahr, jede christliche Kirche behauptet, sie sei die einzige Vertreterin des Christentums; doch die christliche Religion, d. i. die Bekenner einer freien christlichen Religion, erkennen auf keine Weise an, daß die Kirche die Vertreterin des Christentums sei. Die Bekenner der christlichen Religion könnten das auch nicht tun, da es viele Kirchen gibt und jede sich selbst für die einzige Vertreterin der ganzen göttlichen Wahrheit hält.

Diese Vermischung zweier verschiedener Begriffe nun, die beständig zu verschiedenen Zwecken von den Kirchenmännern angewandt wird, bewirkt es auch, daß alle ihre Räsonnements über die Erwünschtheit der Duldung für die Kirche an der ihnen allen gemeinsamen Unklarheit, Schwülstigkeit, Unausgesprochenheit und darum völligem Mangel an Überzeugungskraft leiden.

So sind alle Räsonnements hierüber bei uns in Rußland von Männern wie Chomjakow, Samarin, Aksakow u. a., und daran leidet auch die Rede des Herrn Stachowitsch. Alles dies ist nicht nur leeres, sondern auch schädliches Geschwätz, das von neuem Weihrauchdampf denjenigen in die Augen jagt, die sich von der Täuschung zu befreien beginnen.

IV.

Darum ist die Antwort auf die Frage, auf welche Weise die Kirche, die sich selbst als eine Gesellschaft von Menschen definiert, die die Predigt der Wahrheit zum Zwecke haben, und die keine Mittel der Gewalt hat und haben kann, dennoch Gewalt gegen diejenigen anwenden kann, die mit ihren Glaubenslehren nicht übereinstimmen, – nur diese eine: die Institution, die sich christliche Kirche nennt, ist nicht eine christliche Institution, sondern eine weltliche Institution, die mit dem Christentum nicht übereinstimmt und ihm vielmehr feindlich ist.

Als mir zum erstenmal dieser Gedanke kam, traute ich ihm nicht, so fest ist uns allen von Kindheit an Ehrfurcht vor der Heiligkeit der Kirche eingeflößt. Ich dachte zuerst, dies sei ein Paradox, in einer solchen Definition der Kirche sei irgendein Irrtum enthalten. Aber je weiter ich diese Frage von allen Seiten betrachtete, desto unzweifelhafter wurde mir, daß die Definition der Kirche als einer nicht christlichen, sondern dem Christentum feindlichen Institution eine ganz genaue Definition ist und eine solche, ohne die es unmöglich ist, sich alle die Widersprüche zu erklären, die in der vergangenen und gegenwärtigen Tätigkeit der Kirche beschlossen sind.

In der Tat, was ist die Kirche? Die Bekenner der Kirche sagen, das ist eine von Christus eingesetzte Gesellschaft, der die ausschließliche Bewahrung und Predigt der unzweifelhaften göttlichen Wahrheit übergeben ist, die durch die Herabkunft des Heiligen Geistes auf die Glieder der Kirche bezeugt ist, und dies Zeugnis des Heiligen Geistes wird von Geschlecht zu Geschlecht durch die von Christus eingesetzte Handauflegung überliefert.

Doch man braucht nur aufmerksam jene Daten zu betrachten, durch die das bewiesen wird, um sich zu überzeugen, daß alle diese Behauptungen vollkommen willkürlich sind. Jene beiden Texte (jener Schrift, welche die Kirche für heilig hält), auf die sich die Beweise für die Einsetzung der Kirche durch Christus selbst stützen, haben ganz und gar nicht diese Bedeutung, die ihnen zugeschrieben wird, und können in keinem Falle die Einsetzung der Kirche bezeichnen, da der Begriff der Kirche zur Zeit der Niederschrift der Evangelien, und noch viel weniger zur Zeit Christi, überhaupt nicht vorhanden war. Der dritte Text aber, auf den sich das ausschließliche Recht gründet, die göttliche Wahrheit vorzutragen, die Schlußverse von Markus und Matthäus, wird von allen Erforschern der Heiligen Schrift für unecht gehalten. Noch viel weniger kann bewiesen werden, daß die Herabkunft der feurigen Zungen, die auf die Köpfe der Jünger herabkamen und nur von Jüngern gesehen wurden, bedeute, alles, was nicht nur von diesen Jüngern gesagt werden würde, sondern auch von allen jenen, auf welche diese Jünger die Hände auflegten, werde von Gott, d. i. dem Heiligen Geiste, gesagt und deshalb immer unzweifelhaft wahr sein.

Die Hauptsache aber ist, wenn dies auch bewiesen werden könnte (was ganz unmöglich ist), so bestände keine Möglichkeit zu beweisen, daß diese Gabe der Unfehlbarkeit gerade in *der* Kirche lebe, die das von sich behauptet. Die hauptsächliche und unlösliche Schwierigkeit besteht darin, daß die Kirche nicht *eine* ist und daß eine jede Kirche von sich behauptet, sie allein stehe in der Wahrheit und alle übrigen in der Lüge. Deshalb hat eigentlich die Behauptung jeder Kirche, sie allein stehe in der Wahrheit, genau so viel Gewicht wie die Behauptung eines jeden Menschen, der sagt: „O Gott, *ich* habe recht, und alle, die nicht mit mir übereinstimmen, haben unrecht."

„O Gott, wir allein bilden die wahre Kirche" – hierin und nur hierin bestehen alle Beweise für die Unfehlbarkeit einer jeden Kirche. Eine solche sehr wackelige und lügenhafte Grundlage hat noch den Mangel, daß, indem sie jede Nachprüfung alles dessen ausschließt, was die sich für unfehlbar erklärende Kirche predigt, sie ein unbegrenztes Feld für alle, auch die ausschweifendsten Phantasien eröffnet, die für Wahrheit ausgegeben werden. Wenn aber unvernünftige und phantastische Behauptungen als Wahrheit ausgegeben werden, so erscheinen natürlich Leute, die gegen solche Behauptungen protestieren. Um aber Menschen zu zwingen, an unvernünftige und phantastische Behauptungen zu glauben, dafür gibt es nur *ein* Mittel – Gewalt.

Das ganze Nizäische Symbol ist ein Gewebe von unvernünftigen und phantastischen Behauptungen, die nur bei Menschen entstehen konnten, die sich für unfehlbar hielten, und die nur mit Gewalt verbreitet werden konnten.

Gott-Vater erzeugte vor aller Zeit den Sohn-Gott, aus dem alles hervorgegangen ist. Dieser Sohn wurde zur Rettung der Menschen in die Welt gesandt und wurde dort erneut geboren von einer Jungfrau und gekreuzigt und stand auf und fuhr gen Himmel, wo Er sitzt zur Rechten des Vaters. Am Ende der Welt aber wird dieser Sohn kommen, zu richten die Lebenden und Toten, – und alles dies ist unzweifelhafte, von Gott selbst geoffenbarte Wahrheit.

Wenn wir im 20. Jahrhundert nicht alle diese dem gesunden Verstande und dem menschlichen Wissen widerstreitenden Dogmen annehmen können, so waren auch zur Zeit der Synode von Nizäa die Menschen nicht des gesunden Verstandes beraubt und konnten nicht allen diesen seltsamen Dogmen beistimmen und äußerten ihre Nichtübereinstimmung mit ihnen.

Die Kirche aber brauchte das am schnellsten gegen diese Nichtübereinstimmung und deren Verbreitung wirkende Mittel – die Gewalt.

Die mit der Obrigkeit vereinigte Kirche gebrauchte immer Gewalt, – versteckte, aber nichtsdestoweniger ganz bestimmte und tatsächliche Gewalt: sie sammelte gewaltsam von allen Abgaben ein, ohne sie nach ihrer Übereinstimmung oder Nichtübereinstimmung mit dem staatlichen Glauben zu fragen, aber verlangte von ihnen dessen Bekenntnis.

Indem sie mit Gewalt Geld einsammelte, veranstaltete sie auf diese Weise die stärkste Hypnose zur Befestigung nur ihres Glaubens unter Kindern und Erwachsenen. Wenn aber dies Mittel nicht reichte, gebrauchte sie direkt die Gewalt der Obrigkeit. Daher kann in der vom Staate unterstützten Kirche keine Rede von Duldung sein. Und das kann nicht anders sein, solange Kirchen Kirchen sein werden.

Man wird einwenden: Kirchen in der Art der Ouäker, Wesleyaner, Shakers, Mormonen und besonders jetzt die katholischen Kongregationen – sammeln ohne Gewalt der Obrigkeit Geld von ihren Mitgliedern ein und gebrauchen deshalb, indem sie ihre Kirchen unterstützen, keine Gewalt. Aber das ist unrichtig: jenes Geld, das von reichen Leuten, besonders von den katholischen Kongregationen, im Laufe von Jahrhunderten der Hypnotisation mittels des Geldes, gesammelt ist, ist kein freies Opfer der Glieder einer Kirche, – sondern das Resultat der gröbsten Vergewaltigung. Das Geld wird mittels der Gewalt gesammelt und ist immer ein Werkzeug der Gewalt. Damit die Kirche sich für duldsam halten könnte, müßte sie frei von jeglichen Geldeinflüssen sein. „Umsonst habt ihr es empfangen, umsonst gebt es auch."

V.

Ihrem Wesen nach hat ja die Kirche auch kein Werkzeug der Gewalt. Wenn Gewalt angewendet wird, so wird sie nicht von der Kirche selbst angewandt, sondern von der Obrigkeit, mit der sie verbunden ist, und deshalb erhebt sich die Frage: weshalb verbinden sich die Obrigkeit und die herrschenden Klassen mit der Kirche, unterstützen sie? Es sollte scheinen, die Glaubenssätze, die von der Kirche gepredigt werden, müßten für die Regierungen und die herrschenden Klassen gleichgültig sein. Es sollte scheinen, den Regierungen und den herrschenden Klassen müßte es ganz gleich sein, an was die von ihnen regierten Völker glauben: ob sie Reformierte, Katholiken, Rechtgläubige, Mohammedaner sind. Aber das ist nicht so.

Zu jeder Zeit entsprechen die religiösen Glaubenssätze der gesellschaftlichen Organisation, d. i. die gesellschaftliche Organisation gestaltet sich nach den religiösen Glaubenssätzen. Und deshalb ist, wie die religiösen Glaubenssätze eines Volkes, so auch seine gesellschaftliche Organisation. Das wissen die Regierungen und die herrschenden Klassen und unterstützen deshalb immer *die* religiöse Lehre, die ihrer vorteilhaften Lage entspricht. Die Regierungen und die herrschenden Klassen wissen, daß die wahre christliche Religion die Obrigkeit, die auf Gewalt gegründet ist, verneint, den Standesunterschied, die Anhäufung von Reichtümern, die Strafen, die Kriege verneint, – alles das, wodurch die Regierung und die herrschenden Klassen ihre vorteilhafte Lage einnehmen, und halten es darum für notwendig, *den* Glauben zu unterstützen, der ihre Lage rechtfertigt. Und das von den Kirchen verkehrte Christentum leistet dies und bietet jenen Vorteil; indem es das wahre Christentum verkehrt, verbirgt es vor den Menschen den Zugang zu ihm.

Die Regierungen und die herrschenden Klassen könnten ohne diese Verkehrung des Christentums, die kirchlicher Glaube genannt wird, nicht existieren. Die Kirche mit ihrer Lüge könnte nicht existieren ohne die direkte oder indirekte Gewalt der Regierungen oder der herrschenden Klassen. In einigen Staaten zeigt sich diese Gewalt in Verfolgungen, in andern – als ausschließlicher Schutz der reichen Klassen, die den Reichtum besitzen. Besitz von Reichtum aber ist nur durch Gewalt bedingt. Und deshalb unterstützen sich die Kirche, die Regierung und die herrschenden Klassen gegenseitig. Darum haben die Gegner der Duldung vollkommen recht, wenn sie für die Kirche das Recht auf Gewalt und Verfolgungen verteidigen, auf dem ihre Existenz beruht. Die Anhänger der Duldung aber hätten nur dann recht, wenn sie sich nicht an die Kirche wenden würden, sondern an den Staat, und das verlangten, was unrichtig Trennung der Kirche vom Staat genannt wird, was aber in Wirklichkeit nur eine Einstellung der regierungsseitigen Unterstützung durch direkte Gewalt ist oder durch indirekte – durch Subsidiengewährung an irgendwelchen einzigen Glauben.

Von der Kirche aber verlangen, sie solle auf Gewalt, in welcher Form auch immer, verzichten – das ist genau so, als von einem auf allen Seiten belagerten Feinde verlangen, er solle die Waffen niederlegen und sich in die Hände der Feinde ergeben.

Duldsam kann nur das wahre, freie Christentum sein, das nicht mit irgendwelchen weltlichen Institutionen verknüpft ist und deshalb nichts und niemand fürchtet und zum Ziel hat, nur immer mehr und mehr die göttliche Wahrheit zu erkennen und sie mehr und mehr im Leben zu verwirklichen.

1901 – 02.

Leo N. Tolstoi (1828-1910) – Fotoporträt

Aus dem Bildband
„Schriftsteller des russischen Landes" | Petersburg 1903
commons.wikimedia.org

III.

An den Klerus

(К духовенству | K duchowenstwu, 1902)

Arbeitsübersetzung für die
Tolstoi-Friedensbibliothek[1]

Leo N. Tolstoi

I.

Wer auch immer Sie sind: Päpste, Kardinäle, Bischöfe, Superintendenten, Priester, Pfarrer, gleich welcher kirchlichen Konfession, lassen Sie für den Augenblick Ihre Zuversicht, dass Sie, gerade Sie, die
einzig wahren Jünger Christi Gottes sind, berufen, seine einzig
wahre Lehre zu verkünden, fahren – doch denken Sie daran, dass
Sie nicht nur Päpste, Kardinäle, Bischöfe, Superintendenten usw.
sind, – sondern in erster Linie *Menschen*, d. h. nach Ihrer eigenen
Lehre Wesen, die von Gott in die Welt gesandt wurden, um sein Gesetz zu erfüllen; denken Sie daran und überlegen Sie, was Sie tun.
Ihr ganzes Leben ist darauf ausgerichtet, jene Lehre zu predigen, zu
unterstützen und unter den Menschen zu verbreiten, von der Sie sagen, dass sie Ihnen von Gott selbst offenbart wurde und daher die
einzig wahre und rettende ist.

Was ist diese eine, wahre und rettende Lehre, die Sie predigen?
Welcher so genannten christlichen Konfession Sie auch immer ange-
hören, ob katholisch, orthodox, lutherisch oder anglikanisch, Ihre
Lehre wird von Ihnen so anerkannt, wie sie im Glaubensbekenntnis,
das auf dem Konzil von Nizäa vor 1600 Jahren festgelegt wurde,

---

[1] Textquelle dieser Arbeitsübersetzung | Der russische Text wurde abgerufen auf
https://ru.wikisource.org/wiki, mit Hilfe des Programms https://www.deepL.
com/translator ins Deutsche übertragen und unter vergleichender Heranziehung
einer Übersetzung von Dorothea Trottenberg (2014; siehe Anhang) vom Herausgeber dieses Bandes redigiert. – Auf solche Behelfslösungen der Textdarbietung
greifen wir in der Tolstoi-Friedensbibliothek da zurück, wo keine gemeinfreien
Übersetzungen für ausgewählte Schriften zur Verfügung stehen.

genau zum Ausdruck kommt.[2] Die Bestimmungen dieses Symbols lauten wie folgt:

Erstens: Es gibt Gott den Vater (die erste Person der Dreifaltigkeit), der Himmel und Erde und alle Engel, die im Himmel wohnen, geschaffen hat.

Zweitens: Es gibt einen Sohn Gottes, des Vaters, nicht geschaffen, sondern gezeugt (zweite Person der Dreieinigkeit). Durch diesen Sohn wurde die Welt geschaffen.

Drittens: Dieser Sohn, der die Menschen von Sünde und Tod erlösen sollte, mit denen sie alle für den Ungehorsam ihres Vorfahren Adam bestraft wurden, stieg auf die Erde herab, wurde vom Heiligen Geist und der Jungfrau Maria inkarniert und wurde Mensch.

Viertens: Dieser Sohn wurde für die Sünden der Menschen gekreuzigt.

Fünftens: Er hat gelitten und ist begraben worden und am dritten Tag auferstanden, wie es in den hebräischen Büchern vorausgesagt ist.

Sechstens: Dieser Sohn ist in den Himmel gekommen und hat sich zur Rechten des Vaters gesetzt.

Siebtens: Dieser Sohn Gottes wird zu gegebener Zeit wieder auf die Erde kommen, um die Lebenden und die Toten zu richten.

Achtens: Es gibt einen heiligen Geist (die dritte Person der Dreifaltigkeit), der dem Vater gleich[rangig] ist und durch die Propheten gesprochen hat.

Neuntens (für einige, die häufigsten Bekenntnisse): Es gibt eine einzige, heilige und unfehlbare Kirche (oder genauer gesagt, *die* eine, heilige und unfehlbare Kirche, der der Bekenner angehört). Diese Kirche setzt sich aus allen lebenden und verstorbenen Gläubigen dieser Kirche zusammen.

Zehntens (auch für einige der häufigsten Bekenntnisse): Es gibt das Sakrament der Taufe, durch das die Kraft des Heiligen Geistes auf den Täufling übertragen wird.

---

[2] [Bezugstext: Das kirchliche Glaubensbekenntnis in der schließlich auf der Basis von Nicäa (325) durch das Konzil von Konstantinopel im Jahre 381 nach Christus vorgelegten Fassung: Nizäno-Konstantinopolitanum.]

Elftens: Bei der Wiederkunft Christi werden die Seelen der Verstorbenen mit ihren Leibern vereinigt werden, und diese werden unsterblich sein; – und –

Zwölftens: Nach der Wiederkunft wird es für die Gerechten ewiges Leben im Paradies und für die Sünder ewiges Leben in den Qualen der Hölle geben.

Ganz zu schweigen von dem von einigen von euch – Katholiken und Orthodoxen – gepredigten Glauben an die Heiligen und die Wohltat der Verehrung der leiblichen Überreste dieser Heiligen und ihrer Bilder sowie der Bilder Christi, der Jungfrau, – diese zwölf Punkte umfassen die Hauptpunkte jener Wahrheit, die euch, wie ihr sagt, von Gott selbst zum Heil der Menschen offenbart worden ist. Einige von euch predigen diese Sätze direkt so, wie sie ausgedrückt sind; andere versuchen, ihnen eine allegorische, mehr oder weniger mit dem modernen Wissen und dem gesunden Menschenverstand übereinstimmende Bedeutung zu geben; aber Ihr alle könnt nicht anders, als diese Sätze als den genauen Ausdruck jener einen Wahrheit zu nehmen und anzuerkennen, die euch von Gott selbst offenbart worden ist und die ihr zu ihrem Wohl den Menschen verkündet.

II.

Nun, Gott selbst hat euch die eine Wahrheit offenbart, die für die Menschen heilsam ist; es ist üblich, dass die Menschen die Wahrheit suchen, und wenn sie ihnen klar eröffnet wird, sind sie immer bereit, sie anzuerkennen und sich von ihr leiten zu lassen.

Um den Menschen Ihre von Gott selbst geoffenbarte und für die Menschen erlösende Wahrheit mitzuteilen, scheint es daher auszureichen, diese Wahrheit mündlich und in gedruckter Form durch vernünftige Überzeugungsarbeit an diejenigen weiterzugeben, die in der Lage sind, sie anzunehmen. Wie verkündet man also seine Wahrheit? Seit der Gründung der Gesellschaft, die sich Kirche nennt, haben Ihre Vorgänger diese Wahrheit vor allem mit Gewalt gelehrt. Sie verordneten diese Wahrheit und richteten diejenigen hin, die sie nicht akzeptierten. (Millionen und Abermillionen von

Menschen wurden gefoltert, getötet und verbrannt, weil sie sie [für sich] nicht akzeptieren wollten.)

Dieses Mittel, das für seinen Zweck offensichtlich ungeeignet ist, wurde im Laufe der Zeit immer weniger eingesetzt und wird heute unter allen christlichen Ländern nur noch in Russland verwendet.

Das andere Mittel war die äußere Beeinflussung der Gefühle des Volkes durch die Feierlichkeit der Umgebung, Bilder, Statuen, Gesang, Musik, dramatische Darbietungen und Redekunst. Im Laufe der Zeit wurde auch dieses Mittel immer seltener eingesetzt. In den protestantischen Ländern wird es, abgesehen von der Redekunst, kaum verwendet (die einzige Ausnahme ist die Heilsarmee, die neue Mittel zur äußeren Beeinflussung der Sinne erfunden hat).

Andererseits richten sich nun alle Bemühungen der Geistlichkeit auf das dritte und mächtigste Mittel, das von Ihnen stets mit besonderem Eifer beibehalten wurde und wird. Dies ist die Indoktrination der Lehre der Kirche [– vollzogen] an Menschen in einem Zustand, in dem sie nicht über das, was ihnen vermittelt wird, diskutieren können.

In einem solchen Zustand befinden sich Menschen, die völlig ungebildet sind, Arbeiter, die keine Zeit zum Nachdenken haben, und vor allem Kinder, die wahllos das annehmen und dauerhaft in ihre Seele einprägen, was ihnen vermittelt wird.

III.

In unserer Zeit besteht euer wichtigstes Mittel, um den Menschen die euch von Gott geoffenbarte Wahrheit zu vermitteln, darin, diese Wahrheit ungebildeten Erwachsenen und Kindern beizubringen, die nicht vernünftig zu urteilen vermögen und alles akzeptieren.

Diese Lehre beginnt in der Regel mit der so genannten heiligen Geschichte, mit ausgewählten Passagen aus der Bibel, den jüdischen Büchern des Alten Testaments, die nach Ihrer Lehre das Werk des Heiligen Geistes und damit nicht nur zweifellos wahr, sondern auch heilig sind. Aus dieser Geschichte gewinnt der Schüler seine erste Vorstellung von der Welt, vom Leben der Menschen, von Gut und Böse, von Gott.

Diese heilige Geschichte beginnt mit dem Bericht darüber, wie der ewige Gott vor 6.000 Jahren Himmel und Erde aus dem Nichts erschuf und wie er Tiere, Fische, Pflanzen und schließlich den Menschen, Adam und seine Frau aus Adams Rippe schuf. Dann wird beschrieben, wie er dem Mann und seiner Frau verbot, einen Apfel mit magischer Kraft zu essen, weil er befürchtete, dass sie diesen essen würden; wie die ersten Menschen trotz des Verbots den Apfel aßen und aus dem Paradies geworfen wurden und wie deshalb ihre gesamte Nachkommenschaft verflucht wurde und die Erde verflucht wurde, die seitdem schlechte Kräuter hervorbringt. Dann wird das Leben der Nachkommen Adams beschrieben, die so verdorben wurden, dass Gott nicht nur sie alle, sondern auch alle Tiere ertränkte und nur Noah allein mit seiner Familie und den in die Arche genommenen Tieren am Leben ließ.

Dann wird beschrieben, wie Gott aus allen Menschen allein Abraham auswählte und mit ihm eine Abmachung schloss, wonach Abraham Gott als Gott [ver]ehren und als Zeichen dafür die Beschneidung vornehmen sollte. Gott verpflichtet sich, Abraham eine große Nachkommenschaft zu geben, um ihn und alle seine Nachkommen zu schützen. Dann wird beschrieben, wie Gott, der Abraham und seine Nachkommen beschützt, für ihn und seine Nachkommen die unnatürlichsten Werke, Wunder genannt, und die schrecklichsten Grausamkeiten vollbringt. Diese ganze Geschichte, mit Ausnahme der naiven, wie der Besuch Gottes bei Abraham mit zwei Engeln, die Heirat Isaaks, und andere, manchmal unschuldige, aber oft unmoralische Geschichten, wie der Betrug Jakobs, der von Gott geliebt wurde, die Grausamkeit Samsons, die Gerissenheit Josephs, – diese ganze Geschichte, beginnend mit den Heimsuchungen, die Moses den Ägyptern schickte, und der Tötung aller ihrer Erstgeborenen durch den Engel, bis zu dem Feuer, das auf 250 Verschwörer fiel, und dem Verschlungenwerden von Korah, Dathan und Abiron durch die Erde und der Vernichtung von 147.000 Menschen in wenigen Minuten, und bis hin zu den zersägten Feinden, bis zur Hinrichtung der widersprechenden Priester durch Elia, der zum Himmel flog, und bis zu Elisa, der die Jungen verfluchte, die ihn auslachten und dafür von zwei Bären zerrissen und gefressen wurden – die ganze Geschichte ist eine Aneinanderreihung von wunderbaren Ereignissen und schrecklichem Unrecht, das vom jüdischen Volk, seinen Führern und Gott selbst begangen wurde.

Aber das ist noch nicht das Ganze Ihrer Lehre von der Geschichte, die Sie als heilig bezeichnen. Neben der Geschichte des Alten Bundes vermitteln Sie Kindern und unbedarften Menschen auch die Geschichte des Neuen Bundes in einer solchen Auslegung, dass die Hauptbedeutung des Neuen Bundes nicht in der moralischen Lehre, nicht in der Verkündigung des Evangeliums, sondern in der Harmonisierung des Evangeliums mit der Geschichte des Alten Bundes, in der Erfüllung von Prophezeiungen und in Wundern liegt: Das Wandern des Sterns, das Singen vom Himmel, das Reden mit dem Teufel, die Verwandlung von Wasser in Wein, das Gehen auf dem Wasser, die Heilung, die Auferweckung von Menschen und schließlich die Auferweckung von Christus selbst und sein Flug in den Himmel.

Wenn die ganze Geschichte des Alten und Neuen Testaments als Märchen erzählt würde, würde es kein Erzieher wagen, sie den Kindern oder den Erwachsenen, die er aufklären will, zu erzählen. Dieses Märchen wird den Menschen, die nicht zum Denken geschult sind, als die authentischste Beschreibung der Welt und ihrer Gesetze, als die korrekteste Information über das Leben der Menschen, die vor ihnen gelebt haben, über das, was als gut und schlecht zu betrachten ist, über das Wesen und die Eigenschaften Gottes und über die Pflichten des Menschen weitergegeben.

Es ist die Rede von schädlichen Büchern. Aber gibt es ein Buch in der christlichen Welt, das den Menschen mehr Schaden zugefügt hat als dieses schreckliche Buch, das man die heilige Geschichte des Alten und Neuen Testaments nennt? Und durch die Lehre dieser heiligen Geschichte gehen alle Menschen der christlichen Welt in ihrer Kindheit, und dieselbe Geschichte wird den erwachsenen ungebildeten Menschen als das erste notwendige, grundlegende Wissen, als die eine, ewige göttliche Wahrheit gelehrt.

IV.

Keine ihm fremde Substanz kann in einen lebenden Organismus eingebracht werden, ohne dass dieser Organismus unter den Anstrengungen leidet, sich von der in ihn eingebrachten fremden Substanz zu befreien, und manchmal stirbt er bei diesen Bemühungen.

Welch schreckliches Unheil müssen die Lehren des Alten und Neuen Testaments, die dem modernen Wissen, dem gesunden Menschenverstand und dem moralischen Empfinden fremd sind, dem Geist des Menschen bereiten, dem sie eingetrichtert werden zu einem Zeitpunkt, zu dem er das Vermittelte aufnimmt, ohne es beurteilen zu können.

Wem der Glaube an die Erschaffung der Welt vor 6000 Jahren aus dem Nichts, an die Sintflut und die Arche Noah, in der sich alle Tiere befanden, an die Dreifaltigkeit, an den Sündenfall Adams, an die unbefleckte Empfängnis, an die Wunder Christi und an das Erlösungsopfer seines Todes für die Menschen als heilige Wahrheit gilt, für den sind die Anforderungen der Vernunft nicht mehr notwendig, und er kann sich keiner Wahrheit mehr vergewissern. Wenn die Dreifaltigkeit, die unbefleckte Empfängnis, die Erlösung des Menschengeschlechts durch das Blut Christi möglich sind, dann ist alles möglich, und die Anforderungen der Vernunft sind nicht mehr in Geltung.

Treibe einen Keil zwischen die Bodenbretter des Getreidebodens. Egal, wie viel Getreide wir in einen solchen Trog schütten, er wird nicht halten. Auch in dem Kopf, in den ein Keil von Dreifaltigkeit oder von jenem Gott, der Mensch wurde und durch sein Leiden das Menschengeschlecht erlöste und dann in den Himmel zurück auffuhr, eingehämmert wird, kann keine vernünftige, feste Überzeugung halten.

Was auch immer Sie in den Kornspeicher mit einem Schlitz im Boden legen, es geht alles wieder raus. Egal, was man in den Verstand, der das Sinnlose für bare Münze genommen hat, hineingibt, nichts wird darin bleiben.

Ein solcher Mensch wird sich, wenn er an seinem Glauben festhält, zwangsläufig sein ganzes Leben lang entweder vor allem, was ihn aufklären und seinen Glauben zerstören könnte, als etwas Bösartiges hüten; oder er wird, nachdem er ein für allemal zugegeben hat (wie die Prediger der kirchlichen Lehre immer ermutigen), dass der Verstand die Quelle der Täuschung ist, das einzige Licht ablehnen, das dem Menschen gegeben ist, um den Weg zum Leben zu finden; oder, was noch schlimmer ist, er wird versuchen, die Vernunft des Unvernünftigen durch schlaue Argumente zu beweisen, oder, was noch schlimmer ist, er wird nicht nur den Glauben ablegen, der ihm eingeimpft wurde, sondern sogar das Bewusstsein der Notwendigkeit eines Glaubens überhaupt.

In allen drei Fällen ist ein Mensch, der in seiner Kindheit mit sinnlosen und widersprüchlichen Aussagen als religiöse Wahrheiten indoktriniert wurde, ein geistig kranker Mensch, wenn er diese nicht mit großen Anstrengungen und Leiden loswird. Ein solcher Mensch, der um sich herum die Phänomene des sich ständig bewegenden Lebens sieht, kann nicht mehr anders, als mit Verzweiflung auf diese Bewegung zu blicken, die sein Weltbild zerstört, kann nicht anders, als eine offenkundige oder versteckte Abneigung gegen Menschen zu empfinden, die zu der vernünftigen Bewegung beitragen, kann nicht anders, als ein bewusster Förderer der Finsternis und der Lüge gegen das Licht und die Wahrheit zu sein.

So steht es in der Tat um die Mehrheit der Menschen der christlichen Menschheit, die seit ihrer Kindheit durch die Indoktrination mit sinnlosen Glaubenssätzen der Fähigkeit beraubt werden, klar und fest zu denken.

V.

Das ist der Schaden, den die Suggestion der kirchlichen Lehre für die menschliche Geistestätigkeit bedeutet. Viel schlimmer aber ist die moralische Perversion, die diese Indoktrination in der menschlichen Seele hervorruft. Jeder Mensch kommt in die Welt mit dem Wissen um seine Abhängigkeit von dem geheimnisvollen, allmächtigen Anfang, der ihm das Leben geschenkt hat, mit dem Bewusstsein seiner Gleichheit mit allen Menschen und der Gleichheit aller Menschen untereinander, mit dem Wunsch, geliebt zu werden und zu lieben, und mit dem Bedürfnis, sich zu vervollkommnen. Und was flößt Ihr ihm ein?

Statt des geheimnisvollen Anfangs, an den er mit Ehrfurcht dachte, erzählen Sie ihm von einem Gott, der zornig ist, ungerecht, der Menschen hinrichtet und foltert.

Statt der Gleichheit aller Menschen, die das Kind und der Ungebildete mit seinem ganzen Wesen empfindet, sagt Ihr ihm, dass nicht nur die Menschen, sondern auch die Völker nicht gleich sind, dass die einen ungeliebt und die anderen von Gott geliebt sind, dass die einen von Gott berufen sind zu herrschen und die anderen zu gehorchen.

Anstelle jener Liebe von anderen und zu anderen Menschen, die das stärkste Verlangen der Seele eines jeden unverdorbenen Menschen darstellt, suggeriert man ihm, dass menschliche Beziehungen nur auf Gewalt, auf Drohungen, auf Hinrichtungen beruhen können; man sagt ihm, dass Mord als Vollstreckung eines Gerichtsurteil und im Krieg nicht nur mit Erlaubnis, sondern auf Befehl Gottes begangen würde.

Anstelle des Strebens nach Vervollkommnung sagt ihr dem Menschen, dass sein Heil im Glauben an die Erlösung liegt, und dass die Vollkommenheit durch eigene Anstrengungen – ohne die Hilfe von Gebeten, Sakramenten und dem Glauben an die Erlösung – die Sünde des Stolzes sei, und dass man, um gerettet zu werden, nicht seiner Vernunft, sondern dem Diktat der Kirche glauben soll und tun muss, was sie vorschreibt.

Es ist erschreckend, wenn man an die Verwirrung der Vorstellungen und Gefühle denkt, die eine solche Lehre in der Seele des Kindes und des erwachsenen ungebildeten Menschen hinterlässt.

VI.

Wenn ich nur daran denke, was in den sechzig Jahren meines bewussten Lebens in Russland getan wurde und getan wird.

In den Akademien und unter den Bischöfen, gelehrten Mönchen und Missionaren wird über komplizierte theologische Fragen spekuliert, man diskutiert über die Harmonisierung von Moral und Dogmatik, streitet über die Entwicklung oder Unbeweglichkeit des Dogmas und dergleichen, und über verschiedene religiöse Feinheiten. Den hundert Millionen Menschen wird eines gepredigt: der Glaube an die (Gottesmutter-)Ikonen von Kasan und Iviron, die Reliquien, die Teufel, die rettenden Partikel, das Kerzenanzünden, das Gedenken usw., und es wird nicht nur gepredigt und praktiziert, sondern mit besonderem Eifer wird dieser Volksglaube vor jeder Beeinträchtigung geschützt.

Sobald ein Bauer nicht den Altar feiert, die wundertätige Ikone in seinen Hof einlädt, seine Arbeit am Elias-Freitag nicht verlässt, wird er denunziert, verfolgt und verbannt. Ganz zu schweigen von den Sektierern, die sich nicht an die Rituale halten: Sie werden dafür verurteilt und bestraft, dass sie sich versammeln und das Evangelium lesen. Und das Ergebnis dieser Tätigkeit ist, dass zig Millionen Menschen, fast alle Frauen der Nation, nicht nur nicht wissen, sondern nicht einmal davon gehört haben, dass es Christus gab und wer er ist. Es fällt schwer, dies zu glauben, aber inzwischen ist es eine Tatsache, die jeder überprüfen kann.

Hören Sie sich an, was der Klerus, die Akademiker in ihren Sitzungen sagen, lesen Sie ihre Zeitschriften, und Sie werden denken, dass der russische Klerus zwar rückständig, aber immer noch einen christlichen Glauben predigt, in dem die Wahrheiten des Evangeliums noch einen Platz haben und dem Volk vermittelt werden; schauen Sie sich die Tätigkeit des Klerus unter dem Volk an, und Sie werden sehen, dass nur Götzendienst gepredigt und aggressiv umgesetzt wird: das Erheben der Ikonen, Weihe des Wassers, Hineintragen wundertätiger Ikonen in die Häuser, Verehrung der Reliquien, das Tragen der Kreuze usw. usw.; jeder Versuch, das Christentum in seinem wirklichen Sinn zu verstehen, wird hartnäckig verfolgt. Meiner Erinnerung nach hat das arbeitende russische Volk in größerem Maße die Züge des wahren Christentums verloren, die früher in ihm lebten und jetzt vom Klerus eifrig ausgetrieben werden.

Die Menschen hatten christliche Legenden und Sprichwörter, die mündlich von Generation zu Generation weitergegeben wurden, und diese Legenden, wie die Legende von Christus, der als Bettler ging, von dem Engel, der an Gottes Güte zweifelte, von dem heiligen Narren, der in der Kneipe tanzte, und Sprichwörter wie: ‚Ohne Gott gibt es keine Tür', ‚Gott ist nicht in der Macht, sondern in der Wahrheit', ‚Lebe bis zum Abend und bis in die Ewigkeit' usw. Die Legenden und Sprichwörter bildeten die geistige Nahrung des Volkes.

Außerdem gab es christliche Gebräuche: Mitleid mit einem Verbrecher oder einem Wanderer haben, vom Geld einem Bettler etwas geben, eine beleidigte Person um Vergebung bitten.

All dies ist nun vergessen und aufgegeben. All dies wird nun durch das Auswendiglernen des Katechismus, die Dreifaltigkeit Gottes, Gebete vor dem Unterricht und für den Lehrer und für den

Zaren usw. ersetzt, so dass die Menschen meiner Beobachtung nach im Religiösen immer roher werden.

Ein Teil, ein großer Teil, die Frauen, sind noch genauso abergläubisch wie vor 600 Jahren, nur ohne jenen christlichen Geist, der das Leben früher durchdrungen hat; der andere Teil, der den Katechismus auswendig kennt, besteht aus reinsten Atheisten. Und all dies wird mit Vorsatz vom Klerus produziert.

Aber das ist doch in Russland so, werden die Europäer – Katholiken, Protestanten – dazu sagen. Ich denke, das Gleiche, wenn nicht Schlimmeres, geschieht im Katholizismus mit seinem Verbot, das Evangelium zu lesen, mit seinen ‚Notre Dames‘, und im Protestantismus mit heiliger Sabbatfeier und seiner Bibliolatrie, d. h. dem blinden Glauben an den Buchstaben der Bibel. Ich denke, das ist in der einen oder anderen Form überall in der quasi christlichen Welt so.

Als Beweis dafür genügt es, an den jahrhundertelangen Betrug des [wundersamen] Entzündens des Feuers in Jerusalem am Auferstehungstag zu erinnern, den keiner der Kirchenmänner entlarvt, und an den Glauben an die Sühne, der mit besonderer Energie von den jüngsten Formen des christlichen Protestantismus gepredigt wird.

VII.

Aber die Lehre der Kirche ist nicht nur durch ihre Unvernunft und Unmoral schädlich, sondern vor allem dadurch, dass die Menschen, die sich zu dieser Lehre bekennen und ohne jegliche moralische Anforderungen leben, ganz sicher sind, dass sie das wahre christliche Leben führen.

Die Menschen leben in wahnsinnigem Luxus, ziehen ihren Reichtum aus der Arbeit der gedemütigten Armen und schützen sich und ihren Reichtum mit Wachen, Gerichten, Hinrichtungen – und der Klerus billigt, heiligt, segnet im Namen Christi ein solches Leben und rät den Reichen, nur einen kleinen Teil ihrer Beute denen zu geben, die sie unaufhörlich plündern. (Als es die Sklaverei gab, hat der Klerus sie immer und überall gerechtfertigt, da er sie keineswegs als unvereinbar mit dem Christentum ansah.)

Die Menschen versuchen mit Waffengewalt und Mord, ihre persönlichen und öffentlichen, selbstsüchtigen Ziele zu erreichen – und der Klerus billigt, segnet im Namen Christi militärische Vorbereitungen und Kriege, billigt sie nicht nur, sondern ermutigt oft zu ihnen, weil er findet, dass Kriege, d. h. Mord, nicht gegen das Christentum sind.

Menschen, die an diese Doktrin glauben, sind nicht nur durch diese Doktrin in ein schlechtes Leben verwickelt, sondern sind auch davon überzeugt, dass ihr Leben gut ist und sie es nicht ändern müssen.

Aber selbst das reicht noch nicht: Das Hauptübel dieser Lehre ist, dass sie so geschickt mit den äußeren Formen des Christentums verwoben ist, dass die Menschen, die sich zu ihr bekennen, denken, Ihre Lehre sei das einzig wahre Christentum, und es gäbe kein anderes.

Es ist nicht so, dass Sie den Menschen die Quelle des lebendigen Wassers weggenommen hätten – wenn es so wäre, könnten die Menschen sie immer noch finden –, sondern Sie haben die Menschen mit Ihrer Lehre vergiftet, so dass sie kein anderes Christentum annehmen können als das, das durch Ihre Interpretation vergiftet ist.

Das Christentum, das Sie predigen, ist die Einimpfung eines falschen Christentums, vergleichbar einer Pocken- oder Diphtheriespritze: eine Impfung, die den Geimpften die Fähigkeit nimmt, das wahre Christentum anzunehmen.

Menschen, die über viele Generationen hinweg ihr Leben auf Prinzipien aufgebaut haben, die dem wahren Christentum entgegengesetzt sind, können nicht zum wahren Christentum zurückkehren, wenn sie davon überzeugt sind, dass sie ein christliches Leben führen.

VIII.

So steht es um die Menschen, die sich zu eurer Lehre bekennen; aber es gibt neben diesen Menschen auch diejenigen, die sich von ihr befreit haben, die sogenannten Ungläubigen.

Diese Menschen, – obwohl sie in den meisten Fällen ein sittlicheres Leben führen als die Menschen, die sich zur kirchlichen Lehre bekennen, – haben aufgrund jener geistigen Verderbnis, der sie in ihrer Kindheit durch die Kirche ausgesetzt waren, ebenso wie alle unglücklichen Menschen der christlichen Gesellschaften, – die Lehre der kirchlichen Täuschung mit der christlichen Lehre in ihrem Bewußtsein so sehr vereinigt, daß sie die eine nicht von der anderen trennen können und, indem sie die falsche kirchliche Lehre ablehnen, verwerfen sie mit ihr zugleich die wahre christliche Lehre, die in ihr verborgen ist.

Diese Menschen, die den Betrug hassen, unter dem sie so sehr gelitten haben, predigen nicht nur die Nutzlosigkeit, sondern die Bösartigkeit des Christentums und aller Religion.

Die Religion ist nach ihren Vorstellungen ein Überbleibsel des Aberglaubens, der einst für die Menschen notwendig war, jetzt aber nur noch schädlich für sie ist. Je früher und vollständiger die Menschen von jeglichem religiösen Bewusstsein befreit werden, desto besser ist es für sie, so lautet ihre Lehre.

Und indem sie eine solche Befreiung von jeglicher Religion predigen, werden diese Leute, die am gebildetsten und gelehrtesten sind und daher das größte Ansehen unter den Wahrheitssuchenden genießen, zu den schädlichsten Predigern der moralischen Haltlosigkeit.

Indem sie den Menschen vormachen, dass die wichtigste geistige Eigenschaft der empfindungsfähigen Wesen – die Bestimmung ihrer Beziehung zum Anfang von allem, aus der allein solide sittliche Gesetze abgeleitet werden können –, etwas Überkommenes sei, stellen die Religionsverweigerer unwillkürlich den Egoismus und die daraus entstehenden fleischlichen Begierden als Grundlage der menschlichen Tätigkeit dar.

Unter solchen Menschen tauchte jene ehemals schüchterne, wenn auch stets verborgene, latente Lehre von Egoismus, Bosheit und Hass auf, die in letzter Zeit in der Lehre von Nietzsche so deutlich und bewusst zum Ausdruck gekommen ist und sich so schnell ausbreitet, dass sie die gröbsten tierischen und grausamen Instinkte in den Menschen erweckt.

So finden einerseits die sogenannten Gläubigen in eurer Lehre, die alle Handlungen und Zustände zulässt, die dem Christentum am meisten zuwiderlaufen, volle Billigung für ihr schlechtes Leben; andererseits kommen die Ungläubigen infolge eurer Lehre zur Leugnung aller Religion, heben alle Unterschiede zwischen Gut und

Böse auf, predigen die Lehre von der Ungleichheit der Menschen, von der Selbstsucht, vom Kampf und von der Unterdrückung der Schwachen durch die Starken als die höchste Wahrheit, die dem Menschen zugänglich ist.

IX.

Sie – und niemand sonst – verursachen durch Ihre Lehre, die Sie den Menschen aufzwingen, das schreckliche Übel, unter dem die Menschen so grausam leiden.

Das Schlimmste aber ist, dass Ihr, wenn Ihr solches Unheil anrichtet, selbst nicht an die Lehre glaubt, die ihr predigt, dass ihr nicht nur nicht an alle Bestimmungen glaubt, aus denen sie besteht, sondern oft an keine einzige davon.

Ich weiß, dass viele von Ihnen durch die Wiederholung des berühmten *Credo quia absurdum* (Ich glaube, weil es absurd ist) denken, dass sie auf jeden Fall an das glauben, was sie predigen. Aber nur weil Du sagst, dass Du glaubst, dass Gott eine Dreieinigkeit ist, oder dass der Himmel sich geöffnet hat und die Stimme Gottes von dort gesprochen hat, oder dass Christus in den Himmel aufgefahren ist und vom Himmel herabsteigen wird, um alle Menschen zu richten, die in ihren Leibern auferstanden sind, beweist das noch keineswegs, dass Du glaubst, dass das, was Du sagst, geschehen ist oder geschehen wird; Du glaubst, dass Du sagen solltest, dass Du es glaubst, aber Du glaubst nicht, dass das, was Du sagst, geschehen ist. Sie glauben es deshalb nicht, weil die Aussage, dass Gott eins und drei ist, dass Christus in den Himmel geflogen ist und von dort kommen wird, um die Auferstandenen zu richten, für Sie keinen Sinn ergibt. Man kann Worte sagen, die keinen Sinn ergeben, aber man kann nicht an etwas glauben, das keinen Sinn ergibt. Es ist möglich zu glauben, dass die Seelen der Toten in andere Lebensformen übergehen werden, in Tiere übergehen werden, oder dass die Bekämpfung der Leidenschaften oder die Liebe das Ziel des Menschen ist; es ist auch möglich, einfach zu glauben, dass Gott nicht befohlen hat, Menschen zu töten, oder sogar daran, dass das Essen dieser oder jener Speise nottut, und viele andere Dinge, die in sich keinen Widerspruch darstellen; aber es ist unmöglich zu glauben, dass Gott gleichzeitig eins und drei ist, dass die Himmel, die für uns nicht mehr existieren, sich geöffnet haben, und so weiter.

Die früheren Menschen, die diese Dogmen aufgestellt haben, konnten an sie glauben, aber Sie können es nicht mehr. Wenn Sie sagen, dass Sie daran glauben, so sagen Sie das nur, weil Sie das Wort „Glaube" in dem einen Sinn verwenden, ihm aber einen anderen Sinn zuschreiben. Eine Bedeutung des Wortes „Glaube" bezieht sich auf jenes Verhältnis des Menschen zu Gott und zur Welt, welches den Sinn seines ganzen Lebens bestimmt und alle seine bewussten Handlungen leitet. Eine andere Bedeutung des Wortes „Glaube" ist das Vertrauen in das, was von einer oder mehreren bekannten Personen vermittelt wird.

In der ersten Bedeutung wird der Glaubensgegenstand trotz der Tatsache, dass die Definition der Beziehung des Menschen zu Gott und der Welt in vielen Fällen bereits von früher lebenden Menschen festgelegt wurde, von der Vernunft geprüft und angenommen.

Im zweiten Sinn wird der Glaubensgegenstand nicht nur unabhängig von der Beteiligung der Vernunft angenommen, sondern unter der Voraussetzung, dass die Vernunft nicht zur Überprüfung des Überlieferten herangezogen werden darf.

Aber genau diese doppelte Bedeutung des Wortes „Glaube" liegt dem Missverständnis zugrunde, mit dem die Menschen sagen, dass sie Aussagen glauben, die keinen Sinn haben oder in sich widersprüchlich sind. Die Tatsache, dass Sie Ihren Lehrern blind vertrauen, beweist also keineswegs, dass Sie an etwas glauben, das keine Bedeutung hat und daher für Ihre Vorstellungskraft oder Ihren Verstand keine Rolle spielt und daher kein Gegenstand des Glaubens sein kann.

Der berühmte Prediger Père [Henri] Didon [1840-1900] erklärt in den Vorworten zu seinem „Vie de Jesus" [*Jésus-Christ*, Paris 1891], dass er nicht allegorisch, sondern direkt und ohne Erklärung glaubt, dass Christus nach seiner Auferstehung in den Himmel aufgefahren ist und zur Rechten des Vaters sitzt. Ein Mann aus Samara, ein mir bekannter Analphabet, hat nach Bericht seines Beichtvaters auf die Frage, ob er an Gott glaube, direkt und mit Nachdruck geantwortet: Ich glaube nicht. Dieser Bauer erklärte seinen fehlenden Glauben an Gott damit, dass er nicht so leben würde wie er jetzt lebt, wenn er an Gott glauben würde: Fluchen, einen Bettler ohne Gabe fortschi-cken, neidisch sein, zu viel essen, sich betrinken – würde ich alle diese Dinge tun, wenn ich an Gott glauben würde?

Père Didon bekräftigt, er glaube an Gott und an die Himmelfahrt Christi, während der Mann aus Samara sagt, er glaube nicht an Gott, weil er seine Gebote nicht befolge.

Es ist klar, dass Père Didon nicht einmal weiß, was Glaube ist, und nur sagt, dass er glaubt; aber der Mann aus Samara weiß, was Glaube ist, und, obwohl er sagt, dass er nicht an Gott glaubt, glaubt er wirklich an ihn in dem Sinne, der den wahren Glauben ausmacht.

X.

Aber ich weiß, dass Argumente, die an den Verstand gerichtet sind, nicht überzeugen, – nur das Gefühl überzeugt, und deshalb appel-liere ich, nachdem ich die Argumente beiseite lasse, an Sie, wer im-mer Sie sind: Päpste, Bischöfe, Bischöfe, Priester usw., – an Ihr Ge-fühl, an Ihr Gewissen.

Schließlich wissen Sie, dass das, was Sie über die Erschaffung der Welt, die Inspiration der Bibel und vieles mehr lehren, nicht wahr ist. Wie können Sie es also wagen, es kleinen Kindern und ungebil-deten Erwachsenen beizubringen, die von Ihnen wahre Aufklärung erwarten?

Legen Sie Ihre Hand auf Ihr Herz und fragen Sie sich, ob Sie glau-ben, was Sie predigen? Wenn Sie sich wirklich, nicht vor den Men-schen, sondern vor Gott, in Anbetracht der eigenen Sterbestunde, danach fragen, kommen Sie nicht umhin, einzugestehen, dass Sie nicht glauben. Sie glauben nicht an die Inspiration der ganzen Schrift, die Sie heilig nennen, Sie glauben nicht an alle Schrecken und Wunder des Alten Testaments, Sie glauben nicht an die Hölle, Sie glauben nicht an die unbefleckte Empfängnis, an die Auferste-hung, an die Himmelfahrt Christi, Sie glauben nicht an die Aufer-stehung der Toten, an die Dreifaltigkeit Gottes; Sie glauben nicht nur nicht an alle Artikel jenes Symbols [*jenes kirchlichen Bekenntnisses*], das das Wesen Ihres Glaubens zum Ausdruck bringt, sondern oft glauben Sie an keinen dieser Artikel.

Der Unglaube bezogen auf mindestens eines der Dogmen schließt den Unglauben bezüglich der Unfehlbarkeit der Kirche ein, die das Dogma aufgestellt hat, an das Sie nicht glauben. Und wenn Sie nicht an die Kirche glauben, dann glauben Sie auch nicht an eines der von ihr aufgestellten Dogmen.

Und wenn Sie nicht glauben, wenn Sie auch nur zweifeln, dann bedenken Sie, was Sie tun, wenn Sie das, was Sie nicht glauben, als Gottes unbestreitbare Wahrheit predigen, und zwar auf die indirekte und ausschließliche Weise, in der Sie es predigen. Und sagen Sie nicht, dass Sie keine Verantwortung dafür übernehmen können, wenn Sie Menschen der engen Einheit mit wenigen oder vielen Ihrer Glaubensbrüder berauben. Das ist ungerecht. Indem Sie ihnen Ihren exklusiven Glauben aufzwingen, tun Sie genau das, was Sie nicht wollen: Sie berauben sie der Einheit mit der ganzen Menschheit, Sie schließen sie in den engen Rahmen Ihres Bekenntnisses ein und versetzen sie unwissentlich und unweigerlich in eine, wenn nicht feindliche, so doch entfremdete Position gegenüber allen anderen Menschen.

Ich weiß, dass Ihr diese schrecklichen Dinge nicht bewusst tut; ich weiß, dass Ihr selbst meist verwirrt, getäuscht, hypnotisiert und oft in einen solchen Zustand versetzt seid, dass das Anerkennen der Wahrheit bedeutet, all euer bisheriges Tun, manchmal über viele Jahrzehnte, zu verurteilen; Ich weiß, wie schwer es für Sie ist, mit Ihrer Erziehung, vor allem mit der Überzeugung, dass Sie unfehlbare Erben Christi Gottes sind, in die nüchterne Realität zu kommen und einzugestehen, dass Sie verlorene Sünder sind, die eines der abscheulichsten Dinge tun, die ein Mensch überhaupt tun kann.

Ich weiß um die Schwierigkeit eurer Lage; aber wenn ich an die Worte des Evangeliums denke, die ihr als göttlich anerkennt, dass Gott an einem einzigen reuigen Sünder mehr Gefallen findet als an Hunderten von Gerechten, denke ich, dass es für jeden von euch, unabhängig von eurer Stellung, immer noch leichter ist, Buße zu tun und mit der Arbeit, die ihr tut, aufzuhören, als sie ohne Glauben weiter zu tun.

Wer auch immer Sie sind: Päpste, Kardinäle, Metropoliten, Bischöfe, Superintendenten, Priester, Pastoren, denken Sie darüber nach.

Wenn Sie zu jenen Geistlichen gehören, die leider in unserer Zeit sehr zahlreich sind und immer zahlreicher werden, die alle Rückständigkeit, Unvernunft und Unmoral der kirchlichen Lehre klar sehen und, da sie nicht an sie glauben, sie weiterhin für ihre persönlichen Belange – für Priester-, Bischofsgehälter – predigen, dann lassen Sie sich nicht durch den Gedanken trösten, dass Ihre Tätigkeit dadurch gerechtfertigt ist, dass sie der Menge, den Menschen, die noch nicht verstehen, was Sie verstehen, nützlich sein kann.

Eine Lüge kann für niemanden nützlich sein. Dass, wie Ihr es wisst, eine Lüge eine Lüge ist, würde der gemeine Mann aus dem Volk, das ihr ihr indoktriniert habt und noch indoktriniert, genauso wissen – und er wäre von ihr befreit. Ohne Euch wäre er nicht nur frei von Falschheit, sondern er würde auch die Wahrheit finden, die ihm von Christus offenbart wurde und die Sie durch Ihre Lehre vor ihm verbergen – eine Lehre, die sich zwischen ihn und Gott stellt. Was Sie tun, tun Sie nicht zum Wohle der Menschen, sondern nur für Ihre eigenen ehrgeizigen, egoistischen Ziele.

Wie prächtig die Paläste auch sein mögen, in denen Ihr lebt, die Kirchen, in denen Ihr dient und predigt, und die Gewänder, mit denen Ihr euch schmückt, eure Arbeit wird dadurch nicht besser. Was vor den Menschen großartig ist, ist vor Gott ein Gräuel.

Das gilt für diejenigen, die nicht glauben und weiterhin eine Lüge predigen und Menschen darin unterstützen. Aber es gibt immer noch – und es werden immer mehr – welche unter Euch, die zwar die Unhaltbarkeit der kirchlichen Glaubensbestimmungen in unserer Zeit sehen, es aber nicht wagen, sie kritisch zu diskutieren.

Dieser Glaube wurde ihnen in ihrer Kindheit so stark eingeimpft und von der Umgebung und dem Einfluss der Menge so stark unterstützt, dass sie nicht einmal versuchen, ihn loszuwerden, sondern die ganze Kraft ihres Verstandes und ihrer Bildung einsetzen, um alle Ungereimtheiten und Widersprüche der Lehre, zu der sie sich bekennen, zu rechtfertigen.

Wenn Sie zu dieser Klasse der Geistlichen gehören, die zwar weniger kriminell, aber noch schädlicher ist als die erste, dann glauben Sie nicht, dass Ihre Argumentation Ihr Gewissen beruhigen und Sie vor Gott rechtfertigen wird. Sie müssen tief in Ihrem Herzen wissen, dass, was auch immer Sie erfinden und sich ausdenken, die unmoralischen Berichte der heiligen Geschichte, die mit dem Wissen und dem Verständnis der Menschen in Konflikt geraten sind, und die

104

Bestimmungen des Nizänischen Glaubensbekenntnisses nicht moralisch, vernünftig, klar [verstanden] und in Übereinstimmung mit dem zeitgenössischen Wissen und dem gesunden Menschenverstand gebracht werden können.

Sie wissen, dass Sie mit Ihrer Argumentation niemanden von der Wahrheit Ihres Glaubens überzeugen können, dass ein vorurteilsfreier, gebildeter Erwachsener, der nicht als Kind in Ihrem Glauben erzogen wurde, Ihnen nicht glauben wird, sondern Sie sogar entweder auslachen oder für einen Geisteskranken halten wird, wenn er Ihre Erzählung über den Anfang der Welt, die Geschichten über die ersten Menschen und Adams Sünde oder über die Erlösung der Menschen durch den Tod von Gottes Sohn gehört hat.

Das Einzige, was ihr mit eurer angeblich wissenschaftlichen Argumentation bewirken könnt, ist, diejenigen, die aus dem Zwang erwachen und sich darauf vorbereiten, davon befreit zu werden, für eine Weile noch durch eure Autorität hypnotisch zu unterdrücken.

Das ist es, was Sie tun. Und das ist eine sehr schlechte Sache. Anstatt eure geistigen Kräfte zu nutzen, um euch selbst und andere aus der Täuschung zu befreien, in der Ihr euch befindet und andere sich befinden, und unter der Ihr und sie leiden, nutzt Ihr diese Kräfte, um euch und andere noch mehr zu verwirren.

Ihr, geistliche Amtsinhaber von dieser Sorte, solltet nicht euch selbst und andere mit vagen, komplizierten Überlegungen verwirren, solltet nicht versuchen zu zeigen, dass die Wahrheit das ist, was ihr dafür haltet, sondern solltet Euch im Gegenteil bemühen, alle zugängliche Wahrheit zu kennen und auf der Grundlage dieser Wahrheit das zu überprüfen, was ihr euren Glaubensüberzeugungen nach als Wahrheit betrachtet habt.

Und wenn Sie sich nur aufrichtig dieser Aufgabe stellen, erwachen Sie sofort aus der Hypnose, in der Sie sich befanden, und die schreckliche Täuschung, in der Sie sich bisher befunden haben, wird Ihnen klar werden.

So verhält es sich also mit der zweiten und in unserer Zeit sehr großen Klasse intelligenter, höchst schädlicher Kleriker.

Aber es gibt noch die häufigste, dritte Klasse von einfältigen Geistlichen, die nie an der Wahrheit des Glaubens, den sie bekennen und predigen, gezweifelt haben.

Diese Menschen haben nie über den Sinn und die Bedeutung

jener Aussagen nachgedacht, die ihnen von Kindesbeinen an als göttliche und heilige Wahrheiten überliefert wurden, oder wenn sie darüber nachdenken, sind sie so ungewohnt, selbständig zu denken, dass sie die darin enthaltenen Ungereimtheiten und Widersprüche nicht sehen, oder, selbst wenn sie sie sehen, sind sie durch die Autorität der kirchlichen Tradition so unterdrückt, dass sie es nicht wagen, anders darüber zu denken, als es die vergangenen und gegenwärtigen Kirchenmänner zuvor glaubten. Diese Menschen werden in der Regel durch den Gedanken beruhigt, dass die Lehre der Kirche wahrscheinlich Widersprüche, die ihnen nur aufgrund einer unzureichenden theologischen Bildung als solche erscheinen, zufriedenstellend erklärt.

Wenn Sie zu dieser Gruppe gehören, ob Sie ein aufrichtiger und naiver Gläubiger sind oder zu denjenigen zählen, die noch nicht glauben, aber bereit sind zu glauben und kein Hindernis dafür sehen, wer auch immer Sie sind: Geistliche, die bereits arbeiten, oder junge Männer und Frauen, die sich noch darauf vorbereiten, Geistliche zu werden, unterbrechen Sie Ihre Tätigkeit oder die Vorbereitung auf die Tätigkeit und denken Sie darüber nach, was Sie tun oder zu tun gedenken.

Sie predigen oder bereiten sich darauf vor, eine Lehre zu predigen, die ihrem Leben einen Sinn gibt, sein Ziel definiert, die Kriterien von Gut und Böse aufzeigt und allen ihren Aktivitäten eine Richtung gibt. Und Sie predigen diese Lehre nicht als irgendeine menschliche Lehre, die unvollkommen ist und über die man diskutieren kann, sondern als eine von Gott selbst geoffenbarte und daher nicht diskutierbare Lehre. Und Sie predigen es nicht in einem Buch oder einer einfachen Unterredung, sondern etwa vor Kindern in einem Alter, in dem sie die Bedeutung all dessen, was ihnen vermittelt wird, nicht verstehen können, während sich alles, was ihnen vermittelt wird, unauslöschlich in ihr Gedächtnis einprägt, – oder vor erwachsenen, ungebildeten Menschen, die keine Möglichkeit haben, das, was Ihr sie lehrt, kritisch zu erwägen.

Dies ist Ihre gesamte Tätigkeit, und dies ist die Tätigkeit, auf die Sie sich vorbereiten.

Was aber wäre, wenn das, was Sie predigen oder zu predigen gedenken, nicht wahr ist?

Sollte es nicht möglich oder notwendig sein, darüber nachzudenken? Und wenn man darüber nachdenkt und diese Lehre mit anderen Lehren vergleicht, die man für ebenso wahr hält, wenn man sie mit seinem Wissen, mit dem gesunden Menschenverstand vergleicht – mit einem Wort, ohne blindes Vertrauen, sondern frei diskutiert, dann kann man nicht umhin zu sehen, dass das, was Sie als heilige Wahrheit darstellen, nicht nur keine heilige Wahrheit ist, sondern nur eine rückständige abergläubische Lehre, die, wie andere ähnliche Lehren, von Menschen überhaupt nicht zum Wohle ihrer Brüder, sondern zu einem anderen Zweck unterstützt und gepredigt wird. Und sobald ihr das begreift, werden all jene von euch, die das Leben ernsthaft betrachten und auf die Stimme ihres Gewissens hören, nicht mehr in der Lage sein, diese Lehre weiter zu predigen oder sich auf solches vorzubereiten.

XI.

„Aber was wird mit den Menschen geschehen, wenn sie nicht mehr an die Lehre der Kirche glauben? Wäre es nicht schlimmer für sie?" – so höre ich den üblichen Einwand.

„Was würde passieren, wenn die Menschen in der Christenheit nicht mehr an die Lehre der Kirche glauben würden?"

Die Menschen der Christenheit werden nicht nur mit den Legenden der Juden konfrontiert werden, sondern mit der religiösen Weisheit der ganzen Welt. Die Menschen werden wachsen und unverdorbene Konzepte und Gefühle entwickeln. Indem die Menschen die im Vertrauen angenommene Lehre beiseite lassen, werden sie eine vernünftige und mit ihrem Wissen übereinstimmende Haltung gegenüber Gott einnehmen und die moralischen Verpflichtungen erkennen, die sich aus einem solchen Verhältnis ergeben.

„Werden die Menschen dadurch nicht schlechter gestellt?" – Wenn die Lehre der Kirche nicht die Wahrheit ist, wie sollte es dann für die Menschen schlimmer sein, dass ihnen nicht eine Lüge als Wahrheit gepredigt wird, und zwar mit den indirekten Methoden, die dafür verwendet werden.

„Aber die Menschen sind grob und ungebildet, und was für uns, die Gebildeten, nicht notwendig ist", – sagen Sie – „kann für primitive Menschen nützlich und sogar notwendig sein."

Wenn alle Menschen gleich sind, gehen alle den gleichen Weg von der Dunkelheit zum Licht, von der Unwissenheit zum Wissen, von der Falschheit zur Wahrheit. Ihr seid diesen Weg gegangen und habt die Unwahrheit des Glaubens erkannt, in dem ihr erzogen wurdet. Mit welchem Recht wollt Ihr andere daran hindern, in die gleiche Richtung zu gehen?

Sie sagen, dass Sie selbst diese Nahrung zwar nicht mehr brauchen, aber die Massen sie brauchen. Aber kein vernünftiger Mensch würde es auf sich nehmen, über die körperliche Nahrung anderer zu bestimmen; wie können Sie also entscheiden, und wer kann entscheiden, welche geistige Nahrung für die Massen, für das Volk nötig ist?

Nur weil Sie das Bedürfnis der Menschen nach dieser Lehre sehen, beweist das noch lange nicht, dass man dieses Bedürfnis mit diese Lehre erfüllen muss. Es gibt einen Bedarf an Wein, Tabak und noch andere, schlimmere Bedürfnissen. Die Hauptsache ist, dass Sie komplizierte Hypnosemethoden anwenden, um das Bedürfnis zu wecken, mit dem Sie Ihre Tätigkeit rechtfertigen wollen. Hört nur auf, dieses Bedürfnis zu erregen, und es wird nicht existieren, denn sowohl Ihr als auch alle Menschen haben kein Bedürfnis nach Lügen, und alle Menschen gingen und gehen immer von der Dunkelheit zum Licht, und ihr, die ihr näher am Licht steht, müsst versuchen, es den anderen zugänglich zu machen und es nicht zu verdunkeln.

„Aber wird es nicht noch schlimmer sein, wenn wir, die gut ausgebildeten, moralischen Menschen, die das Wohl des Volkes wünschen, unsere Arbeit aufgeben und unser Platz dann an ungehobelte, amoralische Menschen vergeben wird, denen das Wohl des Volkes gleichgültig ist?" – So höre ich den letzten Einwand.

Zweifellos wird der Weggang der besten Leute aus dem Klerus die Tätigkeit der Kirche, die sich in groben, unmoralischen Händen befindet, immer mehr verkommen lassen und ihre Falschheit und Bösartigkeit offenbaren. Aber das wird es nicht verschlimmern, denn der Verfall der kirchlichen Tätigkeit, der immer noch stattfindet, ist eines der Mittel, um das Volk von dem Betrug zu befreien, in dem es sich befindet. Deshalb: Je eher diese Emanzipation durch aufgeklärte, gute Menschen, die den Klerus verlassen, vollzogen wird, desto besser.

Von welcher Seite Ihr also auch immer eure Tätigkeit betrachtet, sie ist immer schädlich, und deshalb können all jene unter Euch, die Gott fürchten und ihr Gewissen nicht zum Schweigen gebracht haben, nichts anderes tun, als all ihre Kräfte einzusetzen, um sich aus der falschen Lage zu befreien, in der Ihr euch befindet.

Ich weiß, dass viele von Euch durch eure Familien gebunden oder von euren Eltern abhängig sind, die von euch verlangen, dass ihr die begonnenen Aktivitäten fortsetzt; ich weiß, wie schwer es ist, eure Ehrenpositionen, euren Reichtum aufzugeben oder zu verzichten auf die Versorgung für euch und eure Familie mit den Mitteln, die die Fortsetzung eures gewohntes Leben ermöglichen, und wie schmerzhaft es ist, gegen eure liebenden Familien zu handeln. Aber alles ist besser, als eine Tat zu begehen, die die eigene Seele ruiniert und den Menschen schadet.

Und je schneller und entschlossener Ihr eure Sünde bereut und euer Tun einstellt, desto besser wird es nicht nur für die Menschen, sondern auch für euch selbst sein.

Das wollte ich Euch sagen, jetzt, da ich am Rande des Grabes stehe und die Hauptursache für das Elend der Menschen klar sehe – nicht um Euch zu tadeln und zu verurteilen (ich weiß, wie unmerklich Ihr selbst in die Versuchung hineingezogen wurdet, die Euch zu dem gemacht hat, was Ihr seid), sondern um dazu beizutragen, die Menschen von dem schrecklichen Übel zu befreien, das durch die Verkündigung eurer Doktrin, die die Wahrheit verschleiert, hervorgerufen wird, und um Euch gleichzeitig zu helfen, aus der Hypnose aufzuwachen, in der Ihr euch befindet, oft ohne euch zur Gänze des kriminellen Charakters eures Handelns bewusst zu sein.

Und hierbei helfe euch Gott, der eure Herzen sieht.

Jasnaja Poljana.
1. November 1902.

Broschüre mit deutscher Übersetzung
der Briefe an den Bauern V. K. Zavolokin (1900/1901):

Graf Leo TOLSTOI: Vernunft – Glaube – Gebet,
und Arbeiterfrage. Berlin: Globus Verlag [1903]

IV.
Vernunft – Glaube – Gebet

Briefe Tolstois an den Bauern V. K. Zavolokin
(Dezember 1900 / Januar1901)

A.
Vollständige Arbeitsübersetzung
nach der russischen Gesamtausgabe

BRIEFE AN DEN BAUERN
V. K. ZAVOLOKIN (GEB. 1862), GOUVERNEMENT JAROSLAVL'
(Dezember 1900 | Januar 1901)[1]

Moskau, 17. Dezember 1900

Michail Dmitrievič[2],

Ich habe Ihren Brief vor etwa einem Monat erhalten, aber bis jetzt habe ich nicht die Zeit gefunden, Ihnen zu antworten.

Sie fragen mich, was mein christlicher Glaube ist?

Sie haben die *Zusammenfassung des Evangeliums*[3] gelesen und wissen daher, wie ich die Lehre Christi verstehe. Wenn Sie wissen

---

[1] Textquelle | *Sowjetische Gesamtausgabe*: Band 72, S. 527-529 und Band 73, S. 5-15; mit Hilfe des Programms https://www.deepL.com/translator ins Deutsche übertragen und vom Herausgeber redigiert unter vergleichender Heranziehung bes. folgender Übersetzung: *Drei Briefe an V. K. Zavolokin (1900/01)*. In: M. George / J. Herlth / Ch. Münch / U. Schmid (Hg.): Tolstoj als theologischer Denker und Kirchenkritiker. 2. Auflage. Göttingen: Vandenhoeck & Ruprecht 2015, S. 270-281.
[2] [d. i. Michail Serebrennikov (Nižnij Novgorod), dessen Postadresse der eigentliche Adressat V. K. Zavolokin in seinem Brief an Tolstoi angegeben hatte.]
[3] Die „Zusammenfassung [Kurze Darlegung] des Evangeliums" wurde in Russland in illegalen hektographierten Ausgaben verbreitet. Im Ausland zuerst veröffentlicht: Genève, M. Elpidine, Libraire-éditeur, 1890. [Dt. Neuedition: Leo N. TOLSTOI, Kurze Darlegung des Evangelium. Aus dem Russischen von Paul Lauterbach, 1892. Neu ediert mit einem einleitenden Text von Käte Gaede. (= Tolstoi-Friedensbibliothek Reihe A, Band 4). Norderstedt: BoD 2023.]

wollen, was für mich die zentrale Bedeutung dieser Lehren ist, dann ist für mich die zentrale Bedeutung der Lehre Christi, die ich allen Menschen vermitteln möchte und von der ich wünschen möchte, dass alle Kinder in ihr erzogen werden, dies: *dass der Mensch nicht aus eigenem Willen in die Welt gekommen ist und deshalb auch nicht aus eigenem Willen leben soll, sondern nach dem Willen Dessen, der ihn in die Welt gesandt hat.* Damit der Mensch weiß, was der, der ihn in die Welt gesandt hat, von ihm will, hat dieser ihm einen Verstand eingepflanzt, durch den der Mensch, wenn er es wirklich will, immer den Willen Gottes – das heißt, was Der, der ihn in die Welt gesandt hat, von ihm will – erkennen kann. Die Pharisäer und Schriftgelehrten unserer Tage sagen immer: Man dürfe nicht an die Vernunft glauben, denn sie würde uns täuschen; aber man müsse ihnen glauben, und sie würden uns nicht täuschen. Aber sie sagen nicht die Wahrheit. Wenn wir an die Menschen und, wie das Evangelium sagt, an die Traditionen [Satzungen] der Menschen glauben, werden wir uns alle wie blinde Welpen voneinander entfernen und einander hassen, wie wir es jetzt tun: Ein christlicher Geistlicher hasst einen Mohammedaner, ein Mohammedaner hasst einen Christen, und die Christen hassen sich gegenseitig: Ein orthodoxer Christ hasst den Katholiken und den Altgläubigen, ein Altgläubiger hasst einen Orthodoxen, usw. Wenn wir uns aber an das halten, was uns die Vernunft Gottes selbst sagt, dann werden wir alle vereint sein, denn alle haben die gleiche Vernunft, und nur die Vernunft verbindet die Menschen und hindert sie nicht daran, einander Liebe zu erweisen, wie es den Menschen eigen ist. Die Vernunft verbindet nicht nur die Menschen, die zur gleichen Zeit leben, sondern sie verbindet uns mit den Menschen, die Tausende von Jahren vor uns gelebt haben, und auch mit denen, die nach uns leben werden. So profitieren wir von all dem, was hervorgebracht worden ist von Jesaja, Christus, Buddha und Sokrates und Konfuzius sowie von all jenen, die vor uns lebten, die an die Vernunft glaubten und ihr dienten. Tut anderen, was ihr wollt, dass sie euch tun, rächt euch nicht an Menschen, die euch Unrecht getan haben, sondern vergeltet Unrecht mit Güte, seid maßvoll, tugendhaft, tötet nicht nur keine Menschen, sondern seid ihnen auch nicht böse, haltet Frieden mit allen. All dies sind Hervorbringungen der Vernunft und sie wurden von Buddhisten und Konfuzianern und Christen und Taoisten und griechischen und ägyptischen Weisen und allen guten Menschen unserer Zeit in gleicher Weise gepredigt, und alle sind sich darin einig.

Deshalb wiederhole ich, dass der zentrale Grundsatz der christlichen Lehre meiner Meinung nach das ist, was im Evangelium in den Gleichnissen von den Weingärtnern zum Ausdruck kommt, denen ein Garten zur Nutzung überlassen wurde, für den sie den Besitzer bezahlen mussten, und die sich nur einbildeten, es sei ihr eigener. Im Gleichnis von den Talenten heißt es, dass die Menschen dem Willen Dessen gehorchen müssen, der sie ins Leben gesandt hat, und dieser Wille besteht darin, dass die Menschen vollkommen sind wie ihr himmlischer Vater […]. Das heißt, sie sollen sich dieser höchsten Vollkommenheit so weit wie möglich annähern. Dass dies allein der Wille Gottes ist, wird uns auch durch die Vernunft offenbart, und zwar so deutlich, dass es keinen Widerstreit oder Zweifel geben kann. Jeder, der darüber nachdenkt, kann nicht umhin zu sehen, dass der Mensch in allen Tätigkeiten des Lebens auf Hindernisse stoßen kann und stößt; nur in einer Sache stößt der Mensch auf kein Hindernis – in der Vervollkommnung seiner selbst, in der Reinigung seiner Seele vom Bösen und im Tun des Guten an allem, was lebt. Der Tod, der alle weltliche Arbeit abbricht, zerstört und ihres Sinns beraubt, kann dieses Handeln nicht abbrechen, vernichten oder sinnlos machen; denn der Mensch, der den Willen Dessen tut, der ihn gesandt hat, tut es in aller Stille, solange er die Kraft dazu hat, weil er weiß, dass das, was er tut, von seinem Herrn gebraucht wird, und dass der Tod nur ein Wechsel der ihm gestellten Aufgabe ist.

So verstehe ich die Lehre Christi, und so möchte ich gerne, dass die Menschen sie verstünden und die Kinder erzogen würden: dass sie nicht einfach glauben, was ihnen gesagt wird, sondern ihren Verstand gebrauchen, um alles, was ihnen über Gott und das Leben gesagt wird, zu überprüfen, nicht weil ihnen gesagt wird, dass es von einem Propheten oder Christus gesagt wurde, sondern weil es mit ihrem Verstand übereinstimmt. Die Vernunft ist älter und vertrauenswürdiger als alle Satzungen und Schriften; sie war schon da, als es noch keine Satzungen und Schriften gab, und sie wurde jedem von uns direkt von Gott gegeben.

Die Worte des Evangeliums, dass alle Sünden vergeben werden, aber nicht die Lästerung des Heiligen Geistes [*Mt. 12, 31f* u. a.], beziehen sich meiner Meinung nach direkt auf die Vernunft. Denn wenn wir nicht der Vernunft glauben, die uns von Gott gegeben wurde, wem sollten wir dann glauben? Etwa jenen Menschen, die uns etwas glauben machen wollen, was nicht der göttlich gegebenen Vernunft entspricht?

Sie fragen nach meinen Schriften. Alle von Ihnen genannten können im Ausland bestellt werden (ich habe keine vorrätig), sie kosten sehr wenig, werden mit der Post verschickt, und manchmal, meistens, kommen sie auch an. Ihren Fragen nach zu urteilen, denke ich, dass Sie am meisten am Werk „*Die christliche Lehre*"[4] interessiert sein könnten, das ich zuletzt geschrieben habe. Die Adresse der Personen, an die Sie schreiben können, lautet wie folgt: 1) England, Angleterre Essex, Maldon. V. Tchertkoff (*Wladimir Grigorowitsch Tschertkow*). 2. Schweiz, Suisse, Genève, Onex. P. Birukoff (*Pavel Ivanovich Birjukov*).   Leo Tolstoi.

Moskau, 14. Januar 1901

Lieber Bruder, Sie fragen, was einem schwachen, verdorbenen, verderbten Menschen – wie uns allen – inmitten der ihn von allen Seiten umgebenden Versuchungen die Kraft geben kann, ein christliches Leben zu führen.

Anstatt zu antworten, und bevor ich Ihre Frage beantworte, möchte ich Sie fragen, was die Frage eigentlich bedeutet. Wir sind an diese Frage so gewöhnt, dass sie uns ganz natürlich und verständlich erscheint, und doch ist die Frage nicht nur unnatürlich und unverständlich, sondern für jeden vernünftigen Menschen, der nicht im Aberglauben des kirchlichen Glaubens erzogen wurde, äußerst überraschend und seltsam.

Warum fragt der Schmied, der Eisen schmiedet, oder der Pflüger, der das Feld pflügt, nicht danach, woher er die Kraft für die unternommene Arbeit nimmt, sondern er tut sie, soweit er kann; er macht einen Fehler, versucht, den Fehler zu korrigieren, wird müde,

---

[4] *Die christliche Lehre*, herausgegeben von Vladimir Čertkov, Purleigh, 1898. [Dt. Neuedition: Leo N. TOLSTOI: Die Christliche Lehre. Katechetische Schriften für Erwachsene und Kinder. (= Tolstoi-Friedensbibliothek Reihe A, Band 10). Norderstedt: BoD 2023.]

lässt seine Arbeit eine Weile liegen, ruht sich aus und nimmt sie wieder auf. Befindet sich nicht jeder Diener Gottes in der gleichen Situation, wenn er versucht, ein christliches Leben zu führen und den Willen Gottes, den er erkannt hat, zu tun?

Wenn er aufrichtig ist, wird dieser Mensch den Willen Gottes tun, und wenn er sich irrt, wenn er müde ist, wird er ausruhen und die Arbeit seines Lebens wieder aufnehmen: er wird sich der Vollkommenheit seines himmlischen Vaters nähern.

Die Frage, woher man die Kraft für das christliche Leben nehmen soll, zeigt nur, dass jemand den Menschen versichert hat, dass sie vollkommen, heilig werden können, dass es dafür besondere Mittel gibt, ohne jene stündlichen Anstrengungen des Kampfes, des Fallens, des Bereuens, des Aufstehens, des erneuten Fallens und des Wiederaufstehens, die den Menschen zwar langsam, aber doch zum Ziel seines Lebens führen: zur Vervollkommnung in Gott. Gerade der Aberglaube, der Mensch nähere sich der Vollkommenheit nicht durch allmähliche, langsame Anstrengungen, sondern könne sofort geläutert und heilig werden, ist eine der furchtbarsten und verderblichsten Täuschungen, und diese wird von allen kirchlichen Glaubensrichtungen stark gepredigt. Die einen versichern ihren Jüngern, dass man durch die Sakramente, wie Taufe, Beichte, Abendmahl, von den Sünden befreit wird; die anderen behaupten, dass es der Glaube an das Sühnopfer ist – dass Christus-Gott uns durch sein Blut gereinigt hat, uns von den Sünden befreit. Beide lehren, dass das, was uns außerdem reinigt, die Bitte an Gott ist, uns unsere Sünden zu vergeben, nicht, dass wir uns selbst um Besserwerden bemühen müssten, sondern dass er uns gut machen würde. Dies ist eine furchtbar törichte und schädliche Täuschung. Die Täuschung besteht einerseits darin, dass ein Mensch völlig rein werden kann. Das ist eine Lüge. Der Mensch kann nicht vollkommen und sündlos sein, er kann sich nur *mehr oder weniger* annähern, und in dieser Annäherung liegt der ganze Sinn seines Lebens. Das ist das Leben. Ich glaube sogar, dass das Leben nach dem Tod wiederum darin besteht, wenn auch auf ganz andere Weise, sich der Vollkommenheit anzunähern. Das ist das Leben und das ist die Freude am Leben. Die Täuschung besteht zweitens darin, dass es ein anderes Mittel als unsere eigene Anstrengung gebe, mit dem wir uns vervollkommnen könnten. Zu glauben, dass es ein solches Mittel gibt, sich auf Verordnungen, den Glauben an die Erlösung oder das Gebet zu verlassen, um sich zu vervollkommnen, ist so, als ob ein Schmied, wenn er Eisen und Hammer in der Hand hat und einen Amboss, und der Ofen angezündet ist, sich ein anderes Mittel ausdenken würde, als das Eisen mit dem Hammer zu schlagen, um es zu schmieden, oder Gott bitten würde, ihm Kraft zum Arbeiten zu geben.

Gott zu bitten und Mittel zur Vervollkommnung zu ersinnen, wäre nur möglich, wenn es Hindernisse für diese Arbeit gäbe und wir selbst keine Kraft hätten: Wenn die Schmiede verschlossen wäre, gäbe es keine Kohle und kein Eisen, oder es gäbe keine Kraft, den Hammer zu heben. Genauso verhält es sich mit dem Werk der Vollkommenheit oder dem christlichen Leben oder dem Tun des Willens Gottes. Gott verlangt von uns nichts, was wir nicht tun können; im Gegenteil, er hat dafür gesorgt, uns alles zu geben, was wir brauchen, um seinen Willen zu tun. Wir sind hier in dieser Welt wie in einem Gasthaus, in dem der Wirt alles, was wir als Reisende brauchen, genau geregelt hat, und er selbst ist gegangen und hat Anweisungen hinterlassen, wie wir uns in dieser vorübergehenden Unterkunft verhalten sollen. Mehl und Wasser und Brennholz, alles, was wir brauchen, ist da, was sollen wir also sonst tun und worum bitten? Wir müssen nur das tun, wozu wir aufgerufen sind. So ist es auch in unserer geistigen Welt: Alles, was wir brauchen, wird uns gegeben, und es liegt an uns. Es ist klar, dass wir, wenn wir [augenblicklich] heilig sein oder uns gerechtfertigt fühlen wollen, besondere Mittel brauchen und Gott darum bitten. Wenn wir reich sein wollen, wenn wir wollen, dass unsere Freunde und wir selbst nicht krank werden oder sterben, wenn wir wollen, dass unsere Ernte immer gut ausfällt und unsere Feinde vernichtet werden, dann müssen auch wir Gott um all das bitten, so wie David in seinen Psalmen darum bittet und wie wir es in unseren Kirchen tun. Aber Gott hat uns nichts von alledem verordnet: Er hat uns nicht vorgeschrieben, gerecht und sündlos zu sein, sondern im Gegenteil, er hat uns ein Leben geschenkt, dessen einziger Sinn darin besteht, dass wir selbst uns von unseren Sünden befreien und uns ihm nähern, und er hat uns nicht vorgeschrieben, reich, schmerzlos und unsterblich zu sein, sondern er hat uns Prüfungen gegeben, Armut, Krankheit, den Tod von Freunden und von uns selbst, damit wir lernen, unser Leben nicht für Reichtum, Gesundheit und dieses zeitliche Leben hinzugeben, sondern ihm zu dienen; und er hat uns Feinde gegeben, nicht damit wir ihre Vernichtung wünschen, sondern damit wir lernen, unsere Feinde [d.i. *die Feindseligkeit*, pb] mit Liebe zu vernichten. Wir müssen uns also keine besonderen Mittel zur Erlösung ausdenken oder Gott darum bitten. Alles, was wir brauchen, wird uns gegeben, wenn wir nur die Anweisungen unseres Gewissens und die Weisungen Gottes befolgen, wie sie im Evangelium zum Ausdruck kommen. Drittens ist diese Täuschung besonders schädlich, weil Menschen, die glauben, dass sie Gottes Willen nicht erfüllen und aus eigener Kraft nicht gut leben können, aufhören, an sich zu arbeiten – und nicht nur aufhören an sich zu arbeiten, sondern auch die Möglichkeit verlieren, sich zu vervollkommnen. Ein Mensch muss nur zu der Überzeugung gelangen, dass er nicht tun kann, was er tun muss, und seine Hände werden niedersinken und er wird tatsächlich nicht in der Lage sein, das zu tun, was nötig ist; es braucht ein Mensch nur überzeugt sein, dass er krank ist, und er wird krank werden. Die Besessenen schreien, weil sie glauben, dass sie besessen sind. Diejenigen, die viel trinken, werden nicht gebessert, weil sie davon überzeugt sind, dass sie sich nicht enthalten können. Es gibt keine unmoralischere und schädlichere Lehre als die, dass der Mensch sich aus eigener Kraft nicht bessern kann.

Es gibt eine sehr ähnliche Argumentation hinsichtlich der Notwendigkeit einer äußeren Kraft für das christliche Leben und die Notwendigkeit eines eindeutigen Beweises für die vollkommene Wahrheit dessen, was wir über Gott und seinen Willen wissen. Sie besagt, dass es etwas gibt, das einem die Kraft gibt, das christliche Leben zu leben und den Willen Gottes zu tun. Es heißt auch, dass es etwas gibt, woran ich mit Gewissheit erkenne, dass das, was meine Vernunft mir sagt, die Wahrheit ist. Und so wie dort angenommen wird, dass es ein äußeres Mittel gibt, mit dem Heiligkeit ohne persönliche Anstrengung erlangt werden kann, so wird hier angenommen, dass es ein Mittel gibt, die Wahrheit ohne persönliche Anstrengung des Verstandes und die volle, vollkommene Wahrheit zu erkennen. Aber das ist so unmöglich wie das Sehen von Licht ohne Augen. Die Wahrheit ist das, was durch Anstrengung erkannt wird und durch nichts anderes erkannt werden kann. Und die Wahrheit, die die menschliche Vernunft erkennt, kann niemals vollkommen sein, sondern sich nur mehr oder weniger der vollkommenen Wahrheit annähern und sie kann die höchste Wahrheit sein, die dem Menschen zugänglich ist, aber sie kann niemals die vollkommene Wahrheit sein; sie kann nicht die vollkommene Wahrheit sein, schon deshalb nicht, weil das Leben sowohl der Menschheit als auch des einzelnen Menschen als Ganzes darin besteht, mehr und mehr vollkommene Wahrheit zu erreichen und sie mehr und mehr zu erfüllen. Die verdrehte und absurde Vorstellung, dass der menschliche Geist durch seine eigenen Anstrengungen der Wahrheit nicht näher kommen kann, entspringt demselben schrecklichen Aberglauben, wie der Glaube, dass der Mensch ohne die Hilfe von außen der Erfüllung des Willens Gottes nicht näher kommen kann; dieser Aberglaube besteht darin, es sei die volle, vollkommene Wahrheit für Christen von Gott zuerst auf dem Berg Sinai, dann durch verschiedene Propheten des jüdischen Volkes, dann durch Christus, Apostel, Konzilien, die Kirche offenbart worden; den Brahmanen sei sie in den Veden, für Mohammedaner im Koran offenbart worden; dieser Aberglaube ist schrecklich, erstens, weil er den Begriff der Wahrheit selbst verdreht, zweitens, weil man, nachdem man all die Absurditäten und den Unsinn, die in den Schriften als Offenbarung Gottes angenommen werden, als unzweifelhafte Wahrheit anerkannt hat, den gesunden Menschenverstand noch mehr verdrehen muss, um all diesen Unsinn und diese Dummheit zu rechtfertigen, und drittens, weil man, nachdem man die Quelle der Wahrheit, die unfehlbare äußere Offenbarung, anerkannt hat, aufhört, dem einzigen Mittel zur Erkenntnis der Wahrheit, welches in einer Anstrengung seiner Vernunft liegt, zu glauben. Der Mensch, der dies tut, tut das, was der Mensch, der den Weg sucht, tun würde, wenn er, anstatt alle möglichen Anstrengungen zu unternehmen, um den Weg zu finden, die Augen schließen und sich der Führung desjenigen Menschen überlassen würde, der es zuerst unternimmt, ihn zu führen. Sie sagen: Wie können wir an die Vernunft glauben, wenn wir sehen, dass Menschen, die sich von der Vernunft leiten lassen, sich irren. Zuerst, so sagen sie, sah der Mensch durch die Vernunft die Wahrheit in der Orthodoxie, dann sah er durch die Vernunft die Wahrheit im Baptismus, dann begann er wiederum durch die Vernunft die Wahrheit in der Anerkennung Christi als Mensch zu sehen. Die Vernunft kann sich also irren und man kann ihr nicht trauen, sagen sie. – Wenn ein Mensch an die Orthodoxie glaubte und seine Vernunft ihm nichts Wahreres zeigte, dann erkannte er die höhere Wahrheit für sich, dann erkannte er eine höhere Wahrheit und tat recht, sie zu erkennen. Ebenso hatte er recht, als er eine noch höhere oder reinere Wahrheit erkannte. Was der Mensch nicht höher, klarer oder wahrer sehen oder sich vorstellen kann, das ist für ihn die Wahrheit.[5] Es mag sehr gut und sehr wünschenswert sein, dass die Menschen alle auf einmal ein und dieselbe vollkommene Wahrheit kennen würden (obwohl, wenn es so wäre, dann würde das Leben aufhören), aber selbst wenn man zugeben würde, dass es wünschenswert wäre, so geschieht doch nicht alles so, wie wir es uns wünschen. Es mag für unvernünftige Menschen sehr wünschenswert sein, dass die Menschen nicht krank würden, oder dass es ein [Allheil-]Mittel gäbe, das alle Krankheiten heilen würde, oder dass alle Menschen eine Sprache sprechen würden (nämlich Russisch), aber das geschieht nicht einfach, weil wir uns eben einbilden, alle Menschen würden durch eine Medizin geheilt werden oder alle könnten Russisch sprechen und verstehen. Wenn wir uns das einbilden, machen wir es nur schlimmer für uns selbst, genauso wie wir es schlimmer für uns selbst machen, wenn wir uns einbilden, dass die ganze und ewige Wahrheit uns in der Schrift, der Tradition oder der Kirche offenbart worden ist. Es ist besonders töricht, sich das einzubilden, weil wir neben uns Menschen sehen können, die sich einbilden, die ganze und ewige Wahrheit sei *ihnen* offenbart worden und nicht uns, so wie es Buddhisten, Mohammedaner und andere sich einbilden. Besonders schädlich ist eine solche falsche Einbildung deshalb, weil sie die Menschen mehr als alles andere trennt. Die Menschen sollten mehr und mehr *vereint* sein, wie Christus lehrt, aber solche Offenbarungslehren *trennen* die Menschen immer mehr. Außerdem muss man verstehen, dass, ob wir es wollen oder nicht, ohne Nutzung der Vernunft keine Wahrheit in die menschliche Seele Einlass finden kann. Wenn ein Mensch an eine Offenbarung glaubt, dann nur, weil seine Vernunft ihm gesagt hat, dass er an diese oder jene Offenbarung glauben muss, egal ob mohammedanisch, buddhistisch oder christlich. Der Verstand ist wie eine Rassel [*Schwingsieb*] oder ein Sieb, das mit der Dreschmaschine oder der

---

[5] [Übersetzung dieses Satzes wörtlich übernommen aus: Tolstoj als theologischer Denker und Kirchenkritiker. Göttingen 2015, S. 276.]

Kornfege verbunden ist, so dass das Korn nicht anders als durch diesen Siebrost gewonnen werden kann. Es mag sein, dass der Unrat durch die Rassel gegangen ist und noch geht, aber es gibt keinen anderen Weg; um sauberes Korn zu bekommen, muss das [Getreide] durch das Schwingsieb des Geistes gehen, und es gibt keinen anderen Weg. Wenn wir uns aber einbilden, dass wir reines Korn haben könnten, ohne es zu sieben, dann betrügen wir uns selbst und essen Unrat statt Brot, wie es bei den Kirchenmännern der Fall ist. Wir dürfen uns also nicht einbilden, dass alles so gemacht wird, wie wir es wollen, sondern wir müssen verstehen, dass alles so geschieht, wie Gott es festgelegt hat. Und das Leben eines Menschen ist von Gott so eingerichtet, dass die Menschen nicht die ganze Wahrheit kennen können; aber sie kommen ihr immer näher, und je klarer sie die eine Wahrheit erkennen, desto näher kommen sie einander.

Sie fragen auch nach meinem Urteil über die Person Christi, ob ich ihn für einen Gott halte? Ich betrachte Christus als ein menschliches Wesen wie wir alle, aber ihn als Gott zu betrachten, ist die größte Blasphemie. Ich betrachte Christus als einen Menschen, aber ich betrachte seine Lehre als göttlich, insofern sie göttliche Wahrheiten ausdrückt. Eine höhere Lehre kenne ich nicht. Sie hat mir das Leben geschenkt, und ich versuche, ihr so gut wie möglich zu folgen. Ich weiß nichts über die Geburt Christi, und ich brauche es auch nicht zu wissen.

Vom Leben nach dem Tod wissen wir, *dass* es existiert, dass das Leben nicht mit dem Tod endet; aber von dem, *wie* dieses Leben sein wird, wissen wir nichts, weil wir es nicht zu wissen brauchen. Mit Pharisäern meine ich vor allem die Geistlichen; mit Schriftgelehrten meine ich Gelehrte [Wissenschaftler], die nicht an Gott glauben.

Was das Essen des Leibes und das Trinken des Blutes betrifft, so denke ich, dass diese Stelle im Evangelium höchst unwichtig ist und entweder das Erlernen der Lehre oder das Erinnern [Gedenken] bedeutet; aber in beiden Fällen ist es nicht wichtig und bedeutet auf keinen Fall das, was die Bigotten der Kirche meinen.

Ich habe, so gut ich kann, mein Verständnis dieser Stelle in der *Zusammenfassung des Evangeliums*[6] dargelegt.   Ihr Bruder

---

[6] [Lew TOLSTOI: Kratkoe izloženie Evangelija (Kurze Darlegung des Evangeli-

Moskau, 18. Januar 1901
[Ausführungen über das Beten]

In meinem Brief sprach ich von der Vergeblichkeit des Gebetes sowohl für die Erfüllung unserer Wünsche in Bezug auf die Ereignisse der äußeren Welt, als auch für die innere Welt, für ihre eigene Vollkommenheit. Wir können nicht für äußere Ereignisse beten, z. B. dass es regnet oder dass ein geliebter Mensch lebt oder dass meine Gesundheit nicht stirbt, denn sie unterliegen den Gesetzen, die Gott für alle Zeiten festgelegt hat, und wenn wir das Richtige tun, sind sie immer zu unseren Gunsten. Es ist, als ob ein guter Mensch mir ein Haus mit festen Mauern und einem Dach gebaut hätte, das mich schützt, und ich möchte die Mauern nach Lust und Laune vergrößern oder verändern und würde darum bitten. Wir können nicht für unsere innere Vollkommenheit beten, denn alles, was für unsere Vollkommenheit notwendig ist, ist uns gegeben, und wir brauchen oder können nichts hinzufügen.

Aber die Tatsache, dass das *Bittgebet* sinnlos ist, bedeutet nicht, dass man nicht beten kann und soll. Im Gegenteil, ich glaube, dass es unmöglich ist, ohne Gebet ein gutes Leben zu führen, und dass das Gebet eine notwendige Voraussetzung für ein gutes, friedliches und glückliches Leben ist. Das Evangelium sagt uns, wie wir beten sollen und worin das Gebet bestehen soll.

In jedem Menschen steckt ein Funke Gottes, der Geist Gottes, jeder Mensch ist ein Sohn Gottes. Das Gebet besteht darin, dass ich mich von allen weltlichen Dingen entferne, von allem, was meine Sinne zerstreuen mag (die Mohammedaner tun das auf wunderbare Weise, wenn sie eine Moschee betreten oder mit dem Beten beginnen, indem sie ihre Augen und Ohren mit den Fingern bedecken), um den göttlichen Ursprung in mir selbst zu vergegenwärtigen. Der beste Weg, dies zu tun, ist das, was Christus lehrt: in ein stilles Zimmer gehen und sich abschirmen, d. h. in völliger Einsamkeit beten, sei es in einer Kammer, im Wald oder auf dem Feld. Das Gebet bedeutet, sich von allem Weltlichen und Äußerlichen zu trennen und den göttlichen Teil der Seele in sich zu rufen, sich in ihn zu versen-

ums, 1881-1883). In: PSS (Sowjetische Gesamtausgabe in 90 Bänden, Moskau 1928-1957ff: Polnoe sobranije sočinenij). Band 24. Moskau 1957, S. 801-938.]

ken und durch ihn mit Demjenigen in Verbindung zu treten, von dem er ein Teil ist, sich als Knecht Gottes zu fühlen und seine Seele, seine Handlungen, seine Wünsche nicht nach den Erfordernissen der äußeren Welt, sondern nach denen dieses göttlichen Teils der Seele zu prüfen. Ein solches Gebet ist kein müßiges Gefühl und keine Erregung, wie sie die öffentliche Gebete mit ihren Gesängen, Bildern, Weihen und Predigten hervorrufen, sondern es hilft immer dem Leben, verändert und lenkt es. Ein solches Gebet ist ein Bekenntnis, eine Überprüfung des Vergangenen und ein Hinweis auf die Richtung zukünftigen Verhaltens. Angenommen, ich wurde beleidigt und bin einem Menschen böse, wünsche ihm Böses und will ihm nicht das Gute tun, das ich kann; oder ich habe Besitz oder einen geliebten Menschen verloren, oder ich lebe in einer Weise, die nicht mit meinem Glauben übereinstimmt. Wenn ich nicht aufrichtig bete, sondern weiterhin in Abschweifungen lebe, bleibt mir das schmerzliche Gefühl des Unwillens gegenüber dem Übeltäter nicht erspart, ebenso wie der Verlust von Eigentum oder eines geliebten Menschen mein Leben vergiftet, und ich werde bei dem Gedanken, so zu handeln, wie es mir mein Gewissen gebietet, beunruhigt sein. Aber wenn ich mich selbst und mit Gott prüfe, wird sich alles ändern: Ich werde mich selbst beschuldigen und nicht den Feind, und ich werde versuchen, ihm Gutes zu tun; ich werde meine Verluste als eine Prüfung annehmen und versuchen, sie mit Ergebung zu tragen, und darin werde ich Trost finden und meine Taten verstehen; ich werde die Differenz zwischen meinem Leben und meinem Glauben nicht mehr wie früher vor mir selbst verbergen, sondern ich werde versuchen, sie zur Übereinstimmung zu bringen, und in diesem Bemühen werde ich Trost und Freude finden.

Aber ihr könnt fragen: Worin soll das Gebet bestehen? Christus hat uns mit dem *Vaterunser* ein vorbildliches Gebet gegeben, und dieses Gebet, das uns an das Wesentliche unseres Lebens erinnert, nämlich im Willen des Vaters zu sein und diesen Willen zu erfüllen, und an unsere häufigsten Sünden, das Urteil und die Unversöhnlichkeit gegenüber unseren Brüdern, und an die Hauptgefahren unseres Lebens, die Versuchungen, bleibt immer noch das beste und vollständigste Gebet, das ich kenne. Aber außer diesem Gebet besteht das wahre, einsame Gebet auch aus all dem, was unsere Seele mittels der Worten anderer weiser und heiliger Menschen oder in unseren eigenen Worten zum Bewusstsein ihres göttlichen Ursprungs zurückführt und zu einem lebendigeren und klareren Ausdruck der Forderungen unseres Gewissens, d. h. der göttlichen Natur, und zur Überprüfung unserer vergangenen und künftigen Handlungen angesichts dieser Forderungen hinführt. Ich leugne also nicht das einsame Gebet, das die Göttlichkeit der Seele wiederherstellt, aber ich betrachte es als eine notwendige Bedingung des geistlichen Lebens, d. h. des wirklichen Lebens. Ich lehne das öffentliche, sakrilegische Gebet mit Gesang, Bildern, Kerzen und sogar Aufführungen sowie das Fürbittgebet ab. Ich frage mich oft, wie es dieses öffentliche und flehentliche Gebet unter Menschen geben kann, die sich Christen nennen, wo doch Christus ausdrücklich und eindeutig gesagt hat, dass man in der Einsamkeit beten soll und dass man um nichts zu bitten braucht; denn bevor ihr den Mund öffnet, weiß der Vater, was ihr braucht.

Ich erzähle euch von mir, ohne zu denken, dass es für jeden gut ist und jeder es tun sollte, aber ich habe seit langem die Gewohnheit, jeden Tag morgens in der Einsamkeit zu beten. Und das ist mein tägliches Gebet:

Vater unser im Himmel, geheiligt werde dein Name. Und danach füge ich hinzu: Dein Name ist Liebe, Gott ist Liebe. Wer in der Liebe bleibt, der bleibt in Gott und Gott in ihm. Niemand sieht Gott irgendwo, aber wenn wir einander lieben, bleibt er in uns, und seine Liebe ist vollkommen in uns. Wenn jemand sagt: Ich liebe Gott, aber ich hasse meinen Bruder, so ist er ein Lügner; denn wer seinen Bruder nicht liebt, den er sieht, wie kann er Gott lieben, den er nicht sieht. Brüder, lasst uns einander lieben. Die Liebe ist von Gott, und jeder, der liebt, ist von Gott und kennt Gott; denn Gott ist die Liebe.

Dein Reich komme, und ich füge hinzu: Suchet das Reich Gottes und seine Gerechtigkeit, so wird euch das Übrige zufallen. Das Reich Gottes ist in euch.

Dein Wille geschehe, sowohl im Himmel als auch auf Erden: Glaubst du, dass du in Gott bist und dass Gott in dir ist? Ich glaube es. Glaubst du, dass dein Leben dazu dient, die Liebe in dir zu vermehren? Ich glaube. Denkst du daran, dass du heute lebendig und morgen tot bist? Ja, ich gedenke. Ist es wahr, dass du nicht für deine persönliche Lust und für den Ruhm der Menschen leben willst, sondern um den Willen Gottes zu tun? Ja, ich will nur für diesen Willen leben. Nicht für meinen Willen, sondern für Deinen. Und nicht was ich will, sondern was Du willst, und nicht wie ich will, sondern wie Du willst.

Unser tägliches Brot werde uns heute gegeben: Meine Speise ist, den Willen Dessen zu tun, der mich gesandt hat, und Seinen Willen zu tun. Wirf dich ab[7], nimm dein Kreuz auf dich für jeden Tag und folge mir nach. Nehmt mein Joch auf euch und lernt von mir, als Sanftmütige und Demütige, und ihr werdet Ruhe finden für eure Seelen; denn mein Joch ist gut, und meine Last ist leicht.

Und vergib uns unsere Schuld, wie auch wir vergeben unseren Schuldnern: Und euer Vater wird euch eure Schuld nicht vergeben, wenn nicht ein jeder seinem Bruder alle seine Schuld vergibt.

Und führe mich nicht in Versuchung; ich füge hinzu: Hüte dich vor den Versuchungen der Lüsternheit, der Eitelkeit, [der Nicht-Liebe][8], des Vielessens, der Unzucht, des Ruhmes unter Menschen. Du sollst nicht Almosen geben vor den Menschen, [sondern so], dass die linke Hand nicht weiß, was die rechte tut. Und wer den Pflug aufnimmt und zurückschaut, der ist für das Reich Gottes nicht tauglich. Freut euch, wenn ihr gescholten und beschämt werdet.

Erlöse uns aber von dem Bösen, hüte dich vor dem Bösen, das aus dem Herzen kommt: böse Gedanken, Mord (alle Lieblosigkeit gegen Menschen), Diebstahl (Ausnutzen dessen, was man nicht verdient hat), Buhlen, Ehebrechen (auch wenn es geistig ist), falsches Zeugnis, Lästerung. Wir wissen, dass wir vom Tod zum Leben übergegangen sind, wenn wir unseren Bruder lieben. Wer seinen Bruder nicht liebt, hat das ewige Leben nicht in sich wohnen.

So bete ich jeden Tag und passe die Worte dieses Gebetes auf meine Tätigkeiten und meinen seelischen Zustand an. Manchmal mehr, manchmal weniger innig. Aber neben diesem Gebet bete ich auch, wenn ich für mich die Gedanken weiser und heiliger Menschen lese – nicht nur solche von Christen und nicht nur von den Alten –, und ich denke nach und suche das Böse, das in meinem Herzen ist, vor Gott und versuche, es auszumerzen. Ich versuche auch, im Leben zu beten, wenn ich mit Menschen zusammen bin

---

[7] [Tolstois Verständnis des Christentums betont als befreiende Botschaft: *Lass ab von dir*; häufigste Bibelübersetzung: *Verleugne dich selbst*.]
[8] [An dieser Stelle steht „*Abneigung*" in: Tolstoj als theologischer Denker und Kirchenkritiker. Göttingen 2015, S. 280.]

und von Leidenschaften ergriffen werde. Dann versuche ich mich daran zu erinnern, was in meiner Seele während meines einsamen Gebets vor sich ging – und je aufrichtiger das Gebet war, desto leichter halte ich das Böse fern.

Das ist alles, was ich Ihnen über das Gebet sagen wollte, damit Sie nicht denken, ich würde es ablehnen.

Ihr Bruder Leo Tolstoi.
18. Januar 1901

B.
Teilübersetzung
des Globus Verlag, Berlin | 1903

VERNUNFT – GLAUBE – GEBET[9]
[Briefe Dezember 1900 | Januar 1901]

I.

Sie fragen, worin mein christliches Bekenntnis besteht?

Sie haben die „Kurze Auslegung des Evangeliums" gelesen und wissen darum, wie ich die Lehre Christi verstehe.

Wenn Sie aber wissen wollen, worin ich den Hauptsinn der Lehre sehe, so besteht meiner Ansicht nach der Hauptsinn der Lehre Christi, wie ich ihn allen Menschen beibringen und zur Grundlage der Kindererziehung machen möchte, darin, daß der Mensch in die Welt nicht durch seinen Willen, sondern durch den Willen Desjenigen gekommen ist, Der ihn in die Welt geschickt hat. Damit aber der Mensch das wisse, was Derjenige von ihm will, Der ihn in die Welt geschickt hat, gab er ihm die Vernunft, durch die der Mensch, wenn er wirklich will, den Willen Gottes, d. h. dasjenige was von ihm Derjenige will, Der ihn in die Welt geschickt hat, wissen kann.

Die Pharisäer und Gelehrten unserer Zeit sagen immer, daß man der Vernunft keinen Glauben schenken darf, denn sie würde betrügen, daß man ihnen dagegen glauben muß, denn sie betrügen nicht. Sie sagen aber die Unwahrheit. Wenn wir den Menschen und, wie es im Evangelium heißt, den menschlichen Überlieferungen glauben, so werden wir uns, wie blinde Hunde, nach allen Enden zerstreuen und gegenseitig hassen, wie das auch jetzt der Fall ist, da der kirchliche Christ den Mohamedaner, der Mohamedaner den

---

[9] Textquelle | Graf Leo TOLSTOI: Vernunft – Glaube – Gebet, und Arbeiterfrage. Berlin: Globus Verlag 1903, S. 3-39: „Vernunft – Glaube und Gebet". [Jahresangabe hier nach Bibliothekskatalog]. – Mutmaßliche russische Textgrundlage dieser Übersetzung ist die gekürzte Ausgabe der drei Briefe an V. K. Zavolokin (ohne Angabe des Adressaten), die Vladimir Čertkov früh in England veröffentlicht hat (L. N. TOLSTOJ: O razume, vere i molitve. Tri pris'ma. Christchurch 1901).

Christen haßt, und die Christen selbst, je nach der Konfession, in gegenseitiger Feindschaft leben. Wenn wir uns aber an das halten werden, was uns die Vernunft sagt, so werden wir uns alle vereinigen, weil alle nur eine und dieselbe Vernunft haben und weil nur die Vernunft die Menschen vereinigt und die Äußerung der den Menschen eigenen Liebe zu einander nicht hindert.

Die Vernunft vereinigt nicht nur die Menschen der Gegenwart, sondern vereinigt uns auch mit den Menschen, welche vor uns gelebt haben und nach uns leben werden. So kommt uns zugute, was die Vernunft Jesaias', Christi, Buddhas', Sokrates', Confucius' und aller derjenigen Menschen, die vor uns lebten und der Vernunft glaubten und dienten, erzeugt hat. Handle den anderen gegenüber so, wie Du willst, daß man Dir gegenüber handle; nimm keine Rache an denjenigen, die Dir Böses thun, sondern vergelte Böses mit Gutem; sei enthaltsam und keusch; Du sollst nicht nur die Menschen nicht töten, sondern ihnen auch nicht zürnen; Du sollst mit allen Menschen in Frieden leben u. s. w.; – dies alles ist das Produkt der Vernunft, das von den Anhängern Buddhas', Confucius', Christi, von den griechischen und ägyptischen Weisen gepredigt wurde und auch jetzt von allen guten Menschen gelehrt wird, so daß alle darin übereinstimmen.

Der Hauptsinn der christlichen Lehre besteht darum, meiner Ansicht nach, in der Moral, welche im Evangelium in dem Gleichnis von den Weingärtnern zum Ausdruck kommt, die den ihnen zur Benutzung gegebenen Weingarten, wofür sie dem Herrn zahlen mußten, für ihren eigenen hielten, sowie in dem Gleichnis von den Talenten. Der Sinn besteht darin, daß die Menschen den Willen Desjenigen erfüllen müssen, Der sie in das Leben geschickt hat, daß dieser Wille aber darin besteht, daß die Menschen, wie es an einer anderen Stelle heißt, so vollkommen sein sollen, wie ihr himmlischer Vater, d. h. sich nach Möglichkeit dieser höchsten Vollkommenheit nähern sollen.

Daß nur darin der Wille Gottes besteht, beweist uns ebenfalls die Vernunft, und zwar so klar, daß darüber kein Streit und kein Zweifel bestehen kann. Jeder Mensch, der darüber nachgedacht hat, kann nicht umhin, zu sehen, daß der Mensch in allen Handlungen des Lebens auf Hindernisse stoßen kann und stößt, daß es aber bei einem Werke nur für den Menschen keine Hindernisse giebt, und zwar wenn er sich vervollkommnet, seine Seele vom Bösen reinigt und allen Lebenden Gutes anthut. Und auch der Tod, der jedes andere weltliche Werk zum Stillstand bringt, stört und seines Sinnes beraubt, bringt dieses Werk nicht zum Stillstand, hemmt und stört es nicht. Der Tod bringt dieses Werk darum nicht zum Stillstand, weil der Mensch, welcher den Willen Desjenigen erfüllt, Der ihn geschickt hat, weiß, daß das von ihm erfüllte Werk dem Herrn nötig ist, und es darum, so weit seine Kräfte reichen, ruhig erfüllt. Und weil der Mensch weiß, daß der Tod weder ihn selbst noch sein Verhältnis zum Herrn vernichtet, sondern daß er auch dort, wenn auch in einer ganz andern Form, vom Herrn abhängig sein und dieselbe Freude der immer größeren und größeren Anteilnahme am Leben und Werke des Herrn, das heißt Gottes, genießen wird.

So verstehe ich die Lehre Christi, so möchte ich sie von allen verstanden wissen und in diesem Sinne möchte ich die Jugend erzogen sehen. Daß sie nicht aufs Wort glauben, was man ihnen von Gott und vom Leben sagt, daß sie nicht darum daran glauben, woran sie glauben, weil es als der Spruch der Propheten oder Christi gilt, sondern weil es ihnen ihre Vernunft befiehlt. Die Vernunft ist älter und zuverlässiger als alle Schriften und Überlieferungen, sie war schon damals, als es noch keine Überlieferungen und Schriften gab, und ist jedem von uns direkt von Gott gegeben worden.

Die Worte des Evangeliums, daß „alle Sünden vergeben werden, aber nur nicht die Lästerung des heiligen Geistes" beziehen sich, meiner Ansicht nach, direkt auf die Behauptung, daß man der Vernunft nicht glauben darf. In der That, wem soll man denn glauben, wenn man der Vernunft nicht glauben soll, die uns von Gott gegeben ist? Sollen wir denn wirklich jenen Leuten glauben, welche uns zwingen wollen daran zu glauben, was mit der von Gott stammenden Vernunft im Widerspruch steht …

II.

… Sie fragen, was kann den schwachen, verdorbenen, entarteten Menschen, die wir doch alle sind, innerhalb der ihn von allen Seiten umgebenen Versuchungen, was kann solchen Menschen die Kraft geben, ein christliches Leben zu führen?

Anstatt zu antworten und bevor ich es thue, will ich sagen, was diese Frage bedeutet?

Wir sind an diese Frage so gewöhnt, daß sie uns vollständig natürlich und begreiflich erscheint, und doch ist sie nicht nur nicht natürlich und nicht begreiflich, sondern für jeden vernünftigen Menschen, der nicht im kirchlichen Aberglauben erzogen ist, wunderlich und seltsam.

Warum fragt der Schmied, der das Eisen schmiedet, oder der Landmann, der das Land baut, nicht, woher er die Kräfte zur Erfüllung seines Werkes nehmen wird, sondern arbeitet an seinem Werke nach Macht jener Kräfte, irrt sich und sucht seinen Irrtum zu verbessern, wird müde, hält inne, legt seine Arbeit für einen Augenblick zurück, ruht aus und macht sich wieder an dieselbe heran? Befindet sich denn nicht jeder Knecht Gottes, der ein christliches Leben leben, der den von ihm erkannten Willen Gottes erfüllen will, in derselben Lage? Ein solcher Mensch wird, wenn er aufrichtig ist, nach Maß seiner Kräfte ein christliches Leben leben, den Willen Gottes erfüllen, die Irrtümer gut machen, müde werden, inne halten und dasselbe Werk seines Lebens wiederum in Angriff nehmen: die Annäherung an jene Vollkommenheit des himmlischen Vaters, die ihm vorgezeigt ist.

Die Frage darüber, wo man die Kräfte für den christlichen Glauben hernehmen soll, beweist nur, daß jemand den Menschen eingeredet hat, daß es irgend welche besondere Mittel giebt, mittelst welcher die Menschen ohne die stetige Anstrengung des Kampfes, des Sinkens, der Buße, des Aufschwungs, abermaligen Sinkens und des abermaligen Aufschwungs, die für ein heiliges Leben nötigen Kräfte erlangen können. Der Aberglaube, daß sich der Mensch nicht durch die eigenen langsamen Anstrengungen der Vollkommenheit nähern, sondern mit einemmal reinigen und heilig machen kann, ist eine der schrecklichsten und schädlichsten Verirrungen, die von allen Kirchen eifrig gepredigt wird. Die einen versichern ihre Jünger, daß der Mensch vermittelst der Sakramente: der Taufe, der Beichte, des Abendmahls von den Sünden frei werden kann; die andern behaupten, daß der Glaube an die Erlösung, daß Christus der Herr uns durch sein Blut gereinigt hat, von den Sünden bereit; sowohl die einen wie auch die andern lehren, daß uns außerdem noch das Gebet zu Gott rein macht, das Gebet, daß Er uns unsere Sünden vergebe und uns gut mache, ohne daß wir selbst zu streben brauchten, besser zu werden.

Dieser Aberglaube ist darum sehr schädlich, weil er in sich einen Betrug enthält.

Der Betrug besteht erstens darin, daß der Mensch angeblich vollständig rein und heilig werden kann, während es doch für den lebendigen Menschen unmöglich ist. Der Mensch kann nicht vollkommen und unfehlbar sein, er kann sich nur der Vollkommenheit mehr oder weniger nähern, indem er in diese Annäherung den ganzen Sinn seines Lebens setzt. (Ich glaube sogar, daß das Leben auch nach dem Tod bestehen wird, aber nur noch in der Annäherung zur Vollkommenheit.) In dieser persönlichen Anstrengung zur Vollkommenheit besteht der ganze Sinn und die Freude des Lebens. Würden wir die Vollkommenheit durch äußere Mittel erreichen, so würden wir das eigentliche Wesen des Lebens verlieren.

Der Betrug besteht zweitens darin, daß die Kräfte des Menschen davon abgewandt werden, was er thun soll, – die Arbeit an sich selbst, – und darauf gerichtet werden, was er nicht thun soll. Verläßt man sich darauf, daß die Sakramente oder der Glaube an die Erlösung oder das Gebet zu unserer Vollkommenheit beitragen werden, so ist es als wenn der Schmied, der in seinen Händen ein Eisen und einen Hammer und vor sich den Amboß und den glühenden Ofen hätte, über ein Mittel nachsinnen wollte, wie er das Eisen ohne Hammerschläge schmieden könnte oder zu Gott flehen wollte, daß er ihm Kräfte zur Arbeit gebe.

Man könnte nur dann zu Gott flehen und Mittel zur Vervollkommnung aussinnen, wenn zum Werke der Vollkommenheit irgend welche Hindernisse im Wege wären und wir selbst keine Kräfte zu diesem Werke hätten. Im Werke der Vervollkommnung oder des christlichen Lebens oder der Erfüllung des Willen Gottes verlangt Gott nicht von uns, was wir nicht thun können, sondern Er ist umgekehrt darum besorgt, daß Er uns alle das gebe, was zur Erfüllung Seines Willens nötig ist. Wir sind hier in dieser Welt, wie in einem Gasthofe, wo der Wirt alles eingerichtet hat, was uns, den Reisenden, wirklich nötig ist, während er selbst fortgegangen ist und uns nur noch die Vorschrift hinterlassen hat, wie wir uns in diesem zeitlichen Asyls zu verhalten haben. Alles, was wir nötig haben, besitzen wir; welche Mittel brauchen wir denn noch und um was haben wir zu bitten? Wir müssen nur das erfüllen, was uns vorge-schrieben ist. Somit ist uns auch in unserer geistigen Welt alles nö-tige gegeben, daß es nur noch auf uns selbst ankommt. Wenn wir mit einemmal heilig werden, uns gerecht fühlen und zu gleicher Zeit noch reich sein wollen, wenn wir wollen, daß unsere Freunde und wir selbst niemals krank seien und nicht sterben, daß wir immer gute Ernten haben und unsere Feinde vernichtet werden sollen, so müssen wir allerdings darum zu Gott bitten, wie man doch auch in unseren Kirchen Gott um alles das anfleht. Allein Gott hat uns ja das alles nicht vorgeschrieben. Nicht nur, daß Er uns nicht vorgeschrie-ben hat, gerecht und unfehlbar zu sein, hat Er uns vielmehr ein Le-ben gegeben, dessen Sinn darin besteht, daß wir uns selbst von un-seren Sünden frei machen und Ihm nähern. Er hat uns nicht dazu vorausbestimmt, daß wir reich, immer gesund und unsterblich sein sollen, sondern hat uns Versuchungen gegeben, wie Armut, Krank-heiten, eigenen und fremden Tod, damit wir lernen, unser Leben nicht in Reichtum, Gesundheit und diesem zeitlichen Leben zu er-blicken, sondern in dem Dienste Gottes. Und Er gab uns Feinde, nicht damit wir ihnen Verderben wünschen, sondern damit wir ler-nen, sie [*die Feindschaft*, pb] durch Liebe zu vernichten. Er gab uns ein Gesetz, bei dessen Erfüllung es uns immer gut geht. Wir brauchen darum nicht irgend welche besondere Mittel der Erlösung auszusin-nen und haben Gott um nichts zu bitten. Alles, was wir brauchen, haben wir, wenn wir nur den Hinweisen unseres Gewissens und Gottes, wie sie im Evangelium zum Ausdruck gelangt sind, folgen.

Drittens besteht der Betrug darin und ist dadurch besonders schädlich, daß die Menschen, welche zu glauben anfangen, daß sie durch ihre eigenen Kräfte den Willen Gottes nicht erfüllen und nicht gut leben können, aufhören, an sich selbst zu arbeiten und sogar die Möglichkeit der Vervollkommnung verlieren. Sobald der Mensch die Überzeugung gewinnt, daß er das nicht thun kann, was er thun soll, läßt er die Hände fallen und ist wirklich nicht mehr imstande, das nötige zu thun. Sobald ein Mensch sich einbildet; daß er krank ist, wird er wirklich krank. Die Trinker können deswegen nicht bes-ser werden, weil sie überzeugt sind, daß sie sich des Trinkens nicht enthalten können. Es giebt keine noch so unsittliche und verderbli-che Lehre, wie die, daß sich der Mensch durch seine eigenen Kräfte nicht vervollkommnen kann.

Die Betrachtung, daß die eigenen Kräfte für ein gutes christliches Leben nicht ausreichen, sondern eine äußere Kraft dazu nötig ist, ist derjenigen gleich, wonach (worüber ich Ihnen in dem ersten Brief geschrieben habe) die Vernunft zur Erkenntnis der Wahrheit nicht ausreichend ist, sondern andere unzweifelhafte Beweise. Dort wird vorausgesetzt, daß es etwas giebt, was dem Menschen die Kraft giebt, ein christliches Leben zu führen und den Willen Gottes zu erfüllen; hier aber wird vorausgesetzt, daß es etwas giebt, wonach der Mensch sicher erkennen kann, daß das, was ihm gesagt wird, eine zweifellose Wahrheit ist. Es wird vorausgesetzt, daß es irgend ein Mittel giebt, die Wahrheit ohne die persönliche Anstrengung der Vernunft zu erkennen, und zwar die ganze vollständige Wahrheit. Das ist aber ebenso unmöglich, wie das Licht ohne Augen zu sehen. Wahrheit ist das, was durch Anstrengungen und durch nichts anderes als Anstrengungen erkannt werden kann. Und die Wahrheit, welche durch die menschliche Vernunft erkannt wird, kann niemals vollkommen sein, sondern kommt der vollkommenen Wahrheit mehr oder weniger nahe. Die Wahrheit kann somit die höchste, im gegenwärtigen Augenblick dem Menschen zugängliche Wahrheit sein, sie kann aber niemals eine für alle Zeiten vollständige Wahrheit sein, weil das Leben der ganzen Menschheit, wie auch jedes einzelnen Menschen, nur noch in der Erreichung der immer Vollkommeneren Wahrheit besteht.

Die verkehrte und unsinnige Auffassung, daß sich die menschliche Vernunft durch ihre eigenen Anstrengungen der Wahrheit nicht nähern kann, stammt von demselben Aberglauben, wie jene, wonach der Mensch ohne die äußere Hilfe sich der Erfüllung des Willen Gottes nicht nähern kann. Das Wesen dieses Aberglaubens besteht darin, daß die ganze vollständige Wahrheit angeblich von Gott selbst offenbart worden ist: Für die Juden auf dem Berge Sinai und später durch die Propheten, für die Christen durch Christus, die Apostel, Konzilien, Kirchen, für die Brahmanen in den Veden, für die Buddhisten im Tripitak, für die Mohamedaner im Koran. Es ist dies ein schrecklicher Aberglaube. Erstens weil er den Begriff der Wahrheit selbst verdreht, zweitens weil er, nachdem er einmal alle Sinnlosigkeiten und Niederträchtigkeiten die in den Schriften als die Offenbarung Gottes gelten, anerkannt hat, den gesunden Sinn noch mehr verdrehen muß, um alle diese Niederträchtigkeiten und

Dummheiten zu verteidigen; und drittens weil der Mensch, nachdem er die unfehlbare äußere Offenbarung als die Quelle der Wahrheit erkannt hat, aufhört, an das einzige Mittel zur Erkenntnis der Wahrheit, an die Anstrengungen seiner eigenen Vernunft, zu glauben. Der Mensch, der so handelt, thut dasselbe, wie der Mensch, der, anstatt den Weg zu suchen, die Augen schließen und sich der Leitung des ersten besten Menschen, der ihn führen möchte, anvertrauen würde.

Man sagt: Wie sollen wir der Vernunft glauben, da wir doch sehen, daß die Menschen die von der Vernunft geleitet werden, sich irren? Die Menschen, die sich von der Vernunft leiten lassen, die Protestanten, zerfallen ja auch in eine unendliche Anzahl von Konfessionen, ja, sogar ein und derselbe Mensch, wiewohl er sich der Vernunft anvertraut, geht ja von einer Lehre zur anderen über. Folglich sagt man, kann sich die Vernunft irren und man kann sich ihr nicht anvertrauen.

Warum aber? So lange der Mensch an irgend etwas glaubte und die Vernunft ihm keine größere Wahrheit zeigte, erkannte er die für ihn höchste Wahrheit und hatte auch Recht; später erkannte er eine noch höhere Wahrheit und hatte auch Recht, indem er sie anerkannte; ebenso hatte er Recht, als er ferner eine noch höhere und reinere Wahrheit erkannte. Dasjenige, was sich der Mensch im gegenwärtigen Augenblick als das höchste, klarste und wahrste vorstellt, ist eben auch für ihn die Wahrheit.

Es wäre vielleicht sehr gut und wünschenswert, daß alle Menschen mit einemmal eine und dieselbe vollkommene Wahrheit erkennen sollten (wiewohl in solchem Falle das Leben überhaupt aufhören würde), aber auch angenommen, daß es wünschenswert wäre, so geschieht ja nicht alles so, wie wir es wünschen. Die unvernünftigen Menschen wünschen vielleicht, daß die Menschen nicht krank sein sollen oder daß sie im Besitze eines Mittels wären, das von allen Krankheiten heilen könnte, oder daß alle Menschen eine Sprache sprechen sollten; das wird doch aber nicht dadurch geschehen, daß wir uns einbilden werden, alle Menschen durch unsere Arznei heilen zu können, oder daß alle Menschen russisch sprechen und verstehen. Wenn wir uns das einbilden werden, werden wir nur unsere Lage selbst verschlimmern, ebenso wie wir sie nur verschlimmern, wenn wir uns einbilden, daß die ganze vollständige und einzige Wahrheit uns in der Schrift, der Überlieferung oder der Kirche offenbart worden ist. Das konnte man sich noch am Anfang des Christentums einbilden, wo der einige Glaube möglich erschien. In unserem Zeitalter, wo wir neben uns Menschen der verschiedensten Konfessionen sehen, die sich alle einbilden, daß sie, nicht aber wir, im Besitze der vollständigen und ewigen Wahrheit sind, ist es äußerst dumm, wenn wir uns einbilden, daß gerade wir, die wir in unserem Glauben geboren sind, im Besitze der vollständigen Wahrheit sind, wie es sich die Buddhisten, Mohamedaner, Katholiken und andere einbilden Diese falsche Einbildung ist noch besonders schädlich darum, weil sie mehr als alles andere die Menschen trennt. Die Menschen sollten sich immer mehr und mehr vereinigen, wie es Christus lehrt, und wie es uns unsere Vernunft und Herz sagen, während solche Lehren von den Offenbarungen die Menschen am allermeisten trennen.

Außerdem muß man noch begreifen, daß wenn der Mensch an die Offenbarung glaubt, er auch dann nur darum an dieselbe glaubt, weil die Vernunft es ihm befiehlt. Ob wir wollen oder nicht, so kann doch unabhängig von der Vernunft keine Wahrheit in die menschliche Seele eindringen. Die Vernunft gleicht einem Sieb, das an eine Wurfschaufel herangemacht ist, so daß das Korn nur noch durch dieses Sieb durchgehen kann. Es kann vorkommen, daß auch Kehricht durch das Sieb geht. Es giebt aber kein anderes Mittel, das Korn zu erhalten. Bilden wir uns aber ein, daß wir das reine Korn, ohne es durchzusieben, erhalten können, so werden wir uns selbst betrügen und uns mit Kehricht anstatt Brot ernähren, wie dies auch mit den Anhängern der Kirche der Fall ist.

Wir dürfen uns also darum nicht einbilden, daß alles so geschieht, wie wir es möchten, sondern man muß begreifen, daß alles so geschieht, wie es von Gott festgesetzt worden ist. Von Gott aber ist das menschliche Leben so eingerichtet, daß die Menschen die ganze Wahrheit nicht erkennen können, sondern sich derselben fortwährend nähern und, indem sie die einzige Wahrheit immer klarer und klarer erkennen, auch einander immer näher kommen.

Sie fragen noch um meine Meinung über die Persönlichkeit Christi, ob ich ihn für Gott halte, über seine Geburt, über das zukünftige Leben, darüber, wen ich unter den Pharisäern und Schriftgelehrten verstehe, sowie über das Abendmahl.

Christus halte ich für einen ebensolchen Menschen, wie wir alle; ihn für Gott halten, ist, meiner Ansicht nach, die größte Gotteslästerung, sowie der offenbare Beweis des Heidentums. Wer Christus für Gott hält, der sagt sich von Gott los.

Christus halte ich für einen Menschen, seine Lehre aber halte ich insofern für göttlich, als sie die göttlichen Wahrheiten zum Ausdruck bringt. Eine höhere Lehre kenne ich nicht. Sie gab mir das Leben und ich strebe nach Kräften ihr zu folgen.

Von der Geburt Christi weiß ich nichts und brauche auch nichts darüber zu wissen.

Vom zukünftigen Leben wissen wir, daß es vorhanden ist, daß das Leben mit dem Tode nicht aufhört; wie aber jenes Leben sein wird, können wir nicht wissen, denn wir brauchen es auch nicht zu wissen.

Unter den Pharisäern verstehe ich vornehmlich die Geistlichkeit, unter den Schriftgelehrten die Gelehrten, welche nicht an Gott glauben.

Was das Essen des Leibes und das Trinken des Blutes anbetrifft, se denke ich, daß diese Stelle im Evangelium die unwesentlichste ist und entweder die Aneignung der Lehre oder die Erinnerung bedeutet, in keinem Falle aber irgend eine Wichtigkeit hat oder gar dasjenige bedeutet, was die abergläubigen Kirchenanhänger darunter verstehen. So weit ich es vermochte, setzte ich meine Auffassung dieser Stelle in der kurzen Auslegung des Evangeliums auseinander.

III.

In meinem letzten Briefe schrieb ich von der Nutzlosigkeit des Gebets, sowohl für die Verwirklichung unserer Wünsche in Bezug auf die Ereignisse der Außenwelt, wie für unsere innere Welt, für unsere Selbstvervollkommnung. Ich fürchte, daß Sie mich wegen meiner eigenen Verschulden nicht so verstehen werden, wie ich möchte und will darum hier noch etwas über das Gebet hinzufügen:

Um die äußeren Ereignisse, daß es regne oder der von mir geliebte Mensch am Leben bleibe, oder daß man gesund sei und nicht sterbe, kann man darum nicht beten, weil diese Ereignisse sich nach den von Gott einmal für allemal geschaffenen Gesetzen vollziehen, so daß wenn wir so handeln, wie wir sollen, sie immer segensreich für uns sind. Es ist dies dasselbe, wie wenn ein guter Mensch mir ein Haus mit festen Wänden und einem Dach, das mich schützen soll, bauen würde, während ich die Lage der Wände erweitern oder verändern wollte und darum bitten würde.

Um unsere innere Vervollkommnung können wir darum nicht beten, weil uns alles das gegeben ist, was für unsere Vollkommenheit nötig ist, so daß nichts dazu hinzuzufügen ist.

Die Thatsache aber, daß das Gebet keinen Sinn hat, bedeutet nicht, daß man nicht beten kann und darf. Im Gegenteil, ich glaube, daß es überhaupt unmöglich ist ohne Gebet gut zu leben, und daß das Gebet die notwendige Bedingung des guten, ruhigen und glücklichen Lebens ist. Im Evangelium ist darauf hingewiesen, wie man beten und worin das Gebet bestehen soll.

In jedem Menschen ist der göttliche Funke, der göttliche Geist vorhanden, jeder Mensch ist der Sohn Gottes. Das Gebet besteht darin, daß der Mensch sich von allem weltlichen, von allem, was seine Empfindungen zerstreuen kann, lossagt und den göttlichen Urquell in sich hervorruft. (Die Mohamedaner thun sehr gut, wenn sie bei dem Betreten der Moscheen die Augen und Ohren schließen.) Das beste Mittel dazu ist das, welches Christus selbst lehrt: daß man sich in einer Zelle einschließt, das heißt in vollständiger Einsamkeit betet. Das Gebet besteht darin, daß man sich von allem weltlichen Äußern lossagt, in sich den göttlichen Teil der Seele wachruft, daß man sich vermittelst derselben mit Demjenigen, Dessen Teilchen sie ist, vereinigt, daß man sich als den Knecht Gottes erkennt und seine Seele, seine Handlungen nicht an den Forderungen der äußern Bedingungen der Welt, sondern an diesem göttlichen Teil der Seele prüft.

Und ein solches Gebet ist keine müßige Rührung und Aufregung, wie sie die öffentlichen Gebete mit ihrem Gesang, ihren Bildern, ihrer Beleuchtung und Predigten hervorrufen, sondern fördert das Leben immer, verändert es und giebt ihm eine Richtung. Ein solches Gebet ist eine Beichte, eine Prüfung der früheren Handlungen und ein Hinweis auf die zukünftigen. Angenommen, jemand hat mich beleidigt, oder ich empfinde Feindschaft gegen einen Menschen und wünsche ihm Böses, oder ich will ihm das Gute nicht anthun, was ich ihm thun kann, oder ich habe mein Eigentum oder einen geliebten Menschen verloren, oder lebe nicht im Einklang mit meinem Glauben. Wenn ich nicht richtig bete, sondern zerstreut, werde ich nicht von jenem qualvollen Gefühl der Feindschaft zu meinem Beleidiger frei; ebenso wird mir der Verlust meines Eigentums oder des geliebten Menschen das Leben vergiften; ebenso werde ich immer unruhig sein, wenn ich so handeln werde, wie mein Gewissen es mir befiehlt. Wenn ich mich aber selbst prüfen werde, so wird sich alles verändern. Ich werde mich beschuldigen, nicht aber meine Feinde. Und ich werde Gelegenheit suchen, dem Feinde Gutes zu thun; meine Verluste werde ich als eine Versuchung ansehen und bestrebt sein, sie in Demut zu ertragen und meinen Trost darin zu finden; in meinen Handlungen werde ich nicht, wie früher, den Widerspruch zwischen meinem Leben und meinem Glauben zu verdecken suchen, sondern in Buße bestrebt sein, beide zu einer Einheit zu bringen und ich werde darin Beruhigung und Freude finden.

Sie werden aber fragen: Worin muß das Gebet bestehen?

Christus gab uns das Muster des Gebets im Vaterunser. Dieses Gebet bleibt denn auch bis jetzt das beste und vollständigste von allen, die ich kenne. Es erinnert uns an das Wesen unseres Lebens, das darin besteht, daß wir im Willen des Vaters seien und ihn erfüllen – sowie an unsere gewöhnlichsten Sünden, die Verurteilung unserer Brüder und die Versuchungen, – diese Hauptgefahr unseres Lebens.

Aber außer diesem Gebet besteht noch das wahre, einsame Gebet aus alledem, was durch die Worte der vielen weisen und heiligen Männer oder durch unsere eigenen Worte, unsere Seele zur Erkenntnis ihres göttlichen Urquells, zum lebendigeren und klareren Ausdruck der Anforderungen unseres Gewissens, d. h. unserer göttlichen Natur, verhilft.

Das Gebet ist die Prüfung unserer gewesenen und künftigen Handlungen nach den höchsten Anforderungen der Seele.

Das einsame und die Göttlichkeit der Seele wiederherstellende Gebet halte ich geradezu für eine notwendige Bedingung des geistigen, d. h. des wahren Lebens. Ich verneine nur das betende [*bittende*, pb] und öffentliche Gebet, das gotteslüsternde Gebet mit Gesang und Heiligenbildern und sogar Schauspielen.

Ich wundere mich oft, wie doch dieses öffentliche und bittende

Gebet unter Menschen, die sich Christen nennen, existieren kann, wo doch Christus direkt und positiv sagte, daß man nur einsam beten darf und um nichts bitten darf, denn „Euer Vater weiß, was Euch not thut, bevor Ihr den Mund aufmachet."

Von mir kann ich sagen, daß ich schon seit lange[m] die Gewohnheit habe, jeden Morgen einsam zu beten, ohne allerdings, daß ich es für allgemein gut und für notwendig betrachte. Und dieses mein tägliches Gebet ist folgendes:

Unser Vater in dem Himmel, Dein Name werde geheiligt. Und alsdann füge ich aus dem Evangelium Johannis hinzu: Dein Name ist Liebe, Gott ist Liebe. Wer in der Liebe ist, ist in Gott, und Gott ist in ihm. Gott sieht niemand, wenn wir uns aber gegenseitig lieben, so ist Er in uns, und Seine Liebe hat sich in uns vollzogen. Wenn jemand sagt: „ich liebe Gott", und haßt dabei seinen Nächsten, so ist er ein Lügner, denn wie kann er Gott lieben, Den er doch nicht sieht, während er seinen Bruder nicht liebt, den er sieht. Brüder, wollen wir uns gegenseitig lieben. Die Liebe ist von Gott; und jeder der liebt, ist von Gott und kennt Gott, denn Gott ist die Liebe.

Dein Reich komme. Und ich füge hinzu: Suchet das Gottesreich und Seine Wahrheit, und alles Übrige wird von selbst kommen. Das Gottesreich ist in Euch.

Dein Wille geschehe wie im Himmel so auch auf Erden. Und dabei frage ich mich: Glaube ich denn wirklich daran, daß ich in Gott bin und Gott in mir. Und glaube ich daran, daß mein Leben darin besteht, daß ich die Liebe steigere? Ich frage mich: Bin ich dessen eingedenk, daß ich heute lebe und morgen sterbe? Ist es wahr, daß ich nicht für mein persönliches Begehren und für den menschlichen Ruhm leben will, sondern für die Erfüllung des göttlichen Willens? und ich füge die Worte Christi aus den Worten der drei Evangelien hinzu: Möge nicht mein Wille, sondern Dein Wille sein, und nicht was ich will, sondern was Du willst, und nicht so wie ich will, sondern wie Du willst.

Unser täglich Brot gieb uns heute. Ich füge hinzu: Meine Nahrung besteht darin, daß ich den Willen Desjenigen erfülle, Der mich geschickt hat, und daß ich den Willen Gottes thue. Sage Dich von Dir selbst los, nimm jeden Tag das Kreuz auf Dich und folge mir. Nehmet mein Joch auf [euch] und lernet von mir, wie sanft und demütig im Herzen ich bin, und Ihr werdet in Euren Herzen Ruhe finden, denn mein Joch ist das Heil und meine Bürde ist sanft.

Und vergieb uns unsere Schuld wie wir unseren Schuldigern vergeben. Ich füge hinzu: Und der Vater wird Euch Eure Sünden nicht vergeben, wenn Ihr Euch nicht gegenseitig vergeben werdet.

Und führe uns nicht in Versuchung. Ich füge hinzu: Bleibe fern den Versuchungen – dem Begehren, der Eitelkeit, der Unliebe, der Völlerei, der Unzucht, dem Menschenruhm. Thue nicht Gutes vor den Menschen, sondern so, daß Deine rechte Hand nicht wisse, was Deine linke thut. Verloren für das Gottesreich ist Derjenige, der auf seinem Wege rückwärts blickt.

Sondern erlöse uns von dem Übel. Ich füge hinzu: Hüte Dich vor dem Übel, das aus dem Herzen stammt: vor den schlechten Gedanken, Mord (jegliche Feindschaft zum Nächsten), Diebstahl (Benutzung des Unverdienten), Buhlerei (sogar in Gedanken), vor falschem Eid, Lästerung.

Ich schließe mein Gebet mit den Worten des Evangeliums Johannis: Und wir wissen, daß wir vom Tod zum Leben gekommen sind, wenn wir unseren Bruder lieben. Wer seinen Bruder nicht liebt, hat kein ewiges Leben.

So bete ich jeden Tag, indem ich die Worte dieses Gebets an meine Handlungen und meinen geistigen Zustand anpasse. Manchmal mehr, manchmal weniger aufrichtig.

Außer diesem Gebet bete ich noch, wenn ich allein bin, indem ich die Gedanken der weisen und heiligen Menschen, und zwar nicht allein der Christen und der Alten lese, und das Böse aus meinem Herzen auszureißen suche.

Auch im Leben suche ich zu beten, wenn ich unter Menschen bin und von Leidenschaften ergriffen werde. Hier suche ich mich daran zu erinnern, was in meiner Seele während des einsamen Gebets vorgegangen ist, und je aufrichtiger das Gebet war, desto leichter enthalte ich mich vom Bösen.

Das ist alles, was ich Ihnen vom Gebet sagen wollte, daß Sie nicht denken, daß ich es verneine.

Ihr Bruder Leo Tolstoi.
Moskau, 8. Januar 1901.

Leo N. Tolstoi (1828-1910)

Moskauer Atelier-Photographie | Scherer & Nabholz
(ein erhaltener Abzug ist signiert am 2. Mai 1901)
commons.wikimedia.org

V.
Kleinere Texte Tolstois
über Religion, Kirche und Glauben
1865-1909

1.

ÜBER DIE RELIGION
(Fragment: O religii, 1865)[1]

(Übersetzungsprogramm,
unter Abgleichung redigiert)

Es wäre interessant, ein Buch zu haben, das alle Beweise für die Existenz eines lebendigen, freien Gottes sammelt, die seit dem Bestehen der Menschheit erbracht wurden. Es wäre ein Buch der Gottlosigkeit. Die Vielfalt der Gedankentechniken, um die Existenz Gottes zu beweisen, ist immens. [Die Vielfalt der Denkmethoden zum Beweis der Existenz Gottes ist immens.] Eines der letzten Beweismittel scheint mir das stärkste zu sein, denn es geht von der menschlichen Natur aus; das ist seine Stärke, aber auch seine Schwäche.[2]

Es heißt, dass sich die Menschheit im Laufe der Jahrhunderte und der Geschichte immer wieder diese Fragen gestellt hat: Was bin ich? Warum lebe ich? Was wird nach dem Tod geschehen? Bin ich entstanden und lebe ich durch einen unabhängigen Akt, oder gibt es jemand, der mich geschaffen hat und lenkt? Regiert der Zufall die

---

[1] Textquelle I Über die Religion (O religii, 1865). In: Sowjetische Gesamtausgabe Band 7, S. 125-127; mit Hilfe des Programms https://www.deepL.com/translator ins Deutsche übertragen und unter vergleichender Heranziehung einer Übersetzung von Olga Radetzkaja (2014; siehe Anhang) vom Herausgeber dieses Bandes redigiert.
[2] [Bezugstext: Kants ‚Kritik der praktischen Vernunft'.]

Ereignisse, oder gibt es eine höhere Macht und einen Gedanken im Hintergrund, und gibt es eine Beziehung zwischen mir und dieser höheren Macht, und kann ich zu ihr beten? Es gibt ähnliche Fragen, und alle diese Fragen werden als natürliche Aufgaben bezeichnet. Die Menschheit hat immer versucht, diese Fragen zu lösen. – Folglich ist die Existenz dieser Fragen und der Versuch, sie zu lösen, ein immerwährendes Merkmal der menschlichen Natur. –

Wissenschaft und Glaube können nur Antworten geben. Aber die Wissenschaft ist machtlos, der Glaube – die Religion allein gibt Antworten. – Daran gibt es keinen Zweifel. Aber was soll ein Mensch tun, der sich die Fragen stellt: Warum lebe ich, gibt es einen Gott? usw., und sich nicht mit der Antwort zufrieden geben kann, dass es einen lebendigen Gott gibt und dass er für ein zukünftiges Leben lebt? Er ist mit diesen Antworten nicht zufrieden, nicht weil er stur ist, sondern aus tausend Gründen, Argumenten, die es ihm trotz seines brennenden Wunsches nach einer Antwort nicht erlauben, Antworten über die Religion zu akzeptieren – dies vielleicht wegen der falschen, wie man sagt, Anlage seines Verstandes. Aber was soll er tun? Was soll ein Mensch tun, der den brennenden Wunsch hat zu beten, und der plötzlich zu der bitteren Erkenntnis kommt, dass *es niemanden gibt, zu dem er beten kann*, dass es da nichts gibt? Und es gibt ebenso viele solche Menschen, und diese Menschen sind genauso Menschen wie diejenigen, die Trost im zukünftigen Leben und im Gebet finden. Die obigen Überlegungen werden sie nicht überzeugen. Im Gegenteil, da sie sich bewusst sind, dass sie Menschen sind und dass die menschliche Natur in ihnen sie nicht zur Religion geführt hat, obwohl sie es hätte tun sollen, werden sie an der Begründung selbst zweifeln. Sie stellen sie nicht nur in Frage, sondern leugnen sie geradezu, trotz ihrer Logik. Zum Beispiel. Ein kranker Mensch würde eine Argumentation, die ihn zum Essen zwingt, obwohl er nicht hungrig ist und nicht essen kann, als falsch erkennen.

Es ist ein Denkfehler, zu sagen: Die ganze Menschheit stellt sich immer diese natürlichen Aufgaben und versucht, sie zu lösen. Das ist falsch, wie es immer falsch ist, von der ganzen Menschheit in Raum und Zeit zu sprechen. Die Menschheit und ihr Leben in den Zeitaltern, das ist kein Begriff, sondern [nur] ein Wort, das auf die unermessliche Verkettung von Ereignissen und Gedanken hinweisen soll, und es ist völlig unverständlich. (Daher sind alle Schluss-folgerungen der Historiker, die über den Verlauf ‚der Menschheit' sprechen, bloße Worte und ein vages Gedankenspiel ohne Bedeu-tung.) Sobald wir also den Begriff der Menschheit in unsere Denk-formeln einführen, ziehen wir willkürliche und falsche Schlüsse, genau wie in der Mathematik, wenn wir einen unendlich kleinen oder großen Begriff einführen.

Die Menschheit stellt sich keine Probleme und versucht auch nicht, sie zu lösen. Die Menschen stellen sich, soweit ich weiß, zu bestimmten Zeiten im Leben, aber nicht immer, Aufgaben und suchen nach Antworten, und vor allem habe ich mir selbst Aufgaben gestellt und versucht, sie zu beantworten. Das ist es, was Sie anstelle von „Menschheit" hätten sagen sollen, und das ist der Grund, wa-rum die Diskussion [der Gottesbeweise] für diejenigen, die nicht gläubig sind, in eine Sackgasse geraten ist. Nach diesen Ausfüh-rungen möchte ich nur feststellen, dass diese Neigung für den Men-schen charakteristisch ist, dass viele Menschen mit den Antworten der Religion zufrieden sind; viele andere begnügen sich mit den unbeantworteten Fragen. Mit den Antworten der Religion sind sie nicht zufrieden, also bleiben sie ohne Antwort, was für sie aber kein Unglück bedeutet, weil diese Fragen ihnen nicht ständig, sondern nur bisweilen gestellt werden und weil diese Fragen durch Leiden-schaft, Faszination, Arbeit und die Gewohnheit, sie wegzuschieben, beruhigt werden. Es gibt viele Menschen, die sterben, ohne über sie nachzudenken. Außerdem schließe ich aus meiner Beobachtung, dass das Schicksal von beiden [Menschentypen] gleich ist. Für Menschen, die an den Glauben selbst glauben, gibt es ein geheimes Gefühl von [Zweifel]. Für Menschen, die nicht gläubig sind, gibt es anstelle von beruhigenden Antworten die stolze Erkenntnis, dass man sich nichts vormacht.

Ich werde auch ableiten, dass Religion an sich nicht die Wahrheit ist, da es viele Religionen gibt, gab und geben wird, und dass sie [die Religion] nur ein Produkt des menschlichen Geistes ist, das aus einer bestimmten Neigung resultiert (wie die Weissagung, Lieder, etc.). Die Menschen sagen: Die Religion hat alles erklärt; wenn man die Existenz Gottes akzeptiert, weiß man alles: Wie ist die Welt entstan-den ist, wie der Mensch, warum es verschiedene Sprachen gibt, warum es einen Regenbogen gibt, was nach dem Grab geschehen wird usw. Das ist die Wahrheit. Alles ist klar, außer der Religion selbst, die umso dunkler ist, je klarer alles andere ist. Es gibt viele Religionen, und sie fordern Glauben und Nachsicht ein für ihre irrationale Grundlage, während alles andere als klar dargestellt wird. (Ich kenne einen verrückten Priester, der behauptet, er sei der Gott Deir, seine Mutter Gargara habe die Welt in zwei Hemisphären geteilt, über die eine herrsche er, über die andere Kartograj, usw. Er hat eine komplexe, konfuse Mythologie, die die Anfänge aller Dinge erklärt, und er wird wütend, wenn man ihn über die Anfänge befragt, aber in den einfachen Dingen des Lebens zeigt er einem mit einem Lächeln, wie alle Phänomene des Lebens seine Anfänge bestätigen und wie klar sie sind.) – Für Menschen, die sich mit den religiösen Antworten nicht zufrieden geben, sind alle Phänomene des Lebens gleichermaßen unklar, aber in keinem von ihnen ist mehr Unklarheit als in einem anderen. Warum wächst eine Pflanze? Welche Kraft hält die Atome in Schach? Was geschieht nach dem Tod? Das alles ist ebenso unklar wie die Entstehung des ersten Menschen.

Der Kreis des menschlichen Wissens ist eine lose aufgefädelte Halskette. Die Perlen sind unser Wissen, das wir mit Freude und Stolz betrachten, – der schwarze Faden ist das Chaos des Denkens – die Ungewissheit, die wir fürchten. Die Religion mit ihrer ursprünglichen Vorrichtung schüttelt die Kette, und alle Perlen werden aneinandergereiht; sie lässt einen größeren Teil des schwarzen Fadens an einer Stelle zurück, die wir nicht ansehen dürfen; aber dafür gibt es zwischen den verschobenen Perlen Schönheit, Symmetrie und keinen Platz für Zweifel. Die Ungläubigen schieben die Perlen mehr oder weniger geschickt in gleichen Abständen auseinander, um den Faden zu verdecken, aber er ist zwischen jeweils zwei Perlen sichtbar. Schließen Sie die Lücke vor Ihren Augen, desto mehr wird sie sich auf der anderen Seite des Kreises zeigen.

2.
ÜBER DIE BEDEUTUNG
DER CHRISTLICHEN RELIGION
(O značenii christianskoj religii,
Fragment 1875/1876)

Wiedergabe des Inhalts
(Übersetzungsprogramm –
ohne Überprüfung)[3]

[3] In Anbetracht der Bedeutung der christlichen Religion nur in der Gesellschaft, die ich kenne, d. h. in europäischen und überwiegend in der russischen, bin ich zu dem Schluss gekommen (alle denkenden Menschen sind wahrscheinlich zu dem gleichen Schluss gekommen), dass wir schon lange keine Christen mehr sind. Es lohnt sich, einen nüchternen Blick auf die Bedeutung der Religion in unserer und der europäischen Gesellschaft zu werfen, um ohne Zögern zu einer negativen Antwort zu kommen. Die Bedeutung der Religion in unserer Zeit scheint unwillkürlich der des zerfallenen oder korrodierten Bandes zu ähneln, das einst die Hauptkraft für den Zusammenhalt von Gesellschaften war. Viele der Gegenstände, die einst durch die Religion zusammengehalten wurden, sind noch vorhanden, und die Spuren dieses Bandes sind noch sichtbar, aber das Band hat sich aufgelöst. Und mit jeder Bewegung sieht man, dass das, was einst vereint war, durch nichts mehr zusammengehalten wird und sich ungehindert auflöst.

Werfen wir einen Blick auf das Staatsrecht, auf die Macht. Der Inhaber der Macht war der von Gott Gesalbte, und das war sein wichtigster und einziger Machttitel. In unserer Zeit kann niemand mehr daran glauben, und Napoleon III. strebt nicht die Salbung,

---

[3] Textquelle I O značenii christianskoj religii (Über die Bedeutung der christlichen Religion, 1875/76 I Fragment). In: Sowjetische Gesamtausgabe Band 17, S. 353-356. Übertragung mit Hilfe des Programms https://www.deepL.com/translator; der Text wurde nicht durch eine Person mit entsprechender Sprachkompetenz oder vergleichende Heranziehung einer zuverlässigen Übersetzung überprüft – es handelt sich somit nur um eine *behelfsweise* Vermittlung des Inhalts.

sondern das allgemeine Wahlrecht an, um seine Macht zu festigen. Offensichtlich hat die religiöse Bindung nicht mehr die Kraft, die sie für seinen Onkel hatte, und ein praktischer Mann, ohne Weisheit, aber direkt in der Verfolgung seines Ziels, wählt eine andere Bindung, die nichts mit der Religion gemein hat. –

Auch der Treueeid wird nur in Russland verwendet, und jeder empfindet ihn als eine leere Formalität, die zu nichts verpflichtet. Er ist eine leere Formalität, die zu nichts verpflichtet und niemanden einschränkt. Die Eide in den Gerichten, die immer noch in Gebrauch sind, beweisen durch ihr unaufhörliches und offensichtlich bewusstes [Be]Schwören nur noch deutlicher, dass das religiöse Band, das früher durch den Eid hergestellt wurde, heute keine Kraft mehr hat. Die so gepriesene religiöse Toleranz gegenüber den Juden ist in Wirklichkeit nur der offensichtlichste Beweis für die Abwesenheit von Religion in Gesellschaft und Staat. Ein religiöser Staat, der Blasphemie und Verunglimpfung des Glaubens unter Strafe stellt, kann ein jüdisches Bekenntnis nicht akzeptieren, das im Kern eine Verleugnung des christlichen Glaubens ist und den Sohn Gottes als Betrüger betrachtet.

Der Kampf zwischen den Anhängern der Religion und ihren Gegnern ist immer noch ein Beweis für die Abwesenheit der Religion in der Gesellschaft; denn es liegt in der Natur der Sache, dass die Religion und ihre Diener sich nicht herablassen können, gegen die bürgerliche Macht zu kämpfen.

In der Familie zeigt sich die Abwesenheit der Religion am deutlichsten im wichtigsten familiären Akt, der Ehe, deren Band [ehedem] nur religiös war. Um von der Tatsache zu schweigen, dass in unserer Zeit die Mehrheit der Menschen der Bildungsschicht, von der ich spreche, nicht außerhalb eines religiösen Ritus Unzucht treiben, da sie die von der Religion auferlegte Bindung nicht als bindend, sondern nur als überflüssig empfinden, hat die Mehrheit der europäischen Christen mit Blick auf praktische Ziele – um die in Trümmern liegende religiöse Bindung zu ersetzen – beschlossen, dass zivile Ehen notwendig sind. Und die Religion selbst, die sich den Forderungen der Massen beugte, begann, die Scheidung zuzulassen, das heißt, sie [begann], die Reste ihres Bandes zu zerstören, es schneller zu lösen, und zwar [solchermaßen], dass es nicht zerbrochen wurde. –

Vor allem aber bemerken wir die Abwesenheit der Religion dort, wo sie früher alles beherrschte und an erster Stelle stand – in der Erziehung. Natürlich haben die Väter und die Älteren bei der Erziehung der jüngeren Generation, die sie liebten, in erster Linie versucht, ihr nicht die Sammlung von Kenntnissen zu vermitteln, die sich die Menschheit über die Welt angeeignet hat, nicht das Studium der Natur, nicht die Sammlung von praktischen Kenntnissen, sondern das, was unabdingbar ist – eine Erklärung des Sinns von Leben und Tod. Diese Erklärung wurde von der Religion gegeben, und deshalb nimmt die Religion in der Masse der Ungebildeten, die aber eine Liebe zu Kindern und einen starken Instinkt der Liebe haben, den ersten und wichtigsten Platz ein und tut dies auch weiterhin.

Dieser Platz bleibt nun leer, unbesetzt, und wir sehen die besorgten, komplexen, inhaltslosen und vor allem hemmungslosen Auseinandersetzungen darüber, was der Hauptgegenstand des Unterrichts und das Ziel der Bildung sein sollte.

Die einen fordern unter Hinweis auf die praktischen Ergebnisse, die das Studium der Antike nach der Wiedereinführung von Wissenschaft und Kunst erbracht hat, eine klassische Bildung; die anderen fordern unter Hinweis auf die jüngste Entwicklung der Naturwissenschaften, dass diesen Wissenschaften ein hoher Stellenwert eingeräumt werden soll; wieder andere sagen, kraftlos und ohne an ihre eigenen Worte zu glauben, dass die Religion (an die sie selbst nicht glauben) weiterhin der Eckpfeiler der Bildung sein muss.

Aber keines von beiden kann richtig sein. Sowohl die einen als auch die anderen sprechen nur von dem, was aus dem Blickwinkel, den sie einnehmen, am besten zu gebrauchen ist, aber keiner spricht von dem, was an die Stelle der einen Sache bezüglich des [grundlegenden] Bedürfnis treten soll, [an die Stelle] jener Religion, die unweigerlich das einzige, grundlegende, primäre Studienfach sein muss. Die 3. [dritten] und 4. [vierten] sind wie Menschen, die, da sie keine Nahrung haben, Mittel erfinden, um den Magen eines hungrigen Tieres zu füllen. Eines Tieres. Weder der Klassizismus, der einst eine gute Würze für die Mahlzeit war, noch der Realismus, der als Gericht für die Mahlzeit sehr nützlich ist, noch die Religion ohne Glauben, die nur Reste dessen beinhaltet, was einst gute Nahrung war, werden einem hungrigen Tier Nahrung geben.

Die Mohammedaner sind gläubig und verfügen über ein solides

Bildungssystem, auch wenn es auf der untersten Stufe steht. Aber die Christen haben derzeit kein Bildungssystem, und das ist darauf zurückzuführen, dass es keine Religion gibt.

[4. *Über die unterschiedlichen Einstellungen der gebildeten Klasse zur Religion.*]

Da ich aus inneren Gründen die von der Religion gegebenen Erklärungen für Leben und Tod nicht akzeptieren kann, habe ich durch die Beobachtung der Menschen um mich herum festgestellt, dass die Mehrheit der gebildeten und denkenden Menschen, genau wie ich, die Religion nicht akzeptiert oder an sie glaubt, sondern einen anderen Zugang hat zur Religion und zu den unbeantworteten Fragen, die sie hinterlässt.

Schauen wir uns in unserem Umfeld um, bei Privatpersonen, Männern und Frauen. Ich lebe in einem Bildungsumfeld, in dem religiöse Überzeugungen stärker ausgeprägt sind als in anderen, aber ich habe meine intimen und nicht-intimen Bekannten offen nach ihrem Glauben gefragt, und immer – mit einer seltenen Ausnahme unter hundert Fällen – habe ich die Antwort erhalten: Wir brauchen das Christentum nicht, wir glauben nicht daran.

Bei der Beobachtung der Menschen habe ich drei verschiedene Arten von Haltungen zu religiösen Fragen festgestellt. Einige, die zur [Überzeugung der] Unmöglichkeit des Glaubens gekommen sind, aber nichts finden, was ihn ersetzen könnte, und die die Ordnung, solange es die Religion gibt, für sich selbst als vorteilhaft empfinden, versuchen so zu tun, als ob sie glauben und andere davon überzeugen würden. Andere haben ihren Glauben verworfen und halten die Religion für überflüssig, da sie noch nicht mit den Fragen des Lebens und des Todes konfrontiert wurden. Die letzteren sind gedankenlos, aber wahrhaftig, während die ersteren überlegt und gerissen sind. Die dritte, sehr kleine Gruppe, hat die Religion verworfen und ist zu den unlösbaren Fragen gekommen und versucht, sie durch Nachdenken zu lösen.

[5. *Über die Bedeutung der Religion des Lebens und der Religion des Todes.*]

Um das Wesen dieser Einstellung zur Religion klar zu definieren, ist es notwendig, ihren Begriff von Religion vollständig und in seiner Gesamtheit zu verstehen, nicht nur das, was auf den Tod vorbereitet, sondern auch das, was für das sittliche Leben notwendig ist

– das, was für das sittliche Leben ebenso notwendig ist wie die Luft für physisches Leben.

Frauen sind entweder nicht gläubig oder halten sich nur an ein Ritual: Abendmahl und Pfannkuchen an Fastnacht, Abendmahl und rote Eier. Und nicht nur das: In der Regierung, in der Gesellschaft hat man das Gefühl, dass alle Macht über die Religion verloren gegangen ist. Die Artikel über den Tod von Paulus in der *Revue des deux Mondes* und die Artikel von Revil[le] und Renan, die in aller Ruhe, ohne Bitterkeit und in populärer Weise verkündeten, dass Joseph eine Bylina [,Volkserzählung', pb] war und dass der Psalter[-Verfasser] ein später Psalmist war usw.

Sie wollten das Priestertum veredeln, aber niemand wird Priester werden. In Europa, in der französischen und der schweizerischen Republik, ist jede Art von Predigt erlaubt, aber nicht die christliche Predigt. Ja, es ist gut für diejenigen, die das nicht sehen und hoffen, das Christentum wiederzubeleben.

Ich will nicht mit ihnen streiten und werde es auch nicht tun.

3.

‚CHRISTLICHER KATECHISMUS'
(Christianskij katichizis, 1877 | Fragment)[4]

(Übersetzungsprogramm,
unter Abgleichung redigiert)

„Ich glaube an die eine wahre, heilige Kirche, die in den Herzen aller Menschen und auf der ganzen Erde lebt und die sich in der Erkenntnis des Guten in mir und in allen Menschen und im Leben der Menschen ausdrückt. Ich bringe meinen Glauben an die christliche Lehre der Orthodoxen Kirche zum Ausdruck, und deshalb glaube ich an den einen Gott, den Vater, u.s.w."

Dies ist das Symbol [Bekenntnis] meines Glaubens, und deshalb wird die Gliederung meines Katechismus und die Einführung darin wie folgt aussehen:

Der Glaube

FRAGE: Was ist der Orthodoxe [Rechtgläubige] Katechismus?

ANTWORT: Der orthodoxe Katechismus ist eine Unterweisung im wahren Glauben, die jedem Menschen im Allgemeinen und einem orthodoxen Christen im Besonderen zum Heil des Menschen gegeben werden soll. Das heißt: für ein Leben, das nicht nur den Bedürfnissen des Körpers, sondern auch den Bedürfnissen der Seele entspricht, damit die menschliche Seele umfassende Befriedigung und Erfüllung gemäß ihren Bedürfnissen findet.

FRAGE: Was ist der Unterschied zwischen den Bedürfnissen des Körpers und den Bedürfnissen der Seele? Verschmelzen sie nicht zu einer Einheit? Sind das, was wir die Bedürfnisse der Seele nennen, nicht nur komplexere Bedürfnisse des Körpers?

---

[4] Textquelle | Christianskij katichizis (Christlicher Katechismus, 1877). In: Sowjetische Gesamtausgabe Band 17, S. 363-368; mit Hilfe des Programms https:// www.deepL.com/translator ins Deutsche übertragen und unter vergleichender Heranziehung einer Übersetzung von Olga Radetzkaja (2014; siehe Anhang) vom Herausgeber dieses Bandes redigiert.

ANTWORT: Die Bedürfnisse des Körpers haben das persönliche Wohl zum Ziel. Die Bedürfnisse der Seele aber haben das allgemeine Wohl zum Ziel, das dem persönlichen Wohl nicht nur oft, sondern fast immer entgegengesetzt ist. Daher können die Bedürfnisse der Seele nicht komplexer sein als die Bedürfnisse des Körpers.[5]

Anmerkung: Die heutige Philosophie, insbesondere die der Materialisten – behauptet, dass das, was man bisher die Bedürfnisse der Seele genannt hat, nichts anderes sei als eine komplexere Hervorbringung der Befriedigung materieller Bedürfnisse – sehr oft ausgedrückt als Leugnung der direkten – nicht durch Gehirnprozesse hindurchgegangenen – materiellen Bedürfnisse. Doch diese Behauptung entbehrt jeder Grundlage, denn die Materialisten geben selbst zu, dass es ihnen nicht nur unmöglich ist, diesen Weg nachzuvollziehen, sondern dass es auch nicht den geringsten Anhaltspunkt dafür gibt, wie dies erklärt werden könnte. – Selbst wenn man sich vorstellt, dass der Vorgang aufgedeckt würde, bliebe der Gegensatz zwischen den Bedürfnissen der Seele und des Körpers in vollem Umfang bestehen, und gerade die Bedürfnisse der Seele, deren Ziel das [umfassende] allgemeine Wohl im Gegensatz zum Wohl [nur] des Einzelnen ist, würden immer noch auf dem Glauben an dieses Gut allein beruhen.

FRAGE: Was ist für das Heil der Seele nötig, oder: was ist vonnöten, um zu wissen, worin die Bedürfnisse der Seele bestehen?

ANTWORT: Eine klare Definition dessen, woran wir glauben, und ein Leben, das mit dem übereinstimmt, woran wir glauben.

FRAGE: Was ist Glaube?

ANTWORT: Nach dem Apostel Paulus [„Zuversicht in dem, was man erhofft, Überzeugtsein von Dingen, die man nicht sieht."] [(Pseudopaulinischer) Hebräerbrief Vers 11,1]. Der Glaube ist die unzweifelhafte Erkenntnis von Dingen, die dem Verstand unbegreiflich sind.

FRAGE: Was ist der Unterschied zwischen dem Wissen des Glaubens [Glaubenswissen] und dem Wissen der Vernunft [Vernunftwissen]?

ANTWORT: Alle Erkenntnisse der Vernunft beruhen auf Vorwis-

---

[5] [*Bedeutung*? Daher können die Bedürfnisse der Seele nicht lediglich als komplexere Bedürfnisse des Körpers betrachtet werden (?).]

sen. Das Wissen des Glaubens hingegen hat sein Fundament in sich selbst.

FRAGE: Ist ein Vernunftwissen ohne Glaubenswissen möglich?

ANTWORT: Es ist unmöglich, weil alles Wissen des Verstandes auf Vorwissen beruht und das Vorwissen auch wiederum auf etwas beruhen muss. Daher schließt schon das Prinzip der Vernunft, demzufolge jedes Wissen auf dem vorhergehenden aufbaut, die Möglichkeit eines Wissens ohne Vorwissen aus, welches nicht auf einem soliden Wissen beruht.

FRAGE: Was für eine Art von Wissen ist das?

ANTWORT: Das Glaubenswissen.

FRAGE: Was ist das Glaubenswissen und wo begegnen wir ihm?

ANTWORT: Das Glaubenswissen ist jenes unbestreitbare Wissen um die Bedeutung der uns umgebenden Phänomene, von dem wir uns in jedem Augenblick unseres Lebens leiten lassen.

FRAGE: In welchen Fällen lassen wir uns im Leben von einem Glaubenswissen leiten, das nicht auf rationalem Wissen beruht?

ANTWORT: Wenn wir uns auf den morgigen Tag freuen, glauben wir, dass die Sonne aufgehen wird und wir leben werden; wenn wir einem anderen etwas zu essen geben und ihn bemitleiden, glauben wir, dass er hungrig ist, dass er Schmerzen hat; wenn wir an einen anderen Ort gehen, weil wir wissen, dass es dort ebenso Land und Leute gibt, glauben wir. Wir gründen keine der einfachen Handlungen in unserem Leben auf die Vernunft, sondern alle auf den Glauben.

FRAGE: Wo kann man in den Wissenschaften das Glaubenswissen sehen, auf dem sie beruhen?

ANTWORT: In der Astronomie haben wir zuerst an die Existenz von Himmelskörpern und den nicht reduzierbaren Himmelsraum geglaubt, und dann haben wir die Bewegung der Körper und die Maße des Raums berechnet. In der Physik und Chemie glauben wir an die unendliche Dimensionalität, an die Wirkung der Kräfte, und dann berechnen wir. In den politischen Wissenschaften glauben wir zuerst an den Sinn des menschlichen Lebens (den Fortschritt), und dann untersuchen wir die Phänomene dieses Lebens.

FRAGE: Ist ein Glaubenswissen ohne Vernunftwissen möglich?

ANTWORT: Dies ist möglich, denn Glaubenswissen braucht keinerlei Grundlage.

FRAGE: Was ist die Unterweisung im wahren Glauben, wenn das Glaubenswissen kein Vernunftwissen erfordert?

ANTWORT: Es geht darum, die Grenzen des rationalen Wissens aufzuzeigen, an denen das rationale Wissen stehenbleibt und zu jenen Grundlagen kommt, auf denen es beruht.

Über die Offenbarung

FRAGE: Woher kommen die vernünftigen Ausdrucksformen des Glaubenswissens?

ANTWORT: Das Glaubenswissen ist in der menschlichen Seele verwurzelt, aber der Ausdruck dieses Wissens wird von einer Person zur anderen weitergegeben.

FRAGE: Woher hat der Mensch dieses Wissen?

ANTWORT: Aus der Quelle aller Dinge, von Gott.

FRAGE: Wenn es von Mensch zu Mensch übertragen wird, wo liegt der Hauptgrund seines Herkommens, wer ist der erste der Menschen, der es erhalten hat?

ANTWORT: Diese Frage geht offensichtlich in den Bereich des rationalen Wissens über, denn sie erfordert eine Grundlage des Wissens im Vorhergehenden, und deshalb kann das Glaubenswissen nicht darauf antworten, weil das Glaubenswissen direkt von der Quelle alles Seienden, von Gott, empfangen wird und ‚Offenbarung' genannt wird.

FRAGE: Ist dieses Glaubenswissen nur in den Herzen der Menschen eingeschrieben, und gibt es keinen anderen Ausdruck dieses Wissens, den die Menschen voneinander erhalten?

ANTWORT: Die Glaubenserkenntnis wird den Menschen von Gott direkt [unmittelbar] in der Seele eines jeden Menschen gegeben – und indirekt [mittelbar] durch den Ausdruck und die Überlieferung dessen, was denen, die ihnen vorausgegangen sind, offenbart worden ist.

FRAGE: Hat Gott allen Menschen dieselbe Offenbarung gegeben?

ANTWORT: In der Seele eines jeden Menschen ist die Glaubenserkenntnis gleichermaßen von Gott geoffenbart, aber die Weitergabe dessen, was den vorangegangenen Menschen geoffenbart wurde, geschah auf ungleiche Weise, da die Weitergabe dieses Glaubenswissens schon eine Sache der Vernunfterkenntnis war.

FRAGE: Gibt es eine wahre Erkenntnis des Glaubens, die allen Menschen gemeinsam ist?

ANTWORT: Es gibt dieses Wissen in den Herzen der Menschen. Dieses Wissen, das allen Menschen gemeinsam ist, ist das wahre Wissen des Glaubens.

FRAGE: Sind die Äußerungen des buddhistischen, jüdischen, christlichen und mohammedanischen Glaubens wahr oder unwahr?

ANTWORT: Die wahre Erkenntnis des Glaubens ist diejenige, die allen Menschen gemeinsam ist und von Gott in den Herzen der Menschen offenbart wurde, und daher sind alle Ausdrucksformen des Glaubens wahr in dem, worin sie übereinstimmen. Die äußeren Zeichen [Merkmale] der Religionen sind hingegen nur Besonderheiten, die von den historischen und geographischen Bedingungen abhängen und die die Bedeutung der Vernunfterkenntnis, nicht die der Glaubenserkenntnis betreffen.

FRAGE: Ist der christliche Glaube in seiner Lehre wahr?

ANTWORT: Wahr, soweit er die in den Herzen der Menschen geoffenbarte Erkenntnis des Glaubens offenbart und soweit seine Lehre dieser Erkenntnis nicht widerspricht.

FRAGE: Wie wird das weitergegeben, was denen, die vor uns gegangen sind, offenbart worden ist?

ANTWORT: Durch die Heilige Schrift, die Tradition [Überlieferung] und das Vorbild.

FRAGE: Was ist mit der Bezeichnung „Heilige Schrift" gemeint?

ANTWORT: All jene Bücher, in denen die Vorgänger das Glaubenswissen, das ihrem Herzen offen stand und der Seele zum Heil gereichte, an andere weitergaben.

FRAGE: Was bedeutet heilige [Überlieferung]?

ANTWORT: Die Überlieferung (idem) [Weitergabe].

FRAGE: Was meinen Sie mit Beispielen [Vorbildern]?

ANTWORT: Handlungen, die das Glaubenswissen zur Rettung der Seele [sichtbar] zeigen.

FRAGE: Was versteht man im Allgemeinen unter heiliger Offenbarung, die durch Schrift, Tradition und Beispiel [Vorbilder] übermittelt wird?

ANTWORT: Alles, was wahrhaft gläubige und Gott ehrende Menschen zum Heil der Seelen geschrieben, gesprochen und getan haben.

FRAGE: Gibt es einen treuen Aufbewahrungsort für die heilige Offenbarung?

ANTWORT: Ja. Alle, die wahrhaftig glauben und durch die heilige Offenbarung vereint sind, bilden gemeinsam und über Generationen die Kirche, die die heilige Offenbarung bewahrt.

FRAGE: In welchem Verhältnis steht die Kirche Christi zu der gemeinsamen Kirche Gottes?

ANTWORT: Das Verhältnis ist das des Besonderen zum Allgemeinen. Die Kirche Christi ist eine der Ausdrucksformen der universalen Kirche.

FRAGE: Ist die Kirche Christi fehlbar?

ANTWORT: Nicht im Geist, aber sehr wohl im Buchstaben.

FRAGE: Warum?

ANTWORT: Der Geist entspricht immer der Erkenntnis des Glaubens im Herzen. Der Buchstabe ist nur das Instrument der Übermittlung.

FRAGE: Ist es bei den anderen Religionen auch so?

ANTWORT: Ja, auch so.

FRAGE: Wie verhält sich das Christentum zu dieser Lehre? Wo steht es im Gegensatz zur Vernunft?

ANTWORT: Wenn seine Lehre nicht im Widerspruch zur Lehre der universalen Kirche und der Lehre des Herzens steht, demütige den Geist vor einer unverständlichen Lehre.

FRAGE: Wenn aber eine Lehre im Widerspruch zum Wissen des Herzens steht?

ANTWORT: Dann lehne sie ab, um Mitglied der universalen Kirche zu bleiben. –

4.

WESSEN SIND WIR?

(Чьи мы? | Č'i my?, 1879)[6]

(Übersetzungsprogramm,
unter Abgleichung redigiert)

Wessen sind wir – Gottes oder des Teufels? An wen glauben wir: an
Gott oder an den Teufel? Wem dienen wir: Gott oder dem Teufel?
Oder gibt es weder Gott noch Teufel, weder Gut noch Böse, weil wir
nicht wissen, was gut und was böse ist? Und wir würden es gerne
sagen, aber wir, wir die Armen, können es nicht. Wenn ihr nicht
wüsstet, was gut und was böse ist, könntet ihr nicht leben. Jeden
Tag, jede Stunde musst du dich entscheiden: gehen oder nicht gehen, nehmen oder geben, töten oder verzeihen. Schau auf deinen
Tag und erinnere dich daran, wie du gelebt hast und an alles, was
du getan hast, und du wirst sehen, was du getan hast, weil du wuss-
test, was richtig und was falsch war.

Die Bibel sagt, dass Adam im Paradies, bevor er von der Frucht
aß, nicht wusste, was gut und was böse ist. Dann konnte er demnach
sagen, dass er nicht wusste, was gut und was böse ist. Aber das können wir uns gar nicht vorstellen. Wir sehen solche Tiere, die ohne
Kenntnis von Gut und Böse leben. Doch wo es Menschen gibt, gibt
es auch Gesetze. Wenn ich einen Menschen betrachte, so weiß jeder,
was gut und was böse ist, und führt sein Leben danach. Wenn ich
die Menschen zusammen betrachte, ist das Gesetz noch deutlicher:
Es steht geschrieben, und jeder erkennt es entweder an oder erkennt
es nicht an, weil er ein anderes Gesetz besser kennt als dieses.

Was ist das Gesetz, unter dem wir leben? Sagt nicht, dass es das
Gesetz dessen ist, was gut für meinen Körper ist: zu essen, zu trinken, sich zu paaren, auf meine Jungen aufzupassen. Es ist dies kein

---

[6] Textquelle | Č'i my? (*Wessen sind wir?*, 1879). In: Russische Gesamtausgabe [Pol-
noe sobranije sočinenij v 90 tomach]. Band 90, S. 127-131; mit Hilfe des Programms https://www.deepL.com/translator ins Deutsche übertragen und unter
vergleichender Heranziehung einer Übersetzung von Olga Radetzkaja (2014; siehe Anhang) vom Herausgeber dieses Bandes redigiert.

Gesetz, sondern es handelt sich um die Bedürfnisse des Fleisches, die Bedürfnisse, derentwegen man ein Gesetz braucht, die Bedürfnisse des Fleisches, die man auch beim Vieh findet. Das Vieh hat kein Gesetz, die Begierden sind bei allen gleich. Alle wollen das Gleiche. Damit die Menschen nicht dasselbe essen und mit derselben Person schlafen wollen, und sie sich dann gegenseitig töten, so dass keiner beim Essen und Schlafen das Begehrte erlangt, müssen sie teilen, müssen sie das Gesetz festlegen. Und um teilen zu können, muss die Begierde gebändigt werden, und im Herzen der Menschen wird ein Gesetz geboren, wie man die Begierde bändigen kann. Und wo auch immer die Begierde ist, da ist auch ein Gesetz; denn das Gesetz ist nichts anderes als die Demut, die Bändigung der Begierde um des anderen willen. Und es gibt viele solcher Gesetze im Herzen eines jeden Menschen. Das Vieh hat kein Gesetz und braucht es auch nicht. Der Mensch kann im Guten wie im Schlechten nicht ohne Gesetz sein: Das Gesetz ist in ihm selbst geschrieben. Und niemals war der Mensch ohne Gesetz. Als es nur einen Adam gab (ob er es als Person war oder nicht, ist egal), als es nur einen Menschen gab, konnte dieser ohne das Gesetz leben. Er allein hatte Begierden und sie störten niemanden; aber sobald es zwei, drei Menschen gab, stießen ihre Begierden aufeinander. Ich möchte diesen Apfel essen. Und ich auch. Der eine erschlägt den anderen mit einem Stein, es gibt einen dritten, der diese Sache nicht so stehen lassen will. In der Seele zeigt es sich, ob man gut oder schlecht gehandelt hat. Ein Wolf wird den anderen Wolf beißen, und der dritte wird nichts sagen oder denken, er wird den Getöteten zusammen mit dem Mörder fressen. Aber ein Mensch wird sagen und denken, ob es gut oder schlecht ist. Wenn ihr das Gesetz in eurem Herzen gefunden habt, sagt nicht, dass es kein Gesetz gibt. Das Gesetz ist in dein Herz geschrieben. Wenn du nur einen Tag unter Menschen leben und Tätigkeiten vollbringen würdest, würdest du das Gesetz finden. Und nun gibt es kein Werk der Menschen, das du nicht in deinem Herzen nach deinem Gesetz beurteilst, und kein eigenes Werk, für das du das Gesetz nicht kennst.

Wenn du sagst, dass es kein Gesetz gibt, dann sagst du, dass es jetzt so viele Gesetze gibt, dass die Gesetze so nutzlos sind. Es gibt Gesetze, und es gibt viele davon, die etwas gebieten, was ein anderes Gesetz verbietet. Und außerdem gibt es auch Satzungen, die [die

Begierden] nicht bezwingen, sondern vorschreiben, wie man die Lüste befriedigt. Und sie werden ebenfalls Gesetze genannt; und so leben die Menschen in diesem Meer von Gesetzen und Satzungen, wie es ihnen gerade gefällt, sie befolgen kein Gesetz, sie vermischen Satzungen mit Gesetzen und leben nach keinem Gesetz, sondern nach ihrer Begierde. Wenn du dich darauf beziehst, so liegst du richtig [mit deiner Feststellung]. Es ist wahr, dass es viele Gesetze und Satzungen gibt, dass man kein wirkliches Gesetz sehen kann und dass man ohne Gesetz leben kann. Es ist wahr, das ist es, worüber ich sprechen will, das ist es, was ich frage: Wessen sind wir – Gottes oder des Teufels?

Ob wir nun nach dem Gesetz oder nach der Begierde leben, vergiss nicht, dass es ein Gesetz gibt; und es gibt nicht das eine Gesetz, sondern ein riesige Menge von Gesetzen, und wir folgen Tausenden von ihnen, und ohne sie hat der Mensch nie gelebt und kann nicht leben; und so viele Gesetze sind es geworden, und wir sind so verstrickt in sie, dass wir ebenso nach der Begierde leben können – und viele haben so gelebt: indem sie die Gesetze auswählten, die für sie praktisch waren, und diejenigen, die nicht praktisch für sie waren, durch andere Gesetze ersetzten. Und doch müssen Gesetze sein. Zwei Menschen werden nur drei Tage zusammen leben und sie werden Gesetze haben, aber Millionen von Millionen von Menschen haben der Bibel zufolge in 5000 Jahren gelebt – nach der Wissenschaft in Millionen von Jahren, und sie sollten kein Gesetz gefunden haben? Das ist Unfug, und es ist nicht nötig, das zu sagen.

Ich sitze jetzt in meinem Haus, die Kinder lernen, spielen, meine Frau arbeitet, ich schreibe. All das geschieht nur, weil es Gesetze gibt, die von allen anerkannt werden. Kein Fremder kommt in mein Haus, denn es gehört mir, und nach dem 10. Gebot soll niemand das Gut eines anderen begehren. [Ex 20, 17.] Meine Kinder lernen nach dem 5. Gebot, was ich geboten habe; meine Frau ist nach dem 7. vor Übertretung sicher; ich arbeite nach dem 4. was ich kann. [Ex 20 12; Ex 20, 14 Ex 20, 8-11.] Ich habe die Gebote des Mose genannt, aber ich hätte Tausende von staatlichen Gesetzen und Bräuchen nennen können, die dasselbe halbwegs bestätigen. Nun aber werde ich, wenn ich will, sowohl Gesetze als auch Bräuche finden, die diese Gesetze außer Kraft setzen. Ich sage: Warum habt ihr ein Haus? Christus, der uns ein Beispiel des Lebens gegeben hat, hatte keinen

Ort, an dem er sein Haupt neigen konnte. [Mt. 8, 20] Warum habt ihr ein Haus, wenn es Arme gibt, die kein Dach über dem Kopf haben? Wozu habt ihr ein Haus, wenn es heißt: Kümmert [sorgt] euch nicht? [Mt. 6, 25-34] Ich sage: Warum sich um die Kinder kümmern? Kein einziges Haar soll ohne den Willen ihres himmlischen Vaters fallen. [Mt 10, 29f.] Warum lehrst du sie, wenn die Armen im Geiste gesegnet sind? [Mt. 5, 3] Ich sage nur: Warum lehrst du sie heidnische Weisheit, wenn du ein Christ bist? Ich werde sagen: Warum erziehst du sie zur Eitelkeit, wenn es besser ist, das Land zu bearbeiten, warum hast du eine Frau, wenn es besser ist, nicht zu heiraten [Mt 19, 10-12]; warum hast du eine Frau, wenn es heißt: Wer seine Frau nicht verlässt … ist meiner nicht würdig? [Mt 10, 35-38; 19, 29] Warum arbeitest du, schreibst du dies – gegen die Demut und gegen die Sorglosigkeit der weltlichen Dinge? Wenn ich also mein Haus, meine Frau, meine Kinder und meine Arbeit verlassen würde, würde ich auch nach dem Gesetz Gottes handeln und sowohl Gesetze des Staates als auch Bräuche finden, um mich darin zu unterstützen. Wenn ich meine Frau und meine Kinder verlasse und in ein Kloster gehe oder meine Frau und meine Kinder verlasse, mich scheiden lasse, eine andere heirate und promiskuitiv werde, würde ich für alles Unterstützung in den göttlichen wie menschlichen Gesetzen finden; was immer du also willst, was immer du tust, die Gesetze können auf alles angewendet werden.

Das ist die Situation, in der wir uns befinden, und das ist der Fehler. Nicht, dass es keine Gesetze gibt, sondern dass es zu viele gibt und wir zu schlau geworden sind. Und das ist es, was ich mich frage: Sind wir Gottes oder sind wir des Teufels?

Aber wieder werdet ihr fragen: Was sind die von Gott oder die vom Teufel? Ihr werdet sagen: Es ist Zeit, diese alten Worte zu verlassen; wir haben viel über diese Fabeln gesprochen, über Gott, über den Teufel, und wir haben viel Böses getan und viel Blut vergossen wegen dieser Fabeln. Jetzt ist die Zeit gekommen, in der wir klug geworden sind und nicht mehr an diese Märchen über Gott und den Teufel glauben. Und wenn ihr sprechen wollt, dann sprecht so, dass ihr verstanden werden könnt, und sprecht nicht hehre und sinnlose Worte. Was ist Gott, was ist der Teufel? Niemand hat je eines von beiden gesehen und kann es sich nicht einmal vorstellen. Es gibt Menschen, und Menschen haben sowohl Gott als auch den Teufel erfunden; und sie haben diese Erfindungen vor langer Zeit gemacht und sie als unnötig aufgegeben. Wenn ihr also reden wollt, dann redet über Menschen.

Es geht mir gerade um die Menschen, und deshalb spreche ich von Gott und dem Teufel – beide sitzen in ihnen und sind untrennbar mit ihnen verbunden. Ich sage es so – nenne Gott und den Teufel, weil ich das nicht anders sagen kann, was ich sagen will.

Du sagst: Du kannst nicht verstehen, dass Gott irgendwo in der Ewigkeit saß und plötzlich dachte: „Lass mich die Welt erschaffen" – und begann in sieben Tagen zu erschaffen und sagte: es ist gut. Stimmt, du und ich, wir können es nicht verstehen, dass wir nichts fragen und plötzlich alles gesagt bekommen. Aber sag mir, ist es möglich zu verstehen, dass alles, was ist – war und keinen Anfang hatte? Das kann man nicht. Und du sagst, dass alles einen Anfang hat, und selbst wenn du von Anfang zu Anfang gehst, bist du weit gekommen, und durch Überlegung und Vermutung hast du den Anfang nicht in 7.000 Jahren erreicht, sondern viel weiter [zurück]. Und dort seht ihr nicht nur die Entstehung der Erde und die Entstehung des Lebens auf ihr, sondern auch die Entstehung der Sonne und noch weiter [zurück]. Aber wie weit du auch gehst, du erkennst, dass der Anfang des Anfangs genauso weit weg und unzugänglich ist. Aber dennoch sucht ihr den Anfang der Anfänge, auf ihn ist euer Blick gerichtet, aus ihm – sagt ihr – ist alles entstanden. Nun, das ist es, nicht ein Teil, sondern der Anfang der Anfänge, das ist es, was ich Gott nenne. Wenn ich also „Gott" sage, kannst du mich nicht missverstehen und verurteilen. Wir beide kennen ihn nicht, deshalb glauben wir beide gleichermaßen, und niemand kann verlangen, dass wir Gott so verstehen, wie es im Buch Genesis [geschrieben] steht. Wir müssten das, was wir verstehen, unseren Verstand, aufgeben, um ihn so zu verstehen. Genauso wie niemand verlangen kann, dass Mose den Himmel, die Sonne, den Mond und die Sterne mehr versteht als die Erde. Aber die Antwort des Mose auf die Frage, woher wir kommen, ist dieselbe wie die, die du gegeben hast: vom Anfang, von Gott.

Aber – so sagst du – dieser Anfang ist noch weit von dem entfernt, was mit dem Wort Gott gemeint ist. Das Wort Gott wird als ein Wesen verstanden, das sich um die Menschen kümmert. Man sagt, er habe das Gesetz mit dem Finger geschrieben, sei in den

Dornbusch hineingegangen, habe seinen Sohn geschickt usw. Diese Dinge gibt es in der vernünftigen Vorstellung vom Anfang nicht.

Und ich stimme diesen Worten zu: Es gibt keinen solchen Gott im Anfang. Aber so wie du den lebendigen Gott nicht verstehst, der sich der Menschen erbarmt, sie liebt und ihnen zürnt, so ist es für den menschlichen Verstand ebenso unverständlich, was er selbst ist, was sein Leben ist. Sage mir, was das Leben ist, und ich werde dir sagen, was ein lebendiger Gott ist. Du sagst: Das Leben ist das dem Menschen immer innewohnende, wenn auch falsche Bewusstsein seiner Freiheit und der Befriedigung seiner Bedürfnisse und der Wahl zwischen ihnen. Aber woher kommt dieses Leben? Du sagst: Es hat sich aus niederen Organismen entwickelt. Aber die niederen Lebewesen trugen dieses Bewusstsein bereits in sich – und woher kamen die niederen Lebewesen? Du sagst: aus einem unendlichen Anfang. Ich nenne dasselbige Gott. Ich sage: Das Bewusstsein meines Lebens, das Bewusstsein der Freiheit ist Gott.

Aber das ist auch noch nicht der ganze Gott, sondern nur der Schöpfer und der Lebendige. Aber neben der Tatsache, dass ich bin, dass ich lebe, dass ich versuche, meine Bedürfnisse zu befriedigen, dass ich mir meiner Entscheidungsfreiheit bewusst bin, habe ich auch eine Vernunft, die mich bei dieser Entscheidung leitet. Woher kommt die Vernunft? Diese Vernunft sucht einen Anfang, diese Vernunft kämpft mit dem Menschen selbst, bezwingt ihn und seine Begierde, setzt ihm Gesetze; und Gesetze sind nichts anderes als der Kampf, die Überwindung der Begierde. Sag mir, woher kommt dieser Verstand des Menschen, der Gesetze gegen das Fleisch macht?

Du sagst: Diese Gesetze sind vom Menschen. Aber der Geist des Menschen kommt woher? Aus der Entwicklung der lebenden Dinge? Und das Lebendige aus dem Unlebendigen? Aber auch im Unbelebten gab es diese Keime. In den losgelösten Teilen der sich drehenden Sonne gab es bereits die Keime der Vernunft. Und auch in der Sonne und in den Sternen, von denen sich die Sonne losgelöst hat! Wenn es eine Vernunft gibt und sie sich aus der Entwicklung ableitet, ist auch ihr Anfang im Unendlichen verborgen. Es ist auch dieser Anfang der Anfänge der Vernunft, der Gott ist. Und wie bei dir, so sind alle die gleichen Vorstellungen vom Anfang des Seienden, vom Anfang des Lebens und vom Anfang der Vernunft, in eins verschmolzen. Du zeigst nur auf den Verlauf deines Denkens, ich aber nenne alles das Gott. Aber ich tue das, weil ich etwas brauche, um das zu benennen, worauf du nur hinweist und was du in drei Gedankengänge aufspaltest.

Warum jetzt noch der Teufel? – wirst du fragen. Der Mensch ist Fleisch, hat Leben und Verstand und entwickelt sich. Das ist alles. Aber hier muss ich dich unterbrechen. Es ist gut zu sagen, dass sich ein Seil entwickelt und ein Fötus sich entwickelt in einem Ei; aber es ist ungerecht [unredlich], dieses Wort auf den Menschen und die Menschheit anzuwenden. Wenn du ein Mensch bist, dann lebst du. Rede also nicht weiter über Entwicklung, sondern schaue dich selbst an und zeige auf, was du mit dem Leben und der Vernunft tust? Wenn du das tust, wirst du antworten, dass du nach einer vernünftigen Wahl zwischen all den Bedürfnissen deines Körpers suchst; das allein ist unser Leben. Wenn es eine Wahl gibt (das menschliche Leben findet nicht ohne dieses Bewusstsein statt), sucht der Mensch das Beste, das mit der Vernunft und ihren Gesetzen (mit den Gesetzen Gottes) übereinstimmt. Gerade das, was nicht mit den Gesetzen der Vernunft übereinstimmt, nenne ich teuflisch …

AUFZEICHNUNGEN EINES CHRISTEN
(Zapiski christianina | Fragment 1881)[7]

(Übersetzungsprogramm,
unter Abgleichung redigiert)

Ich weiß, dass ich für diesen Titel verurteilt werden werde. Die Leute, die meisten von ihnen, werden sagen: „Es ist an der Zeit, diesen Unsinn loszulassen. Heute versteht jeder, dass der christliche Glaube eine der Religionen ist. Und alle Religionen sind Aberglaube, das Übel, das die Entwicklung der Menschheit am meisten behindert." Andere werden sagen: „Als Christ? Wer kann von sich selbst sagen: Ich bin ein Christ? Ein wahrer Christ ist vor allem demütig und wagt es nicht, sich als Christ zu bezeichnen oder in Druckbuchstaben so vorzustellen." Sollen sie doch urteilen, ich bleibe bei diesem Titel. Ich fürchte mich nicht vor der Verurteilung wegen Rückständigkeit, weil ich nicht nur die Religion nicht für Aberglauben halte, sondern im Gegenteil [glaube], dass die religiöse Wahrheit die einzige Wahrheit ist, die dem Menschen zur Verfügung steht, und ich betrachte die christliche Lehre als jene Wahrheit, die – ob man es wahrhaben will oder nicht – die Grundlage aller menschlichen Erkenntnis ist, und ich fürchte mich nicht davor, wegen meines Bekenntnisses, Christ zu sein, als stolz verurteilt zu werden, weil ich die Worte: ‚Ich bin ein Christ' anders verstehe, als sie gewöhnlich verstanden werden.

Die Worte: Ich bin ein Christ, werden gewöhnlich entweder so verstanden: Ich bin getauft, also bin ich ein Christ, oder wenn einer, der getauft ist, sagt: Ich bin ein Christ, dann werden diese Worte so verstanden, als ob er sagt, dass er, abgesehen von der Taufe, in irgendeiner besonderen Weise ein Christ sei, und als ob sich rühmt, die Lehre erfüllt zu haben – in Wirklichkeit aber unzusammen-

---

[7] Textquelle | Zapiski christianina (Aufzeichnungen eines Christen, 1881 | Fragment). In: Sowjetische Gesamtausgabe Band 49, S. 7-21; mit Hilfe des Programms https://www.deepL.com/translator ins Deutsche übertragen und unter vergleichender Heranziehung einer Übersetzung von Günter Dalitz (1978; siehe Anhang) vom Herausgeber dieses Bandes redigiert.

hängende oder wahnsinnig stolze Worte sagt. Doch ich verstehe die Worte: ‚Ich bin ein Christ' auf eine andere Weise. Ich bin getauft und habe mein Leben als Heide gelebt, und deshalb betrachte ich jemanden, der getauft ist, nicht als Christen, und wenn ich sage: Ich bin ein Christ, sage ich nicht, dass ich die Lehre erfüllt habe, noch dass ich besser sei als andere; ich sage nur, dass der Sinn des menschlichen Lebens die Lehre Christi ist, dass die Freude des Lebens darin besteht, danach zu streben, diese Lehre zu erfüllen – und deshalb ist alles, was mit der Lehre übereinstimmt, für mich angenehm und wohltuend, alles, was ihr entgegensteht, ist für mich hässlich und schmerzhaft.

Und ich wähle diesen Titel, weil er die Bedeutung meiner Notizen perfekt zum Ausdruck bringt.

Ich habe 52 Jahre in der Welt gelebt, und mit Ausnahme von 14, 15 Jahren als Kind, die ich fast unbewusst durchlief, habe ich 35 Jahre lang weder als Christ, noch als Mohammedaner, noch als Buddhist gelebt, sondern als Nihilist im wahrsten und eigentlichen Sinne des Wortes, das heißt ohne jeglichen Glauben.

Vor zwei Jahren wurde ich Christ. Seitdem erscheint mir alles, was ich höre, sehe, erlebe, alles in einem so neuen Licht, dass es mir scheint, dass meine neue Lebensauffassung, die sich aus dem Christsein ergibt, interessant und vielleicht sogar lehrreich sein kann, und so schreibe ich diese Notizen. Ich habe ein langes Buch[8] darüber verfasst, wie ich von einem Nihilisten zu einem Christen wurde. Darin habe ich detailliert beschrieben, wie ich mehr als 30 Jahre lang als perfekter Nihilist lebte und für meine Schriften Respekt und sogar Lob erntete. Das Wort *Nihilist* wird heute gemeinhin im Sinne eines Sozialrevolutionärs verwendet; ich aber verwende es in seiner wahren Bedeutung – an rein gar nichts glauben außer an den Mammon. In diesem Buch beschreibe ich, wie ich 35 Jahre lang als ein solcher Nihilist gelebt habe, wie ich elf Bände von Werken zur Erbauung des russischen Volkes geschrieben habe, für die ich neben allerlei Lobeshymnen auch anderthalb Tausend Rubel erhalten habe; wie

---

[8] [*Ispoved'*, 1879-1882; unsere Neuedition: Leo N. TOLSTOI: Meine Beichte. Das Bekenntnisbuch in den Übersetzungen von H. von Samson-Himmelstjerna und Raphael Löwenfeld. Neu ediert durch Ingrid von Heiseler, mit einem Hintergrundtext von Pavel Birjukov. (= Tolstoi-Friedensbibliothek Reihe A, Band 1). Norderstedt: BoD 2023.]

ich zu der Erkenntnis kam, dass ich nicht nur die Menschen nichts lehren kann, sondern dass ich selbst nicht die geringste Ahnung habe, was ich bin, was gut und was schlecht ist. Und wie ich, von meiner Unwissenheit überzeugt und keinen Ausweg sehend, verzweifelte und mich fast erhängte, wie ich auf verschiedenen schmerzhaften und schwierigen Wegen zum Glauben an die christliche Lehre gelangte und wie ich diese Lehre verstand. Dieses Buch, so wurde mir gesagt, kann nicht gedruckt werden. Wenn ich beschreiben will, wie sich eine Dame in einen Offizier verliebt hat, kann ich das. Will ich über die Größe Russlands schreiben und Kriege besingen, so darf ich das durchaus tun. […][9] Wenn ich beweisen will, dass der Mensch ein Tier ist und dass es außer dem, was er fühlt, nichts im Leben gibt, kann ich das; wenn ich über Geist, Anfang, Grundlagen, Objekt und Subjekt, Synthese, Kraft und Materie sprechen will, und dies vor allem so, dass niemand etwas verstehen kann, darf ich das. Aber bei dem Buch, in dem ich erzähle, was ich erlebt hatte und wie ich mein Denken änderte, durfte ich nicht einmal daran denken, es in Russland zu veröffentlichen, wie mir ein erfahrener und kluger alter Redakteur einer Zeitschrift sagte. Er hatte den Anfang meines Buches gelesen und es gefiel ihm. Da er mich um meine Mitarbeit bat, sagte ich: ‚Gut, drucken Sie es.' Er hob die Hände und rief aus: ‚Vater, dafür werden sie meine Zeitschrift verbrennen, und mich gleich mit.' – Also veröffentliche ich es nicht.

Ich weiß, dass ein Gedanke, wenn er echt ist, nicht verloren geht, und so lege ich das Buch weg; und ich weiß, dass, wenn ein echter Gedanke darin ist, wird die Wahrheit aus dem Grund des Meeres aufsteigen; und meine Arbeit, wenn sie Wahrheit enthält, wird nicht verloren gehen.

Aber vorläufig denke ich, dass, nachdem ich den russischen Lesern so viel Unsinn – ich fürchte, schädlichen und verführerischen Unsinn – mitgeteilt habe, ich sie auch über meine neue Sicht der Welt informieren sollte, zu der mich meine christlichen Überzeugung geführt hat; zumal diese Sicht, so denke ich nach den Gesprächen, die ich in diesen zwei oder drei Jahren zu führen Gelegenheit

---

[9] [Hier folgt in der Tagebuchübersetzung von G. Dalitz (1978) noch die Aussage: „will ich die Notwendigkeit der Volkstümlerbewegung, des orthodoxen Glaubens und des Absolutismus nachweisen, so darf ich das erst recht".]

hatte, nicht sehr weit verbreitet ist und für andere nicht nutzlos sein dürfte.

Meine Aufzeichnungen werden präzise Notizen sein, fast ein Tagebuch der Ereignisse, die sich in meinem abgeschiedenen Dorfleben abspielen. Ich werde nur schreiben, was geschehen ist, nichts hinzufügen oder erfinden, so schreiben, als ob ich erwarte, dass alles, was ich schreibe, überprüft und untersucht wird. Zeit, Ort, Namen, Gesichter – alles wird real sein. Ich werde keine Ereignisse und Tage auswählen, sondern nacheinander aufschreiben, was passiert, wenn ich Zeit habe, es aufzuschreiben. [...][10]

---

[10] [Der nachfolgende, größere Teil der fragmentarisch gebliebenen ‚Aufzeichnungen eines Christen', der so etwas wie Sozialprotokolle Tolstois nach Begegnungen mit den Leuten der Umgebung enthält, entfällt an dieser Stelle.]

6.

DAS WESEN DER CHRISTLICHEN LEHRE
(Suščnost' christianskogo učenija, 1908)[11]

(Übersetzungsprogramm,
unter Abgleichung redigiert)

Seit den ältesten Zeiten haben die Menschen die Armut, Gebrechlichkeit und Sinnlosigkeit ihres Daseins empfunden und Erlösung von dieser Gebrechlichkeit, Schwäche und Sinnlosigkeit im Glauben an einen oder mehrere Götter gesucht, die sie von den verschiedenen Mühen dieses Lebens erlösen und ihnen im nächsten Leben das Gute geben würden, das sie sich wünschten und in diesem Leben nicht erhalten konnten. Deshalb gab es seit den frühesten Zeiten auch verschiedene Prediger bei verschiedenen Völkern, die die Menschen darüber belehrten, wie dieser Gott oder diese Götter, die die Menschen retten würden, aussahen und was man tun sollte, um diesen Gott oder diese Götter zu erfreuen, damit man in diesem oder im zukünftigen Leben eine Belohnung erhält.

Einige religiöse Lehrer lehrten, dass dieser Gott die Sonne ist und in verschiedenen Tieren verkörpert wird; andere lehrten, dass der Himmel und die Erde die Götter sind; wieder andere lehrten, dass ein Gott die Welt erschaffen und aus allen Völkern ein Lieblingsvolk auserwählt hat; wieder andere lehrten, dass es viele Götter gibt und dass sie sich in die Angelegenheiten der Menschen einmischen; wieder andere lehrten, dass ein Gott, der die Gestalt eines Menschen angenommen hat, auf die Erde herabgekommen ist. Alle diese Lehrer, die das Wahre mit dem Falschen vermischten, verlangten von den Menschen außer der Enthaltung von Handlungen, die sie für böse hielten, und der Verrichtung von Taten, die sie für gut hielten, noch Sakramente, Opfer und Gebete, die mehr als alles andere den

---

[11] Textquelle | Christianskoe učenie (Die christliche Lehre, 1894-1897). In: Sowjetische Gesamtausgabe Band 39, S. 117-191; mit Hilfe des Programms https://www.deepl.com/translator ins Deutsche übertragen und unter vergleichender Heranziehung bereits vorliegender Übersetzungen (siehe Anhang) vom Herausgeber dieses Bandes redigiert.

Menschen ihr Wohl in dieser Welt und in der künftigen Welt sichern sollten.

Doch je länger die Menschen lebten, desto weniger entsprachen diese Lehren den Bedürfnissen der menschlichen Seele.

Die Menschen sahen erstens, dass das Glück im Diesseits, das sie anstrebten, trotz der Erfüllung der Anforderungen eines Gottes oder mehrerer Götter nicht zu erreichen war.

Zweitens wurde durch die Ausbreitung der Aufklärung das Vertrauen in das, was die religiösen Lehrer über Gott, über das künftige Leben und die Belohnungen darin predigten, immer schwächer, denn es stand nicht mehr in Einklang mit den aufgeklärten Vorstellungen von der Welt.

Konnten die Menschen noch früher ohne Zweifel und Zaudern glauben, dass Gott die Welt vor sechstausend Jahren erschaffen hat, dass die Erde der Mittelpunkt des Universums ist, dass die Hölle unter der Erde liegt, dass Gott auf die Erde herabgestiegen und wieder in den Himmel geflogen ist usw., so ist dies heute nicht mehr möglich; die Menschen wissen jetzt, dass die Erde nicht das Zentrum des Universums ist, sondern ein sehr kleiner Planet im Vergleich zu anderen Himmelskörpern, und sie wissen, dass nichts unter der Erde sein kann, weil die Erde eine Kugel ist, und sie wissen, dass man nicht in den Himmel aufsteigen kann, weil es keinen Himmel gibt, sondern nur das Himmelsgewölbe.

Drittens, und das ist das Wichtigste, wurde das Vertrauen in diese verschiedenen Lehren dadurch untergraben, dass die Menschen, als sie in engeren Kontakt miteinander kamen, herausfanden, dass in jedem Land die religiösen Lehrer ihre jeweils eigentümliche Lehre predigen, wobei sie eine als wahr anerkennen und alle anderen leugnen.

Und da die Menschen dies wussten, kamen sie natürlich zu dem Schluss, dass keine dieser Lehren wahrer war als die andere, und dass daher keine von ihnen als unzweifelhafte und unfehlbare Wahrheit akzeptiert werden konnte.

Der Mangel an Glück in diesem Leben, die ständige Aufklärung der Menschheit und die Gemeinschaft zwischen den Völkern, durch die sie die religiösen Lehren anderer Nationen kennenlernten, ließen das Vertrauen in die den Völkern gepredigten Lehren immer schwächer werden. In der Zwischenzeit wurde das Bedürfnis, den Sinn des Lebens zu erklären und den Widerspruch zwischen dem Streben nach Glück und Leben einerseits und dem immer schärferen Bewusstsein der Unausweichlichkeit von Unheil und Tod andererseits aufzulösen, immer dringlicher.

Der Mensch wünscht sich das Gute, sieht darin den Sinn seines Lebens, und je mehr er lebt, desto mehr sieht er, dass dieses Gute für ihn unmöglich ist; der Mensch wünscht sich das Leben, seine Fortsetzung, und sieht, dass er wie alles, was um ihn herum existiert, zur unausweichlichen Vernichtung und zum Verschwinden verurteilt ist; der Mensch verfügt über Vernunft, sucht nach einer vernünftigen Erklärung für die Phänomene des Lebens und findet doch keine vernünftige Erklärung, weder für das eigene Leben, noch für das Leben der anderen. War in der Antike das Bewusstsein dieses Widerspruchs zwischen dem menschlichen Leben, das nach Heil und Dauer verlangt, und der Unvermeidlichkeit von Tod und Leid nur den besten Köpfen wie Salomo, Buddha, Sokrates, Laotse und weiteren eigen, so wurde dies in späteren Zeiten zu einer Wahrheit, die jedem zugänglich ist; und deshalb wurde die Auflösung dieses Widerspruchs notwendiger denn je.

Gerade zu jener Zeit, als die Auflösung des Widerspruchs zwischen dem Streben nach Heil und Leben und dem Bewusstsein seiner Unmöglichkeit [Vergeblichkeit] für die Menschheit besonders schmerzlich notwendig wurde, da wurde den Menschen die christliche Lehre in ihrer wahren Bedeutung gegeben.

Die alten religiösen Lehren versuchten durch die Versicherung der Existenz eines Schöpfergottes, eines Versorgers [Erhalters] und Erlösers, den Widerspruch des menschlichen Lebens zu verbergen; die christliche Lehre dagegen zeigt den Menschen diesen Widerspruch in seiner ganzen Stärke, zeigt ihnen, dass er sein muss, und führt aus der Erkenntnis des Widerspruchs hin zu seiner Auflösung. Der Widerspruch besteht in Folgendem.

Einerseits ist der Mensch nämlich ein Tier und kann nicht aufhören, ein Tier zu sein, solange er in einem Körper lebt; andererseits ist er ein geistiges Wesen, das alle tierischen Bedürfnisse des Menschen verneint.

Der Mensch lebt in der ersten Zeit seines Lebens, ohne zu wissen, dass er lebt – er lebt also nicht sich selbst, sondern durch ihn lebt die Lebenskraft, die in allem lebt, was wir kennen. Der Mensch beginnt erst zu leben, wenn er weiß, dass er lebt. Er weiß, dass er lebt, wenn er weiß, dass er dasselbe für sich wünscht und dass andere Wesen dasselbe wünschen. Dieses Wissen wird ihm durch seinen erwachten Geist gegeben.

Nachdem der Mensch gelernt hat, dass er lebt und sich sein Wohlergehen wünscht und dass andere Wesen dasselbe wünschen, lernt er unweigerlich auch, dass das Wohlergehen, das er sich für sein individuelles Wesen wünscht, ihm nicht zur Verfügung steht und dass er – statt das von ihm gewünschte Wohlergehen zu erlangen – unweigerlich leiden und sterben wird und dass allen anderen Wesen dasselbe widerfahren wird. Es gibt somit einen Widerspruch, für den der Mensch eine Lösung sucht, in welcher sein Leben, so wie es ist, einen vernünftigen Sinn hat. Er will, dass sein Leben so bleibt, wie es vor dem Erwachen seiner Vernunft war, d. h. ganz tierisch, oder aber dass es schon ganz geistig wäre. Der Mensch will ein Tier oder ein Engel sein, kann aber weder das eine noch das andere.

Und hier nun liegt die Lösung dieses Widerspruchs, die von der christlichen Lehre eröffnet wird. Sie sagt dem Menschen, dass er weder Tier noch Engel ist, sondern ein aus dem Tier geborener Engel sei, ein aus einem Tier geborenes geistiges Wesen –; dass unser ganzes Dasein in dieser Welt nichts anderes sei als diese Geburt.

Sobald der Mensch zum vernünftigen Bewusstsein erwacht, sagt ihm dieses Bewusstsein, dass er das Heil begehrt; und da sein vernünftiges Bewusstsein in seinem abgetrennten Wesen erwacht ist, scheint es ihm, dass sich sein Verlangen nach dem Wohl auf sein einzelnes Wesen bezieht. Aber eben jenes Vernunftbewusstsein, das sich ihm als ein das Heil begehrendes getrenntes Wesen gezeigt hat, zeigt ihm auch, dass dieses abgetrennte Wesen nicht jenem Verlangen nach dem Wohl und dem Leben entspricht, das er ihm zuordnet; er sieht, dass dieses (ab)getrennte Wesen weder das Heil noch das Leben erlangen kann.

„Was hat denn ein wahres Leben?", fragt er sich und sieht, dass weder er noch die Wesen um ihn herum ein wahres Leben haben, sondern nur das, was das Heil begehrt. Und indem er dies erkennt, hört der Mensch auf, sich selbst als von den anderen getrennte, körperliches und sterbliches Wesen zu verstehen, sondern erkennt sich selbst als das von den anderen untrennbare, geistige und daher nicht sterbliche Wesen, welches sich ihm durch sein vernünftiges Bewusstsein offenbart.

Dies ist die Geburt eines neuen geistigen Wesens im Menschen.

Das Sein, das sich dem Menschen durch sein vernünftiges Bewusstsein erschließt, ist das Verlangen nach dem Heil (Wohl), ist dasselbe Heilsverlangen, das vorher das Ziel seines Lebens war, nur mit dem Unterschied, dass sich das Verlangen nach dem Wohl bei dem früheren Wesen auf ein einzelnes körperliches Wesen bezog und sich selbst nicht erkannte; das gleiche Verlangen nach dem Wohl ist sich jetzt seiner selbst bewusst und bezieht sich daher nicht mehr auf etwas Individuelles, sondern auf alles Existierende.

Bei der ersten Erweckung des Geistes scheint es dem Menschen so, dass das Verlangen nach Heil, dessen er sich bewusst ist, sich nur auf den Körper bezieht, in dem es eingeschlossen ist. Aber je klarer und fester der Verstand wird, desto deutlicher wird, dass das wahre Wesen, das wahre Selbst des Menschen, sobald er sich seiner selbst bewusst ist, nicht sein Körper ist, der kein wahres Leben hat, sondern das Verlangen nach dem Heil (Wohl) in sich selbst, mit anderen Worten: *das Verlangen nach dem Heil für alles, was existiert*. Das Verlangen nach dem Heil (Wohl) von allem, was existiert, ist das, was allem, was existiert, Leben verleiht – das, was wir Gott nennen.

Das Wesen, das sich dem Menschen hier durch sein Bewusstsein offenbart, das Wesen, das geboren wird, ist also das, was allem Existierenden Leben gibt, ist Gott.

Nach den früheren Lehren musste der Mensch, um Gott zu erkennen, glauben, was andere Menschen ihm über Gott erzählten, wie Gott gleichsam die Welt und die Menschen schuf und sich dann den Menschen offenbarte; doch nach der christlichen Lehre erkennt der Mensch Gott unmittelbar durch sein Bewusstsein in sich selbst. Das Bewusstsein zeigt dem Menschen in sich selbst, dass das Wesen seines Lebens der Wunsch nach dem Heil für alles Existierende ist; dies ist etwas Unerklärliches und mit Worten Unaussprechliches, zugleich aber das dem Menschen Nächste und Verständlichste.

Der Ursprung seines Verlangens nach Heil erschien im Menschen zuerst als das Leben seiner eigenen (getrennten) tierischen Kreatur; hernach als das Leben jener Wesen, die er liebte; schließlich, seit das vernünftige Bewusstsein in ihm erwachte, erschien das Heilsverlangen als Wunsch nach dem Wohl für alles Existierende.

Der Wunsch nach dem Heil für alles, was existiert, ist der Ursprung allen Lebens, ist die Liebe, ist Gott, so wie es im Evangelium heißt, dass Gott Liebe ist.

7.

GEBETE
(Molitvy | МОЛИТВА, 1909)[12]

(Übersetzungsprogramm,
unter Abgleichung redigiert)

1

Du willst Hilfe von Gott, aber die Hilfe ist in dir selbst. Liebe nur alle, liebe sowohl in Taten als auch in Worten und Gedanken, und es wird dir die Hilfe da sein, die du suchst.

2

Ich will nichts von den Menschen, denn ich weiß, dass mein Wohl nicht in ihrer Liebe zu mir liegt, sondern in meiner Liebe zu ihnen. Und deshalb will ich nicht daran denken, ob die Menschen mich gut oder schlecht beurteilen, sondern nur denken an das Urteil des Gottes, der in mir lebt. Und ich weiß, dass der einzige Weg, diesem Gott zu gefallen, darin besteht, die Menschen in Tat, Wort und Gedanken zu lieben.

3

Ich weiß nicht, was mit mir in einem Jahr, in einem Tag, in einer Stunde geschehen wird. Ich weiß nur, dass alles nach deinem Willen geschehen wird. Und alles, was nach deinem Willen geschieht, ist gut. Deshalb will ich nur eines: immer in dir und mit dir sein. Doch um immer in dir und mit dir zu sein, so weiß ich, ist eines unabdingbar: die Menschen zu lieben. Ich werde mich daran erinnern und all meine Kraft darauf verwenden.

---

[12] Textquelle | Molitvy (Gebete, 1909). In: Russische Gesamtausgabe [Polnoe sobranije sočinenij v 90 tomach]. Band 90, S. 143-147; mit Hilfe des Programms https://www.deepL.com/translator ins Deutsche übertragen und unter vergleichender Heranziehung einer Übersetzung von Dorothea Trottenberg (2014; siehe Anhang) vom Herausgeber dieses Bandes redigiert.

4

Kindergebet

Ich lebe durch Leib und Seele. Der Körper erkrankt, altert und stirbt. Die Seele soll nicht krank werden, nicht alt werden und nicht sterben. Der Körper freut sich nur über das Gute in sich selbst, die Seele freut sich über das Gute in allem, was lebt. Gott lebt in der Seele, und Gott will das Gute für alle, und deshalb will die Seele nicht nur für sich selbst das Gute, sondern für alle Lebewesen. Ich werde somit nicht durch den Körper leben, sondern durch die Seele, um mich nicht am Guten in meinem Körpers, sondern über das Gute in allem Lebendigen zu erfreuen. Ich werde mich nicht um meinen Körper kümmern, so dass es mir allein gut geht, sondern ich werde danach streben, anderen das zu tun, was ich mir selbst wünsche: allen gegenüber wohlwollend sein, allen Gutes zu tun, alle zu lieben.

5

Ich weiß nicht, ob ich bis morgen leben werde, ob alle Menschen, die ich liebe und die mich lieben, den morgigen Tag erleben, oder ob sie heute oder morgen vor mir sterben werden. Ich weiß nicht, ob ich gesund oder krank, satt oder hungrig, von den Menschen geachtet oder verachtet sein werde. Alles, was ich weiß, ist, dass alles, was mir und allen, die ich liebe, widerfährt, dem Willen dessen entspricht, der in der Welt und in meiner Seele lebt. Und alles, was nach seinem Willen geschieht, ist gut. Deshalb werde ich nicht darüber nachdenken, was mit mir und all denen, die ich liebe, geschehen wird. Ich werde nur nach einem streben: immer bei ihm zu sein, den ich durch die Liebe in mir weiß. Dazu brauche ich nur eines: alle zu lieben, in Taten, in Worten und in Gedanken, das heißt, allen, mit denen ich zusammen sein werde, Gutes zu tun, wie ich es vermag, niemandem und über niemanden Schlechtes zu sagen, und vor allem in meinen Gedanken nicht zuzulassen, dass ich Schlechtes von Menschen denke. Dies werde ich im Auge behalten und all meine Kräfte darauf verwenden.

6

Wenn ich in der Liebe bin, ist Gott in mir und ich bin in Gott. Und wenn Gott in mir ist und ich in Gott bin, ist alles gut, und mir kann nichts Schlimmes passieren. So werde ich immer in der Liebe zu allen sein, sowohl in Taten als auch in Worten und vor allem in Gedanken.

7

Am Morgen

Ich erinnere mich daran, dass Gott die Liebe ist, und um gut zu leben, muss man alle lieben, in Liebe sein: auf niemanden zornig sein, allen nachgeben, über niemanden etwas Schlechtes sagen oder etwas Schlechtes über jemanden denken.

Am Abend

Lass mich daran denken, was ich heute gegen Menschen falsch gemacht habe; auf wen ich zornig war; wem und in welcher Sache ich nicht nachgegeben habe; von wem ich Böses gesagt und gedacht habe; wem ich hätte dienen können und es nicht getan habe.

Tolstoi-Porträt, Jasnaja Poljana 1909:
gemalt vom Künstler
Ivan Kirillovich Parkhomenko
И. К. Пархоменко (1870-1940)

commons.wikimedia.org

VI.
Selbstzeugnisse Tolstois
aus Tagebuchblättern und Briefen
1851-1910

1.
„SELIGKEIT IM GEBET"
Tagebucheintrag, 11. Juni 1851

„Gestern habe ich fast die ganze Nacht nicht geschlafen. Nachdem ich das Tagebuch geschrieben hatte, begann ich zu Gott zu beten. Die Seligkeit, die ich im Gebet empfand, kann ich unmöglich beschreiben …

Wenn man das Gebet als Bitte oder Dank ansieht, so habe ich nicht gebetet. Ich ersehnte etwas Höchstes und Gutes; was aber – das kann ich nicht aussprechen, obgleich ich genau empfand, was ich wünschte. Ich wollte mich mit dem all umfassender Wesen vereinen; ich bat Ihn, mir meine Verbrechen zu verzeihen; doch nein, auch darum bat ich nicht, weil ich fühlte, daß Er, wenn Er mir diese selige Minute geschenkt, mir auch schon verziehen habe. Ich betete und empfand zugleich, daß ich um nichts zu bitten habe, daß ich nicht bitten kann und nicht zu bitten verstehe. Ich dankte Ihm, doch nicht in Worten und nicht in Gedanken. In dem einen Gefühl vereinigte ich alles, Bitte und Dank. Das Gefühl der Angst war völlig verschwunden. Keines der Gefühle – Glauben, Hoffnung, Liebe – hätte sich von dem allgemeinen Gefühle trennen können. Ja, das Gefühl, das ich gestern empfand, war Liebe zu Gott, erhabene Liebe, die alles Gute bejaht und alles Böse verneint. Wie schrecklich war mir der Gedanke an die kleinlichen und häßlichen Seiten des Lebens! Ich konnte nicht fassen, wie sie mir so verführerisch hatten erscheinen können. Wie bat ich Gott reinen Herzens, mich in Seinen Schoß aufzunehmen! Ich fühlte meinen Leib nicht mehr, ich war … doch nein, das Fleischliche, das Irdische, zog mich wieder in seinen Bann; noch war keine Stunde vergangen, und schon hatte ich fast bewußt die

Stimme des Lasters, der Eitelkeit vernommen, die nichtige Seite des Lebens gesehen; ich wußte, woher diese Stimme kam, wußte, daß sie meine Seligkeit zerstören würde, kämpfte und unterlag. Ich schlief ein und träumte von Ruhm und Weibern; aber ich bin nicht schuld, ich konnte nicht anders.

Ewige Seligkeit auf dieser Erde ist unmöglich. Leiden sind notwendig. Warum? Ich weiß es nicht. Aber wie wage ich zu sagen: ich weiß es nicht? Wie erdreiste ich mich zu denken, daß man die Wege der Vorsehung kennen kann? Sie ist der Urquell aller Vernunft, und die Vernunft will sie durchdringen?

Die Vernunft verliert sich in den unendlichen Tiefen der Allweisheit Gottes, und das Gefühl scheut sich, Ihn zu kränken. Ich danke Ihm für den Augenblick der Glückseligkeit, den Er mir geschenkt hat und der mir zugleich meine Richtigkeit und meine Größe gezeigt hat. Ich möchte beten und kann es nicht. Ich will Ihn erfassen und wage es nicht, – ich ergebe mich in Seinen Willen!

Wozu habe ich das alles geschrieben? Wie flach, matt, ja sinnlos habe ich meine Empfindungen ausgedrückt; und sie waren doch so erhaben!!"[1]

2.
„RELIGION CHRISTI, ABER GEREINIGT"
Aus dem Tagebuch. Sewastopol,
5. März 1855

[An einem Tag mit Abendmahlempfang.] „Das Gespräch über Gottheit und Glauben brachte mich auf einen großen, gewaltigen Gedanken, dessen Verwirklichung mein Leben zu weihen ich mich fähig fühle. Dieser Gedanke ist die Gründung einer neuen Religion, die der Entwicklung der Menschheit entspricht, der Religion Christi, aber gereinigt vom Glauben und vom Geheimnisvollen, – einer praktischen Religion, die keine künftige Seligkeit verheißt, aber die Seligkeit auf Erden verleiht. Diesen Gedanken verwirklichen kön-

[1] Zit. Leo TOLSTOI. Ein Leben in Selbstbekenntnissen. Tagebuchblätter und Briefe. Herausgegeben von Arthur Luther. Leipzig: Bibliographisches Institut. Leipzig 1923, S. 38-40. [Kurztitel nachfolgend: EIN LEBEN IN SELBSTBEKENNTNISSEN 1923]

nen nur Generationen, die bewußt auf dieses Ziel hinarbeiten; das
verstehe ich wohl. Eine Generation wird den Gedanken der folgenden vermachen, und irgendeinmal werden Fanatismus oder Vernunft ihn in die Tat umsetzen. Bewußt auf die Einigung der Menschen durch die Religion hinarbeiten – das ist die Grundlage der
Idee, die, wie ich hoffe, mich fortreißen wird."[2]

3.
„… ICH FAND, DASS ES EINE UNSTERBLICHKEIT GIBT"
An die Gräfin Alexandra Alexandrowna Tolstaja,
3./4. Mai 1859[3]

„… Mein Gott! Wie haben Sie mich heruntergemacht! Bei Gott, ich
kann noch gar nicht zu mir kommen! Aber Scherz beiseite, liebe Babuschka, ich bin ein übler, nichtsnutziger Bursche, ich habe Ihnen
weh getan, aber war es denn nötig, mich so grausam zu bestrafen?
Alles, was Sie da sagen, ist richtig und auch wiederum falsch. Die
Überzeugungen eines Menschen – nicht diejenigen, die er kundgibt,
vielmehr diejenigen, die er durch sein ganzes Leben erworben hat –
kann schwerlich ein anderer verstehen, und Sie kennen auch nicht
die meinigen. Würden Sie sie kennen, so wären Sie nicht so über
mich hergefallen. Gleichwohl will ich versuchen, Ihnen mein Glaubensbekenntnis abzulegen. Als ich noch ein Kind war, glaubte ich
feurig, sentimental und ohne mir irgend welche Gedanken zu machen. Später, ich war gegen 14 Jahre alt, begann ich über das Leben
ganz im allgemeinen nachzudenken und stieß dabei auf die Religion. Sie fügte sich nicht meinen Theorien, und natürlich hielt ich es
für ein Verdienst, sie zu verneinen. Ohne sie lebte ich zehn Jahre

---

[2] Zit. EIN LEBEN IN SELBSTBEKENNTNISSEN 1923, S. 58.

[3] Textquelle | Leo TOLSTOI: Religiöse Briefe. Übersetzt und herausgegeben von
Karl Nötzel. Sannerz/Leipzig: Gemeinschafts-Verlag Eberhard Arnold 1923, S. 9-
11 (abweichende Datierung in anderen Briefeditionen). – *Alexandra Alexandrowna
Tolstaja* (1817-1904) war Tolstois nur ein Jahrzehnt ältere Großtante und Hofdame
am Hof des Zaren. Tolstoi, dem die enge Freundschaft mit ihr sehr viel bedeutete,
nennt sie in Briefen auch ,Babuschka', d. h. Großmutter, und sich selbst ihren
,Enkel'.

ganz ruhig: Alles lag mir klar, logisch und in Zusammenhang miteinander vor Augen – und für die Religion war dabei kein Platz. Es kam dann eine Zeit, wo mir alles offenbar zu sein schien, Geheimnisse gab es überhaupt nicht für mich im Leben, aber das Leben selber begann seinen Sinn zu verlieren. Zu dieser Zeit war ich einsam und unglücklich – ich lebte damals im Kaukasus. Ich fing an, so tief nachzudenken, wie der Mensch nur einmal im Leben die Kraft findet. Ich besitze Aufzeichnungen aus jener Zeit, und wenn ich jetzt darin blättere, kann ich gar nicht begreifen, wie ein Mensch bis zu einem solchen Grad von geistiger Überspanntheit zu gelangen vermochte, wie ich damals. Diese Zeit war sowohl qualvoll wie schön. Niemals, weder vordem noch nachdem, erreichte ich eine solche Höhe des Gedankens wie in jener Zeit, die ungefähr zwei Jahre währte. Und alles, was ich damals fand, wird für immer meine Überzeugung bleiben. Anders kann ich nicht. In zweijähriger geistiger Anstrengung fand ich etwas ganz Einfaches und Uraltes, ich bin dessen aber so gewiss wie niemand gewisser sein kann – ich fand, dass es eine Unsterblichkeit gibt, dass es eine Liebe gibt, und dass man den Nächsten lieben muss, wenn man ewig glücklich sein will. Diese Entdeckungen setzten mich in Staunen durch ihre Ähnlichkeit mit der christlichen Religion. Aber statt ihr selber auf den Grund zu gehen, begann ich sie im Evangelium zu suchen; dort fand ich aber wenig. Ich fand weder Gott, noch den Erlöser noch die Sakramente, mit einem Wort gar nichts; ich suchte mit allen Kräften meiner Seele, ich weinte und quälte mich und hatte keinen anderen Wunsch als nach Wahrheit. Glauben Sie um Gotteswillen nicht, Sie könnten aus diesen, meinen Worten auch nur ein ganz klein wenig die ganze Kraft und Insichgeschlossenheit meines damaligen Suchens begreifen. Das ist eines jener Geheimnisse der Seele, wie sie jeder von uns besitzt; ich kann aber wohl sagen, dass ich selten bei anderen eine solche Leidenschaft nach der Wahrheit fand, wie sie damals in mir lebte. So blieb ich denn bei meiner Religion und ich kam dabei gut aus im Leben. Ich muss zugeben auch jetzt noch.

(4. Mai): Dieses hatte ich sogleich geschrieben, nachdem ich Ihren Brief empfangen hatte. Ich unterbrach mich, weil ich mich überzeugte, dass dies alles nur ein Geschwätz sei, das Ihnen nicht zum hundertsten Teil einen Begriff dessen geben werde, was eigentlich vorliegt, und es deshalb keinen Zweck hat, fortzufahren. Da ich mir

aber ein für allemal das Wort gegeben habe, niemals die Briefe an Sie zu überarbeiten, so schicke ich Ihnen auch diesen. Die Sache ist die, ich liebe und achte die Religion, ich glaube, dass der Mensch ohne sie weder gut noch glücklich sein kann. Ich möchte sie lieber haben als alles andere auf der Welt, ich fühle, dass ohne sie mein Herz mit jedem Jahre trockener wird, ich hoffe noch, und in frommen Augenblicken scheint es mir so, als glaube ich, ich habe aber tatsächlich keine Religion, und ich glaube auch nicht – außerdem macht bei mir das Leben die Religion, und nicht die Religion das Leben. Wenn ich gut lebe, bin ich, so scheint mir, ihr näher, es kommt mir dann so vor, als werde ich gerade im nächsten Augenblick in diese Welt des Glückes eingehen; lebe ich aber schlecht, so scheint es mir, als sei die Religion überhaupt nicht nötig. – Jetzt auf dem Lande bin ich mir so widerlich, fühle ich eine solche Trockenheit im Herzen, dass es mir furchtbar und eklig zumute ist, und ich die Notwendigkeit einer Religion stärker empfinde. Gott gebe, die Zeit wird kommen. – Sie lachen über die Natur und die Nachtigall, sie ist aber für mich – der Führer zur Religion. Jede Seele hat ihren Weg, und dieser Weg ist unbekannt und wird nur in der Tiefe des Herzens empfunden. Vielleicht liebe ich auch Sie bloß deswegen. – Ach mein lieber Freund, meine Babuschka! Schreiben Sie mir doch häufiger. Mir ist es jetzt so eklig und traurig zumute auf dem Lande. So trocken und kalt ist es mir in der Seele, dass es mir selber schrecklich vorkommt. Ich habe nichts, wofür ich leben könnte. Gestern kamen mir diese Gedanken mit solcher Kraft, dass ich mich gründlich zu fragen begann: Wem erweise ich eigentlich Gutes? Wen liebe ich? Niemand! Und ich kann mich sogar nicht einmal mehr über mich selber grämen und über mich weinen. Selbst meine Reue ist kalt! Das ist nur ein Räsonnieren. Einzig und allein die Arbeit bleibt mir. Aber was bedeutet sie eigentlich? Eine Kleinigkeit – man wühlt da herum, man macht sich Sorgen und Mühe, aber das Herz wird kalt, es trocknet aus und stirbt ab. Ich schreibe Ihnen das nicht deshalb, damit Sie mir sagen, was das zu bedeuten hat, was man tun soll, und damit Sie mich trösten möchten, das ist ganz unmöglich. Ich schreibe Ihnen ganz einfach deshalb, weil ich Sie liebe, und Sie mich verstehen werden; öffnen Sie ein Fensterchen in Ihrem Herzen, lassen Sie da allen diesen Unsinn Ihres Enkels hinein, schließen Sie dann das Fensterchen wieder zu – und damit gut! Bitte antworten Sie mir nicht einmal hierauf. Die Hauptsache ist, dass ich mich selber nicht belügen kann. Ich habe eine kranke Schwester, eine alte Tante, Leibeigene, denen ich nützlich sein, und die ich verwöhnen könnte, aber mein Herz schweigt, und absichtlich das Gute zu tun – schäme ich mich. Um so mehr, als ich das Glück empfand (wenn auch sehr selten), tatsächlich Gutes zu tun, ohne das zu wissen, ganz zufällig, nur aus meinem Herzen heraus. Es vertrocknet jetzt, es wird hölzern, es zieht sich zusammen, und ich kann gar nichts dagegen tun. Sie haben keinen Grund auf unsersgleichen böse zu sein und uns zu schelten, Sie sollten mich bedauern und freundlich behandeln. Sie haben es gut. Sie haben stets einen Ort, wo Sie Ihre Seele erwärmen können, bei uns aber vertrocknet die Seele, man fühlt das, man entsetzt sich darüber – und hat kein Mittel dagegen. Leben Sie wohl, grüßen Sie die Ihrigen und vergessen Sie mich nicht … Jetzt möchte ich lachen und Luftsprünge machen und nur deshalb, weil ich vor fünf Minuten weinen wollte und weil ich Ihnen schreibe. L. Tolstoi".

4.

„DA KAMEN NUN DIE POPEN,
UND DER KLEINE ROSA SARG …"

Brief an A. A. Feth[4],

Januar 1872

Schon vor einigen Tagen erhielt ich Ihren lieben traurigen Brief und komme erst heute dazu, ihn zu beantworten.

Traurig, weil Sie schreiben, daß Tiutschew im Sterben liegt, daß das Gerücht umgeht, Turgenew sei tot, und weil Sie von sich sagen, die Maschine nutze sich ab und Sie wollten ruhig an das Nirwana denken. Bitte, geben Sie mir bald Nachricht, ob das bloß blinder Alarm war! Ich hoffe, daß es so ist und daß Sie in der Abwesenheit von Maria Petrowna unbedeutende Symptome für die Wiederkehr Ihrer schrecklichen Krankheit angesehen haben.

---

[4] [*Feth* (Fet): Pseudonym für den befreundeten Dichter *Afanassi Afanasshewitsch Schenkin* (1820-1892).]

Über das Nirwana gibt es nichts zu lachen und erst recht nichts sich zu ärgern. Uns allen (mir wenigstens), das fühle ich, ist es viel interessanter als das Leben, aber ich gebe zu, daß ich, soviel ich auch daran denken mag, nichts anderes ausdenken kann, als daß dieses Nirwana das Nichts ist. Ich trete nur für eines ein – für die religiöse Ehrfurcht, das Grauen vor diesem Nirwana.

Wichtiger als dieses ist doch nichts.

Was verstehe ich unter religiöser Ehrfurcht? Dieses: Ich kam neulich zu meinem Bruder; sein Kind war gerade gestorben und wurde begraben. Da kamen nun die Popen, und der kleine rosa Sarg, und alles, was dazu gehört. Mein Bruder und ich äußerten unwillkürlich gegeneinander unsern Abscheu vor dem Zeremoniell. Und dann dachte ich: was aber hätte denn mein Bruder tun müssen, um endlich den verwesenden Leib des Kindes aus dem Hause zu schaffen? Wie soll man überhaupt die Sache anständig zum Abschluß bringen? Besser kann man's doch nicht machen (mir ist wenigstens nichts eingefallen) als mit Totenmessen, Weihrauch usw. Wie soll man selbst aus der Welt scheiden? Sein Bett naß machen ... und weiter nichts? Das ist nicht schön! Man möchte die Bedeutung und Wichtigkeit, die Feierlichkeit und das religiöse Grauen vor diesem größten Ereignis im Leben eines jeden Menschen völlig zum Ausdruck bringen. Und ich weiß nichts Passenderes als Begleitung für alle Lebensalter, alle Entwicklungsstufen als den religiösen Ritus. Bei mir wenigstens rufen diese kirchenslawischen Worte durchaus jenen metaphysischen Enthusiasmus hervor, den man empfindet, wenn man über das Nirwana nachdenkt. Die Religion ist schon dadurch wunderbar, daß sie so viele Jahrhunderte lang, so vielen Millionen Menschen diesen Dienst geleistet hat, den größten Dienst, den in solchen Momenten etwas Menschliches leisten kann. Wie kann sie bei solch einer Aufgabe logisch sein? Aber irgend etwas ist an ihr. Nur an Sie erlaube ich mir solche Briefe zu schreiben. Schreiben aber wollte ich, und Ihr Brief hatte mich besonders wehmütig gestimmt. ..."[5]

---

[5] Zit. Ein Leben in Selbstbekenntnissen 1923, S. 123-124.

„… PLÖTZLICHE BEKEHRUNGEN KÄMEN NICHT VOR"

An die Gräfin Gräfin Alexandra Alexandrowna Tolstaja,
April 1876[6]

… Nicht umsonst schrieb ich Ihnen, liebe Freundin Alexandrine, und forderte Sie auf zu einem Briefwechsel mit mir, und mein Irrtum war mir dabei noch förderlich – was für schöne Briefe habe ich von Ihnen erhalten, besonders den letzten!

Ich dachte gar nicht daran, Ihnen einen Vorwurf daraus zu machen, dass Sie mich zu überzeugen oder zu bekehren suchten; ich schrieb Ihnen nur, indem ich Sie ein wenig aufzog: Suchen Sie mich nicht zu bekehren, denn in solchen Bemühungen finde ich häufig etwas Falsches; aus Ihrem letzten Brief ersehe ich aber, dass Sie selber dieses falsche Empfinden viel besser kennen als ich. Meine Warnung war also überflüssig; ich entschuldige mich deswegen. Ich gestehe indes, dass ich dies schrieb, um (wie ich bereits sagte) Sie zu möglichstem Eifer zu veranlassen in einer Frage, die mir jetzt sehr, sehr wichtig ist, und in welcher ich stets von Ihnen Hilfe verlangte.

Sehr erfreulich war es mir auch zu erfahren (wenn ich Sie richtig verstand), dass auch Sie der Meinung sind, plötzliche Bekehrungen kämen nicht vor, oder doch nur selten – (ich meine solche in einem Augenblick) und dass man durch Mühe und Qualen hindurchgehen muss. Dieser Gedanke erfreut mich, denn ich habe mich viel gequält, und mir viel Mühe gegeben, und in der Tiefe meiner Seele weiß ich, dass diese Mühe und diese Qualen das allerbeste sind von dem, was ich auf der Welt habe. Auch muss diese Tätigkeit ihren Lohn haben: Wenn das auch nicht in der Beruhigung des Glaubens geschieht, so ist doch das Bewusstsein, sich gemüht zu haben, an sich schon ein Lohn, jene Theorie aber von der Gnade, die im Englischen Klub oder auf einer Versammlung von Aktionären auf den Menschen herabfällt, kam mir nicht nur stets dumm, vielmehr unsittlich vor.

Sie sagen, Sie wüssten nicht, woran ich glaube. Es ist mir seltsam und schrecklich es zu sagen: An gar nichts von dem, was uns die Religion lehrt; aber dabei hasse und verachte ich nicht nur den Un-

---

[6] Textquelle | Leo TOLSTOI: Religiöse Briefe. Übersetzt von K. Nötzel. Sannerz / Leipzig1923, S. 11-12.

glauben, ich sehe auch gar keine Möglichkeit, ohne Glauben zu leben und noch weniger, ohne Glauben zu sterben. Und so baue ich mir denn allmählich meine Glaubenssätze auf, sie sind nur alle – zwar fest gegründet, aber sehr unbestimmt und wenig tröstlich. Wenn der Verstand fragt – antworten sie gut; tut aber das Herz weh und bittet es um Antwort, so gibt es keine Stütze und keinen Trost. Mit den Forderungen meines Verstandes und den Antworten, die mir die christliche Religion erteilt, befinde ich mich in der Lage, wie zwei Hände, die sich ineinander legen möchten, aber nur mit den Fingern aneinander stoßen. Ich hege den Wunsch, sie in Einklang zu bringen, aber je mehr ich mich bemühe, um so schlechter geht es damit; und dabei weiß ich sehr wohl, dass dies möglich ist, dass eines für das andere geschaffen ward.

Ich wollte eigentlich gar nichts von mir erzählen, aber unwillkürlich ließ ich mich fortreißen. Bitte, folgen Sie meinem Beispiel, d. h. sprechen Sie von sich selber und nicht von mir … Ich küsse Ihre Hand | Ihr L. Tolstoi.

6.

„NARR IN CHRISTO"

An N. N. Strachow[7], 1877

„… Es ist qualvoll und erniedrigend, in voller Untätigkeit zu leben, und es ist widerlich, sich damit zu trösten, daß man sich schonen und auf irgendeine Inspiration warten muß. Alles das ist trivial und kleinlich. Wenn ich allein wäre, würde ich nicht Mönch werden, sondern Narr in Christo, d. h. ich würde nichts im Leben schätzen und niemandem Böses tun. Bitte, trösten Sie mich nicht, – am allerwenigsten damit, daß ich ‚Dichter' bin. Damit tröste ich mich schon lange und besser als Sie, aber das wirkt nicht; es gibt mir nur die Möglichkeit, meine Klagen ausströmen zu lassen, doch das tröstet mich nicht mehr. Vor ein paar Tagen hörte ich zu, wie der Priester den Kindern Katechismusunterricht erteilte. Alles das war so abscheulich. Es ist so augenscheinlich, daß die klugen Kinder nicht nur

---

[7] *Nikolai Nikolajewitsch Strachow | Strachoff* (1828-1896), Philosoph, Literaturkritiker, Journalist und Bibliothekar.

diesen Worten nicht glauben, sondern daß sie diese Worte sogar verachten müssen – daß mir der Gedanke kam, zu versuchen, in katechetischer Form darzulegen, woran ich glaube, – und ich versuchte es. [→S. 150-155] Und der Versuch zeigte mir, wie schwer das für mich ist und vielleicht – ich fürchte – unmöglich. Und das macht mich traurig und bedrückt mich ..."[8]

7.

„RELIGION ... DIE GLEICHE FRAGE WIE FÜR EINEN ERTRINKENDEN"

An die Gräfin Alexandra Alexandrowna Tolstaja, Februar 1877[9]

Sie beleidigen mich, meine teure Freundin Alexandrine, wenn Sie bei mir eine falsche Scham annehmen in Fragen der Religion. Soeben habe ich Urussoff von ganzer Seele folgendes geschrieben, und ich wiederhole es Ihnen: Für mich ist die Frage der Religion ganz die gleiche Frage wie für einen Ertrinkenden die Frage, woran er sich halten kann, um dem drohenden Verderben zu entgehen, das er bereits mit seinem ganzen Wesen empfindet. Und gerade die Religion offenbart sich mir schon zwei Jahre als dieser mögliche Weg zur Rettung. Deshalb kann von einer falschen Scham gar nicht die Rede sein. Die Sache ist aber die, sobald ich nur nach diesem Brett greife, fange ich mit ihm zusammen zu sinken an; und dabei halte ich mich noch irgendwie an der Oberfläche, solange ich nicht nach diesem Brett greife. Wenn Sie mich fragen, was mich eigentlich hindert, werde ich darauf nicht antworten, denn ich würde fürchten, Ihren Glauben zu erschüttern, und ich weiß, dass er das höchste Heil ist. Ich kann mir vorstellen, wie Sie darüber lächeln werden, dass meine Zweifel Sie erschüttern könnten. Es handelt sich hier aber gar nicht darum, wer besser urteilt, vielmehr darum, nicht zu versinken, und deshalb werde ich Ihnen das nicht sagen, mich vielmehr für Sie freuen und für alle, die in diesem Boot fahren, das mich nicht trägt. Ich habe einen Freund, den Gelehrten Strachoff, einen von den besten Menschen, die ich kenne. Wir gleichen einander außerordentlich

---

[8] Zit. EIN LEBEN IN SELBSTBEKENNTNISSEN 1923, S. 138.
[9] Textquelle I Leo TOLSTOI: Religiöse Briefe. Übersetzt von K. Nötzel. Sannerz / Leipzig 1923, S. 12-13.

in unseren religiösen Anschauungen. Wir sind beide überzeugt, dass die Philosophie gar nichts gibt, dass man ohne Religion nicht leben kann, und dabei können wir nicht glauben. In diesem Sommer wollen wir beide nach dem Kloster Optina wallfahrten, dort will ich den Mönchen alle Gründe angeben, derentwegen ich nicht glauben kann. Ich küsse Ihre Hand | Ihr L. Tolstoi.

8.

„VOM SUCHEN DES GLAUBENS"

An N. N. Strachow | Jasnaja Poliana, Januar 1878

„… Vom Suchen des Glaubens … Sie schreiben, alle Kompromisse mit dem Denken wären Ihnen zuwider; mir auch. Sie schreiben weiter, den Gläubigen sei jeder Unsinn recht, wenn er nur nach Frömmigkeit röche (ich würde sagen: wenn er nur von Glauben, Hoffnung und Liebe durchdrungen ist). Sie fühlen sich im Unsinn wie der Fisch im Wasser, das Klare und Bestimmte ist ihnen zuwider. Mir auch. Ich habe einmal angefangen, darüber zu schreiben, und ziemlich viel geschrieben, jetzt aber habe ich es liegen gelassen, weil andere Dinge mich ablenkten; doch ich rechne auf Ihre Fähigkeit (die ganz außerordentlich ist), andere zu verstehen, und so will ich versuchen, in diesem Briefe darzulegen, warum ich denke, daß das Ihnen seltsam Scheinende durchaus nicht seltsam ist. Die Vernunft sagt mir nichts und kann mir nichts sagen über drei Fragen, die man leicht in die eine fassen kann: Was bin ich? Die Antwort auf diese Fragen gibt mir ein Gefühl tief unten im Bewußtsein. Die Antworten, die mir dieses Gefühl gibt, sind unklar, dunkel, durch Worte (das Werkzeug des Denkens) nicht auszudrücken; aber ich bin nicht der einzige, der Antwort auf diese Fragen suchte und sucht. Die ganze Menschheit, die bisher gelebt hat, ist in jeder einzelnen Seele von den gleichen Fragen gequält worden und hat in jeder Seele die gleichen ungewissen Antworten erhalten. Milliarden gleichbedeutender unklarer Antworten verliehen diesen Antworten Bestimmtheit. Diese Antworten sind die Religion. Vom Standpunkt der Vernunft sind diese Antworten unsinnig. Unsinnig schon, weil sie in Worte gefaßt sind; sie antworten aber trotzdem auf die Fragen des Herzens. Als Ausdruck, als Form sind sie unsinnig, aber als Inhalt sind sie allein wahr. Wenn ich die Form ins Auge fasse, entschwindet mir der Inhalt; wenn ich auf den Inhalt sehe, frage ich nicht nach der Form. Ich suche meiner Natur gemäß Antwort auf die Fragen im Namen der Vernunft und verlange, daß sie in Worten ausgedrückt seien, also mit den Mitteln der Vernunft, und wundere mich daher, daß die Form der Vernunft nicht genügt. Nun werden Sie sagen: ‚Dann kann es eben auch keine Antworten geben.' Nein, Sie werden das nicht sagen, denn Sie wissen, daß diese Antworten vorhanden sind, daß nur von diesen Antworten alle Menschen leben und gelebt haben und daß auch Sie selbst von ihnen leben. Behaupten, daß es solche Antworten nicht geben könne, heißt ebensoviel wie beim Fahren über das Eis sagen, die Flüsse könnten nicht zufrieren, denn von der Kälte zögen die Körper sich zusammen und dehnten sich nicht aus. Sagen, diese Antworten wären unsinnig, heißt soviel wie: ich kann dabei etwas nicht verstehen. Und nicht verstehen können Sie, wie mir scheint, dieses: Antworten werden verlangt nicht auf Fragen der Vernunft, sondern auf Fragen andrer Art. Ich nenne sie Fragen des Herzens. Auf diese Fragen antworten die Menschen, seit ihr Geschlecht auf Erden lebt, nicht mit Worten, dem Werkzeug der Vernunft, einem Teil der Lebensäußerung, sondern mit dem ganzen Leben, mit Handlungen, von denen das Wort nur einen Teil bildet. All die Glaubensanschauungen, die ich habe und Sie und das ganze Volk, sind nicht auf Worten und logischen Schlüssen aufgebaut, sondern auf einer Reihe von Handlungen, auf dem Leben der Menschen, die unmittelbar (wie das Gähnen) aufeinander einwirkten, angefangen mit dem Leben der Abraham, Moses, Christus, der heiligen Väter, ihrem Leben und sogar ihren äußern Handlungen – Kniefällen, Fasten, Einhaltung der Feiertage usw. Aus der ganzen Masse unzähliger Handlungen dieser Menschen hoben sich aus irgendeinem Grunde gewisse Handlungen hervor und bildeten eine zusammenhängende Überlieferung, die als einzige Antwort auf die Fragen des Herzens erscheint. Und darum ist für mich in dieser Überlieferung nicht nur nichts Unsinniges, sondern ich verstehe sogar nicht, wie man an diese Erscheinungen den Maßstab des Sinngemäßen und des Unsinnigen legen kann. Die einzige Kontrolle, der ich diese Überlieferungen unterziehe und immer unterziehen werde, ist, ob die sich ergebenden Antworten mit der ungewissen Einzelantwort, die in der Tiefe meines Bewußtseins geschrieben steht (davon sprach ich schon vorhin), übereinstimmen. Wenn mir daher diese Überlieferung sagt, daß ich wenigstens einmal im Jahre Wein trinken muß, der das Blut Gottes genannt wird, so befolge ich dieses Gebot, wobei ich es auf meine Weise verstehe oder gar nicht verstehe. Es enthält nichts, was dem unklaren Bewußtsein widerspräche. Ebenso esse ich an bestimmten Tagen Kohl und an andern Fleisch; wenn mir aber die durch den Kampf des Verstandes mit den verschiedenen Deutungen entstellte Überlieferung sagt: Wollen wir alle beten, daß wir recht viel Türken totschlagen – oder gar sagt, wer nicht glaube, daß dieses wirkliches Blut sei, der usw., dann sage ich – und ich befrage dabei nicht den Verstand, sondern allenfalls nur die unklare und doch nicht zu bezweifelnde Stimme des Herzens –, dann sage ich, daß diese Überlieferung Lüge ist. Ich schwimme also ganz, wie der Fisch im Wasser, in den Widersinnigkeiten und unterwerfe mich ihnen nur dann nicht, wenn die Überlieferung von mir Dinge verlangt, denen sie einen Sinn gegeben hat, der im Widerspruch steht zu dem Grundunsinn des in meinem Herzen ruhenden unklaren Gefühls. Wenn Sie trotz der Ungenauigkeit meiner Ausdrücke meinen Gedanken verstehen, schreiben Sie mir, ob Sie ihm zustimmen oder nicht, und im letzteren Falle, warum Sie es nicht tun. Ich schäme mich, davon zu reden, aber ich sage, was ich fühle. Ich bin so überzeugt von dem, was ich sage, und diese Überzeugung macht mich so glücklich, daß ich nicht um meinetwillen Ihr Urteil wünsche, sondern Ihretwegen. Ich möchte, daß Sie dieselbe Ruhe und dieselbe Geistesfreiheit empfinden wie ich. Ich weiß, daß die Wege zur Erkenntnis selbst der formalen mathematischen Wahrheiten für jeden Geist verschieden sind, um so mehr muß das bei der Erkenntnis metaphysischer Wahrheiten der Fall sein, mir ist das aber so klar (wie ein Kunststück, das man Ihnen vorgemacht hat), daß ich nicht begreifen kann, wie andern dieses Kunststück noch unerklärlich erscheinen mag. Ich weiß auch, daß, wenn ich bei einer Reise nach Moskau den Weg in nördlicher Richtung nehme und in Tula in den Eisenbahnwagen steigen muß, dieses keineswegs allgemeine Regel für alle Menschen sein kann, die an den verschiedenen Enden der Welt zu Hause sind und nach Moskau kommen wollen, – ganz besonders für Sie, denn ich weiß, daß Sie sehr viel Gepäck haben (Ihre Kenntnisse und Ihre früheren Leistungen), aber ich kann Sie versichern, daß ich in Moskau bin, daß ich gar nicht mehr den

Wunsch haben kann, anderswohin zu reisen, und daß es in Moskau sehr schön ist …"[10].

9.

„DIE EINHEIT BESTEHT DARIN,
DAß JEDER ERLÖSUNG SUCHT UND SIE NUR
IN DER ENTÄUßERUNG SEINER SELBST FINDET"

Aus dem Tagebuch. Jasnaja Poliana, 2. Juni 1878

„Der Mensch wünscht und liebt es, alle materiellen Güter für sich allein zu erwerben, die geistigen aber für andere zu gewinnen, um gelobt zu werden. Der Mensch soll alle materiellen Güter von sich werfen und andern überlassen, die geistigen Güter aber nur für sich allein erwerben.

Mit Gott kann man nicht verkehren, wenn man einen Vermittler und Zuschauer hineinmengt; nur Auge in Auge beginnt das wirkliche Verhältnis; nur wenn kein anderer von dir weiß und dich hört, hört Gott dich.

Kein Beweis, aber eine Erklärung der Formen meines Glaubens: 1. Wenn das Studium von Einzelheiten mich nicht befriedigt und vor allem nicht fesselt, wenn ich vielmehr etwas ganz erkennen und verstehen möchte, dann sehe ich, daß ich nichts wissen kann, daß mein Geist nur für das zeitliche Leben taugt, daß er als Mittel zu wirklichem Wissen nur ein Spielzeug ist, nur Betrug (Pascal). Wenn ich versuche, mir die Bedeutung meiner Empfindungen zu erklären, so sehe ich, daß mein Verstand es nicht einmal wagt, mich zu betrügen (Strachow). Wenn ich versuche, die Momente festzulegen, wo sich mir meine Unwissenheit, die Unmöglichkeit einer Erkenntnis zeigt, so finde ich die folgenden, nicht zu beantwortenden Fragen: a) Warum lebe ich? b) Was ist der Grund meines und eines jeden Daseins? c) Was ist der Zweck meines und eines jeden Daseins? d) Was bedeutet und was soll der Zwiespalt von Gut und Böse, den ich in mir fühle? e) Wie soll ich leben? f) Was ist der Tod? Die allgemeinste Formel für diese Fragen und die umfassendste ist aber: Wie werde ich erlöst? Ich fühle, daß ich zugrundegehe. Ich lebe und

---

[10] Zit. EIN LEBEN IN SELBSTBEKENNTNISSEN 1923, S. 138-141.

sterbe, ich liebe das Leben und fürchte den Tod, – wie werde ich erlöst?

2. Das vernünftige Denken – nicht nur meines, sondern das der ganzen Menschheit – gibt auf diese Frage keine Antwort. Selbst wenn es ganz nüchtern ist und genau sein will, sagt es, daß es diese Frage nicht einmal verstehe. Und doch frage ich und die ganze Menschheit: Wie werden wir erlöst? Das vernünftige Denken gibt keine Antwort. Aber ein Ergebnis des menschlichen Wirkens, das äußerlich dem vernünftigen Denken gleicht, weil es (teilweise) ebenso zum Ausdruck gelangt wie das vernünftige Denken, nämlich durch das Wort, gibt uns diese Antworten. Diese Antwort ist die Religion. Und es ist keine Antwort, die man mühevoll suchen muß, die vor den Menschen verborgen wäre und die nur auf einem besondern, schwierigen, künstlichen Wege entdeckt werden könnte. Wäre diese Antwort so, dann könnte man, angesichts der Kongruenz, die wir sonst in allem sehen, an ihrer Richtigkeit zweifeln; die Antwort ist aber so, daß sie stets die Frage selbst begleitet, daß es keinen Menschen gibt, der sie nicht fände. Sie fehlt nur den Menschen, die entweder die Frage nicht stellen, weil sie jung und leidenschaftlich sind und das Leben lieben, oder denen, welche die Antworten des Glaubens (die in Worte gekleidet sind) für vernünftige Antworten ansehen und von ihnen verlangen, daß sie sich vernunftgemäß beweisen lassen, – wobei sie vergessen, daß die Vernunft außerstande ist, Antworten darauf zu erteilen, vielmehr die Frage selbst schlechthin verneint. Aber die ganze Menschheit lebt heute noch und lebte immer und starb mit den Antworten auf diese Fragen.

Vielleicht aber sind diese Antworten Aberglaube? Ein Beweis dafür wäre, daß man auch ohne sie leben kann, leben in vollen Zügen. Aber einzelne Denker und verdorbene Menschen sind Ausnahmen und beweisen nichts. Ein anderer Beweis: sie haben keine Einheit. Doch, die Einheit ist vorhanden, und sie eben ist die Wahrheit. Ein dritter Beweis: sie sind unvernünftig. Aber die Antworten wollten ja auch gar nicht vernünftig sein. Wenn angenommen wird, sie sollten vernünftig sein, so nur weil die Antworten zum Teil in Worten ausgedrückt sind und das Wort das Werkzeug der Vernunft ist. Alle Antworten sind aber in der Überlieferung, in Taten, im Leben gegeben.

3. Was für eine Antwort oder was für Antworten gibt ihnen nun die Religion? Mit Ausnahme jener vereinzelten Menschen, die auf die vernünftige Frage: Wie werde ich erlöst? eine vernünftige Antwort suchen, sehen die übrigen, d. h. alle, klare und genaue Antworten in den Religionen: ‚Bringe Gott Menschenopfer' – ‚Geh nach Mekka und Medina zu Gottes Ehre' – ‚Stecke Votivkerzen an und küsse Reliquien zu Gottes Ehre' – ‚Sage dich los von dir selbst, töte dein Fleisch, liebe deine Feinde, gib dein Gut den Armen – zu Gottes Ehre, d. h. tu das Beste von allem, was dir als solches an Gott, d. h. dem Unfaßbaren, erscheint.' Das ist die allgemeine Antwort auf die Frage, was man tun solle; vorher aber werden auch Antworten auf die Frage erteilt, wie man es machen müsse, und diese Antworten sind unvernünftig, aber völlig verständlich und faßlich für die niedersten Wesen (verständlich für Affen), Antworten in Beispielen, in denen gesagt wird, wie man das Opfer töten müsse, wie man nach Mekka pilgern müsse, in was für Kleidern, was man essen dürfe.

In jeder Religion gibt es eine Anzahl Menschen, die das Hauptbeispiel des Meisters nachahmen, und ihnen braucht man bloß zu folgen.

Das sind die Antworten der Glaubensbekenntnisse, wenn man sie unabhängig von seinem persönlichen Verhältnis zum Glauben betrachtet. Der Mensch ahnt Gefahr und sucht Rettung, und der Glaube gibt ihm in Beispiel, Werk und Wort ein Mittel zur Rettung. Für den Wilden ist das Menschenopfer ein Schutzmittel gegen die Gefahren dieses Lebens, Gewitter, Brand, Krieg, für einige auch Rettung vor dem zürnenden Gott nach dem Tode. Für die Buddhisten ist das Heil in der Verneinung des Lebens. Für Mohammedaner und Christen ist sie auch Rettung vor dem Tode.

Hier nun scheint es so natürlich und vernünftig zu sagen: wenn dem Wilden der Mord Wahrheit scheint, dem Buddhisten die Askese, dem Christen die Selbstaufopferung, so ist es, da es nur eine Wahrheit gibt, augenscheinlich, daß der Glaube keine Wahrheit enthält, also Lüge ist. Allein der Glaube sucht keine äußere Wahrheit, sondern Erlösung, und die verschiedenen Formen der Erlösung schließen die Einheit des Inhalts nicht aus.

Die Einheit besteht darin, daß jeder Erlösung sucht und sie nur in der Entäußerung seiner selbst findet.

5. Jeden Menschen persönlich befriedigt der Glaube vollständig, wie er auch sein mag, und er weist keinerlei Widerspruch auf. Wenn ein Widerspruch zutage tritt, ändert der Mensch seinen Glauben. Der Wilde gibt, solange er nichts kennt, was dem Götzen entgegensteht, seinen Willen auf und wird durch den Götzen erlöst. Wenn aber der Mohammedaner ihm von Gott als dem unsichtbaren Schöpfer spricht, gibt er den Götzen auf, und wieder ist kein Widerspruch vorhanden. Ich bin Christ und habe die Widersprüche der Heiligenbilder, Reliquien, Wunder von mir getan und begnüge mich mit dem Mittel der christlichen Erlösung, denn ich kenne kein anderes höchstes Prinzip und kann mir keins vorstellen, das dem Prinzip der Selbstaufopferung und der Liebe gleichkäme ..."[11]

10.

„IHR KREUZ IST DER HOF, MEINES DIE GEDANKENARBEIT"

An die Gräfin Alexandra Alexandrowna Tolstaja.

Jasnaja Poliana, März 1879

„... Ich verstehe das Wort ‚Kreuz, das wir tragen sollen', nicht so wie Sie. Wenn Gott mir hilft zu erfüllen, was ich plane; werden Sie es lesen; mündlich kann man es gelegentlich auch sagen, aber im Brief schreiben läßt es sich nicht. Ich sage nur, daß ‚Nimm dein Kreuz und folge mir nach' – ein einziges unteilbares Wort ist. ‚Nimm dein Kreuz' allein genommen hat meiner Ansicht nach keinen Sinn, denn es liegt nicht in unserer Macht, das Kreuz zu nehmen oder nicht zu nehmen; das Kreuz liegt auf uns, wir sollen nur nichts Unnützes tragen, nichts, was nicht zum Kreuz gehört. Und das Kreuz sollen wir nicht irgendwohin tragen, sondern Christo nach, d. h. indem wir sein Gesetz der Liebe zu Gott und zum Nächsten erfüllen. Ihr Kreuz ist der Hof, meines die Gedankenarbeit, die schlecht ist und eitel und voller Versuchungen ... Doch genug ...

Ich habe zwei Bitten an Sie, d. h. durch Sie an den Kaiser und die Kaiserin. Erschrecken Sie nicht! Ich hoffe, daß diese Bitten so leicht sind, daß Sie nicht nötig haben werden, mich abzuweisen. Die Bitte an die Kaiserin ist sogar derart, daß ich überzeugt bin, sie werde

---

[11] Zit. EIN LEBEN IN SELBSTBEKENNTNISSEN 1923, S. 143-146.

Ihnen dankbar sein. Es ist eine Bitte, die sie dem Kaiser unterbreiten soll – für drei alte Männer, Bischöfe der Raskolniki (einer ist neunzig Jahre alt, zwei ungefähr sechzig, der vierte ist in der Verbannung gestorben), die seit zweiundzwanzig Jahren als Verbannte im Susdalschen Kloster sitzen. Ihre Namen sind: Konon, Gennadij, Arkadij.

Als ich von ihnen hörte, wollte ich nicht glauben, wie Sie es gewiß auch nicht glauben werden, daß vier Greise für ihre religiösen Überzeugungen zweiundzwanzig Jahre in schwerer Haft sitzen … Sie wissen es besser als ich, ob man für sie bitten und sie befreien kann oder nicht. Und wie schön wäre es, sie in diesen Tagen zu befreien … Mir scheint, zu unserer gütigen Kaiserin paßt die Fürsprache für solche Menschen sehr gut …"[12].

11.
„MENSCHEN … MIT FLÜGELN"
Aus dem Tagebuch. Jasnaja Poliana, 28. Oktober 1879

„… Es gibt Menschen von dieser Welt, schwerfällige, ohne Flügel. Sie krabbeln immer unten herum. Es gibt starke unter ihnen – Napoleon; sie hinterlassen furchtbare Spuren unter den Menschen, rufen Verwirrung unter ihnen hervor, aber alles nur auf der Erde. Es gibt Menschen, die sich allmählich Flügel wachsen lassen, sich langsam heben und emporfliegen. Mönche. Es gibt leichte Menschen, mit Flügeln, die sich leicht über die Enge emporheben und wieder hinabsteigen – gute Idealisten. Es gibt welche mit großen starken Flügeln, die sich, um ihren Lüsten zu dienen, zur Menge herablassen, und ihre Flügel zerbrechen. So einer bin ich. Dann schlägt er mit dem zerbrochenen Flügel, schwingt sich mächtig aus und stürzt. Wenn die Flügel geheilt sind, fliege ich hoch hinauf. Gott helfe mir dazu!

Es gibt welche mit himmlischen Flügeln, die aus reiner Liebe zu den Menschen zur Erde hinabsteigen, die Flügel senken und die Menschen fliegen lehren. Wenn ihre Aufgabe erfüllt ist, stiegen sie wieder fort. Christus."[13]

---

[12] Zit. EIN LEBEN IN SELBSTBEKENNTNISSEN 1923, S. 148.
[13] Zit. EIN LEBEN IN SELBSTBEKENNTNISSEN 1923, S. 148

12.

„Ob ich … an den Gott-Menschen glaube …"

An die Gräfin Alexandra Alexandrowna Tolstaja, Februar 1880[14]

Zwei Tage sind es her, seit ich Ihren Brief empfing, meine teure Freundin, und ich habe bereits mehrmals, während ich noch im Bett lag, meine Antwort an Sie überdacht; jetzt weiß ich aber selber nicht, wie ich sie schreiben werde. Die Hauptsache ist, dass Ihr Glaubensbekenntnis dasjenige unserer Kirche ist. Ich kenne es und teile es nicht. Ich habe aber kein einziges Wort gegen diejenigen zu sagen, die diesen Glauben haben. Besonders wenn sie hinzufügen, das Wesen dieser Lehre beruhe in der Bergpredigt. Deren Lehren verneine ich nicht nur keineswegs, im Gegenteil: würden Sie mir sagen: Was ich lieber wünschte: dass meine Kinder ungläubig wären wie ich war, oder an das glaubten, was die Kirche lehrt, so würde ich, ohne einen Augenblick zu zögern, den Glauben der Kirche wählen. Ich weiß z. B., dass das ganze Volk nicht nur daran glaubt, was die Kirche lehrt, vielmehr auch noch eine Menge von Aberglauben hineinmischt, und ich (überzeugt, dass ich aufrichtig glaube) unterscheide mich nicht von einem Weibe, das glaubt, der Freitag bringe Unheil, und behaupte, dass dieses Weib und ich ganz genau in gleicher Weise (nicht mehr und nicht weniger) die Wahrheit wissen. Das kommt daher, weil jenes Weib und ich in gleicher Weise von ganzer Seele die Wahrheit lieben, sie zu erreichen streben und glauben. Ich unterstreiche das Wort „glauben" deshalb, weil man nur an das glauben kann, was wir nicht verstehen können, was wir aber auch nicht zu widerlegen imstande sind. Doch an das zu glauben, was mir wie eine Lüge vorkommt – das ist unmöglich. Nicht nur das; mir einzureden, ich glaubte an das, woran ich nicht glauben kann, und auch nicht zu glauben brauche, um meine Seele zu begreifen, um Gott zu verstehen, und die Beziehungen meiner Seele zu ihm – sich dieses einzureden, wäre etwas dem wirklichen Glauben durchaus Entgegengesetztes. Das ist Gotteslästerung – und ein Dienen dem Fürsten dieser Welt. Die erste Voraussetzung des Glaubens ist die

---

[14] Textquelle | Leo Tolstoi: Religiöse Briefe. Übersetzt von K. Nötzel. Sannerz / Leipzig 1923, S. 13-16

Liebe zur Menschheit, zur Wahrheit, zu Gott und ein reines Herz ohne Lüge. Das alles sage ich in Hinsicht darauf, weil ich jenes an das Unheilbringen des Freitags glaubende Weib verstehe, und ihr einen wirklichen Glauben zuerkenne, weil ich weiß, dass sie nicht einzusehen vermag, dass der Begriff des Freitags mit dem Gottesbegriff gar nichts gemein hat, dass sie sich die größte Mühe gibt zu erkennen und nicht imstande ist weiter zu sehen. Sie schaut dahin, wohin man schauen muss, sie sucht Gott, und Gott wird sie finden. Und zwischen mir und ihr besteht vor Gott gar kein Unterschied, denn meine Vorstellung von Gott, die mir so erhaben vorkommt, ist im Vergleich mit dem wirklichen Gott ebenso nichtssagend und missgestaltet, wie die Vorstellung jenes Weibes vom Freitag. Würde ich mich aber an Gott wenden vermittelst des Glaubens an den Freitag …, würde ich an den Sonntag glauben und an dergleichen mehr, so würde ich lästern, lügen und das zum Erreichen irgendwelcher irdischer Ziele tun, wirklicher Glaube aber würde und könnte dabei gar nicht im Spiele sein.

Und wie ich mich in voller Eintracht weiß mit den aufrichtig Gläubigen aus dem Volke, ganz ebenso fühle ich mich auch in Eintracht mit dem Kirchenglauben und mit Ihnen, wenn der Glaube aufrichtig ist, und Sie Gott mit dem vollen Blick Ihrer Augen anschauen, nicht durch Brillen, und ohne die Augen zusammenzukneifen. Ob Sie aber auf Gott so hinschauen oder nicht, ob Sie eine Brille stört, die Sie aufsetzten oder nicht – das kann ich nicht wissen. Ein Mann mit Ihrer Bildung ist dazu nicht imstande, so denke ich wenigstens. Von den Frauen weiß ich das aber nicht. Und deshalb staune ich über mich selber und tadle mich deswegen, dass ich alles das gesagt habe, was ich Ihnen sagte.

Vielleicht habe ich es aber nur deshalb gesagt, weil ich Sie liebe und fürchte, Sie möchten nicht feststehen, und wenn es Ihnen nötig wäre (es ist das aber stets nötig), würden Sie nicht Stütze und Halt dort finden, wo Sie solche zu finden hoffen. Ich sage aber „vielleicht"; wahrscheinlich habe ich aus Eitelkeit geschwätzt und Sie durch mein Geschwätz beleidigt und gekränkt. Dafür bitte ich Sie um Verzeihung. Ist dem so, und ich wünsche das von ganzem Herzen, so brauche ich Sie gar nicht zu belehren, Sie wissen alles selber. Wenn ich aber versuchte, Ihnen irgend etwas auseinanderzusetzen, so kann der Sinn meiner Worte nur der sein „Schauen Sie zu, ob das

Eis fest ist, über das Sie schreiten; wollen Sie nicht versuchen, es zu zerbrechen? Wenn es bricht, dann wäre es besser auf dem festen Lande zu gehen, hält es Sie aber, so ist das vortrefflich. Wir werden dann den ganzen Weg zusammengehen!"

Aber auch Sie sind gar nicht berechtigt mich zu belehren. Ich habe bereits bis zum festen Lande alles Eis, das sich als brüchig erwies, zerbrochen und jetzt fürchte ich schon gar nichts mehr, weil ich keine Kraft habe, das Eis zu zerbrechen, auf dem ich jetzt stehe – demnach ist das der richtige Boden. Leben Sie wohl. Zürnen Sie mir nicht und bemühen Sie sich, auf mich ebenso hinzublicken wie ich auf Sie hinschaue, und wünschen Sie mir das Gleiche, was ich mir selber, Ihnen und allen Menschen wünsche – nämlich nicht rückwärts zu gehen. Ich werde schon nicht das von mir selber zerbrochene Eis betreten und werde nicht auf ihm leicht und lustig dahingleiten. Doch mein vorwärts gerichteter Weg führt nicht dazu, mit Worten meine Beziehungen zu Gott: durch die Erlösung usw. zu bestimmen, vielmehr im Leben voranzuschreiten, jeden Tag, jede Stunde, indem ich den mir offenbar gewordenen Willen Gottes erfülle. Das aber ist sehr schwer, sogar unmöglich, wenn man sich sagt, dies sei unmöglich, dagegen ist das nicht nur möglich, vielmehr wird es als Pflicht empfunden und als leicht auszuführen, wenn ich mir nicht selber die Augen zuhalte, vielmehr ohne sie niederzuschlagen, Gott ins Angesicht schaue.

Ich begann kaum eben vom gestrigen Tage an so zu tun, und schon ward mein ganzes Leben anders, und alles, was ich vordem wusste, scheint mir sich umgekehrt zu verhalten, und alles, was mir vordem auf dem Kopf zu stehen schien, steht jetzt mit dem Kopf nach oben.

Ihr Sie aufrichtig liebender L. Tolstoi.

Ob ich an den Mensch-Gott oder an den Gott-Menschen glaube, kann ich Ihnen nicht sagen, und könnte ich das, so würde ich es nicht tun. Hiervon erzählen diejenigen, die auf dem Scheiterhaufen verbrannt wurden, und diejenigen, die sie verbrannten: „Wir haben Dich doch gerufen, indem wir Dich Gott nannten!" „Ich kenne Euch nicht, hebet Euch hinweg, Ihr, die Ihr Gesetzlosigkeit verübtet!"

Nachdem ich diesen Brief geschrieben hatte, fiel mir ein, Sie könnten mir den Vorwurf machen: „Ich sagte ihm doch, woran ich glaube, er aber hat es mir nicht gesagt!" Man kann aber gar nicht seinen Glauben in Worte fassen, Sie konnten das nur deshalb tun, weil Sie das wiederholten, was die Kirche sagt. Aber gerade das darf man nicht, soll man nicht, geht gar nicht an und ist Sünde. Wie kann man denn das aussprechen, wovon man lebt? Trotzdem will ich Ihnen sagen – nicht woran ich glaube, vielmehr welche Bedeutung Christus und seine Lehre für mich haben. Mir scheint, das ist es auch, wonach Sie mich fragen.

Ich und wir alle leben wie das Vieh und verrecken auch ebenso. Um uns aus dieser furchtbaren Lage zu erretten, ward uns durch Christus die Rettung geboten.

Wer ist Christus eigentlich? Ein Gott oder ein Mensch? – Er ist das, was er selber von sich sagt. Er sagt, er sei Gottes Sohn, er sagt, er sei des Menschen Sohn, er sagt: „Ich bin das, was ich euch sage, ich bin der Weg und die Wahrheit!" Er ist demnach gerade das, was er von sich selber sagt. Wollten aber dies alle auf eine einzige Bedeutung bringen und sagen: Er und …, so würde Gotteslästerung herauskommen, Lüge und Dummheit. Wäre er das gewesen, so hätte er das auch gesagt. Er gab uns Rettung. Wodurch? Dadurch dass er uns lehrte, unserm Leben einen solchen Sinn zu geben, der nicht zunichte gemacht wird durch den Tod. Das lehrte er uns durch alle seine Worte, durch sein Leben und durch seinen Tod. Um sich zu erretten, muss man dieser Lehre folgen. Sie kennen sie. Sie ist nicht nur in der Bergpredigt beschlossen, vielmehr im ganzen Evangelium. Für mich beruht der Hauptgedanke dieser Lehre darin: Um uns zu erretten, müssen wir jede Stunde und jeden Tag unseres Lebens an Gott und an unsere Seele denken, und darum die Liebe zum Nächsten über unser tierisches Leben stellen. Dazu bedarf es keines Kunststücks, das ist vielmehr so einfach, wie dass man schmieden muss, um ein Schmied zu sein.

Und deshalb ist das auch die göttliche Wahrheit, weil sie so einfach ist, dass gar nichts einfacher sein kann, und dabei doch so wichtig und bedeutsam für das Heil des Menschen und aller Menschen zusammen, dass gar nichts über ihr zu stehen vermag.

13.

An W. J. Alexejew[15]. Moskau,
November 1882

Lieber Freund!

Eben habe ich von Ihnen geträumt und wollte Ihnen schreiben, da kam Ihr Brief. Ich habe oft Sehnsucht nach Ihnen, aber ich freue mich, daß es Ihnen gut geht, und denke nie, daß es Ihnen schlecht gehen könnte. Ihr Los ist ein sehr, sehr glückliches. Selbstverständlich liegt alles Glück in der eigenen Brust. Aber äußerlich kann man in sehr schweren Verhältnissen leben, mitten unter den schlimmsten Versuchungen, kann in mittleren Verhältnissen leben und in ganz günstigen. Sie leben nun fast in den allergünstigsten. Mich hat Gott nie in solche Verhältnisse gesetzt, ich beneide Sie oft, beneide Sie in Liebe, aber es ist doch Neid …

In unserer Familie herrschte Krankheit, jetzt ist aber wieder alles gut, und man lebt mehr oder weniger in der alten Weise … Ich bin ziemlich ruhig, werde aber oft traurig gestimmt angesichts des triumphierenden selbstbewußten Wahnsinns des Lebens um mich her. Ich verstehe oft nicht, warum es mir gegeben ist, ihren Wahnsinn so klar zu sehen, während sie völlig außerstande sind, ihren Wahnsinn und ihre Irrtümer zu begreifen; und so stehen wir einander gegenüber, ohne uns zu verstehen, und wundern uns übereinander und verurteilen einander. Nur ist ihre Zahl Legion, ich aber bin allein; sie scheinen lustig, und ich scheine traurig. In dieser ganzen Zeit habe ich mich sehr gründlich mit der hebräischen Sprache beschäftigt und sie mir fast ganz angeeignet; ich lese und verstehe sie schon. Mich unterrichtet der hiesige Rabbiner Minor, ein sehr kluger und guter Mensch. Ich habe aus diesen Studien sehr viel gelernt, vor allem aber bin ich dadurch sehr beschäftigt. Gesundheitlich geht es mir schlecht, und sehr oft möchte ich sterben, doch ich weiß, daß das ein böser Wunsch ist, – das ist die zweite Versuchung. Augenscheinlich bin ich noch nicht über sie hinausgewachsen."[16]

---

[15] *Wassili Iwanowitsch Alexejew* (1848-1919), Vertreter der ‚Volkstümler'-Bewegung und zeitweilig Hauslehrer von Tolstois Familie.
[16] Zit. EIN LEBEN IN SELBSTBEKENNTNISSEN 1923, S. 180.

14.

An M. A. Engelhardt[17] | 1882

„… Ich predige nicht und kann nicht predigen, obgleich ich es leidenschaftlich wünsche. Predigen kann ich nur durch die Tat, und meine Taten sind schlecht. Was ich rede, ist keine Predigt, sondern nur eine Widerlegung der falschen Auffassung der christlichen Lehre und die Darlegung ihrer wahren Bedeutung. Diese Bedeutung besteht nicht darin, daß man im Namen des Christentums die Gesellschaft gewaltsam umbaut, sondern daß man den Sinn des Lebens in dieser Welt findet. Die Erfüllung der fünf Gebote[18] gibt diesen Sinn. Wenn ihr Christen sein wollt, müßt ihr diese Gebote erfüllen; wollt ihr sie aber nicht erfüllen, dann redet nicht. Vom Christentum außerhalb der Erfüllung dieser Gebote. Aber, so sagt man mir, wenn du glaubst, es gebe ohne die Erfüllung der christlichen Lehre kein vernünftiges Leben, und du liebst dieses vernünftige Leben, warum erfüllst du die Gebote nicht? Ich antworte, daß ich schuldig und schlecht und verachtenswert bin, weil ich sie nicht erfülle. Aber dabei sage ich, weniger um meine Inkonsequenz zu rechtfertigen, als um sie zu erklären: seht mein Leben an, wie es früher war und wie es jetzt ist, und ihr werdet sehen, daß ich mich bemühe, zu erfüllen. Ich habe nicht den zehntausendsten Teil erfüllt, das ist wahr, und dessen bin ich schuldig, aber ich habe es nicht getan, nicht weil ich nicht wollte, sondern weil ich es nicht verstand. Aber auch ohne Hilfe will und hoffe ich es noch zu erfüllen. Klagt mich an – ich tu es ja selbst – aber klagt mich an und nicht den Weg, den ich gehe und den ich jenen zeige, die mich fragen, wo meiner Meinung nach der Weg zu finden sei. Wenn ich den Weg nach Hause kenne und ihn betrunken, hin und her wankend, entlang gehe, – ist deswegen der Weg falsch, den ich gehe?! Wenn er falsch ist, dann zeigt mir einen andern; wenn ich abweiche und schwanke, dann helft mir, stützt mich auf dem rechten Wege, wie ich bereit bin, euch zu stüt-

---

[17] *Michail Alexandrowitsch Engelgardt | Engelhardt* (1861-1905), Publizist, Verfassers eines Werkes „Der Fortschritt als Evolution der Grausamkeit".
[18] [Gemeint: *Fünf Gebote* gemäß der Bergpredigt, wie Tolstoi sie auslegt.]

zen, führt mich aber nicht in die Irre, freut euch nicht, daß ich vom Wege abgekommen bin, schreit nicht entzückt: seht doch, er sagt, er gehe nach Hause und stolpert statt dessen in den Sumpf hinein. Freut euch nicht darüber, sondern helft mir, stützt mich! Ihr seid doch keine Teufel aus dem Sumpf, sondern auch Menschen, die nach Hause gehen. Ich bin doch allein, und ich kann doch nicht wünschen, in den Sumpf zu geraten. Helft mir: mir bricht das Herz vor Verzweiflung, daß wir uns alle verirrt haben, und wenn ich alle Kräfte aufbiete, ins Freie zu kommen, so stoßt ihr bei jeder Abweichung – statt mit mir und mit euch selbst Mitleid zu haben – mich immer tiefer hinein und schreit entzückt: seht, da steckt er mit uns im Sumpf!"[19]

15.
"ICH SAGE NICHT, DASS ICH BEREITS SO EIN MENSCH BIN …"
An die Gräfin Alexandra Alexandrowna Tolstaja,
im Jahre 1886[20]

Sie haben mich durch Ihr Schreiben sehr erfreut, meine teure und liebe Alexandra Andrejeffna. Ich wollte Ihnen immer selber schreiben und mich nach Ihnen erkundigen, und ich habe Ihnen das alles sagen lassen durch diejenigen, die Sie sehen konnten.

Sie erkundigen sich nach mir. Wie seltsam es auch klingen mag, ich fühle mich sehr, sehr wohl. Von meinem Fuße sagt man, die Knochenhaut sei entzündet, und es liege eine Rose vor usw., ich weiß aber sehr wohl, dass die Hauptsache darin liegt, dass ich "durch den Fuß sterbe", wie die Bauern sagen, d. h. mich in einer dem Tode ein wenig näheren Lage befinde wie gewöhnlich, und gerade infolge meines Fußes, der sich als krank erweist. Und diese Lage (wie Sie sich so schön ausdrücken: "Man fühlt sich in der Hand Gottes") ist sehr schön und ich habe den Wunsch, mich stets in solcher Lage zu befinden und ich wünsche nicht, jetzt eine andere anzunehmen.

---

[19] Zit. EIN LEBEN IN SELBSTBEKENNTNISSEN 1923, S. 181-182.
[20] Textquelle | Leo TOLSTOI: Religiöse Briefe. Übersetzt von K. Nötzel. Sannerz / Leipzig 1923, S. 16-17.

In der Tat: Sehr starke und andauernde körperliche Leiden und danach der körperliche Tod, das ist eine so unerlässliche und ewige und allgemeine Lebensbedingung, dass es für einen Menschen, der die Kinderschuhe ausgetreten hat, eigentlich seltsam ist, wenn er das auch nur einen Augenblick vergisst. Um so mehr, als die Erinnerung hieran, die ständige Erwartung hiervon, nicht nur keineswegs das Leben vergiftet (wenn man vom Leben so sprechen kann), vielmehr ihm erst Festigkeit und Klarheit verleiht. Wenn ich auf mein Leben hinschaue wie auf mein Eigentum, das mir zu meinem eigenen Glück gegeben ward, so kann man durch keinerlei Listen und durch keinerlei Betrug erreichen, dass ich im Angesichte des Todes ruhig leben könnte. Nur dann kann man völlig gleichgültig sein zum körperlichen Tod, wenn einem das Leben lediglich als Verpflichtung erscheint – den Willen des Vaters zu erfüllen. Dann liegt das Interesse am Leben nicht darin, ob ich mich gut oder schlecht fühle, vielmehr darin, ob ich das gut erfülle, was mir befohlen ward. Dazu aber bin ich imstande bis zu meinem letzten Atemzuge, und bis zu meinem letzten Atemzug kann ich ruhig und froh sein. Ich sage nicht, dass ich bereits so ein Mensch bin – ich möchte nur ein solcher sein, und wünsche Ihnen das gleiche und dabei hoffe ich, Sie werden mit einer solchen Fragestellung einverstanden sein. Damit Sie aber nicht glauben, ich verstehe unter der Erfüllung des göttlichen Willens etwas ganz Besonderes, möchte ich betonen, dass der Wille des Vaters einer und derselbe und allbekannt ist – die Liebe zu allen Menschen und die Vereinigung mit ihnen, angefangen von den uns am nächsten bis zu den uns am fernsten Stehenden. Nicht wahr, Sie sind einverstanden?

Von ganzer Seele küsse ich Sie und danke Ihnen für Ihren guten Willen.

16.
An die Gräfin Alexandra Alexandrowna Tolstaja,
August bis September 1887[21]

Ich fürchte, ich werde nicht dazu kommen, Ihnen einen langen Brief zu schreiben, meine liebe Freundin Alexandrine, aber mehr noch fürchte ich – Ihren schönen von Liebe erfüllten Brief unbeantwortet zu lassen. Freilich, Ihre Vorwürfe sind ungerecht, liebe Freundin. Sie sagen: „Suchen Sie nicht auf andere einzuwirken, denn Ihre Überzeugungen können ja Irrtümer und schädliche Irrtümer sein." Dieses Argument ist unrichtig, vor allem aber kann es auch gegen die Lehre der Kirche angewandt werden, und mit bei weitem größerem Recht: Wenn man die kirchliche Lehre für falsch hält, wie schmerzlich muss es einem dann sein, dieses fürchterliche Lügennetz der Propaganda (wie es einem dann scheint) mit anzusehen – in dem einfache, unschuldige Menschen und sogar kleine Kinder eingefangen werden. Bei Meinungsverschiedenheit kann man gar nicht von den Folgen sprechen, die falsche Anschauungen hervorbringen werden; man muss von den Anschauungen selber sprechen; die Lüge aber wird stets Lüge sein und stets Verderben bringen.

Zu meinen Gunsten sage ich nur das Eine, und ich bitte Sie gar sehr, in demselben Geiste der Liebe, in dem Sie mir schrieben, auch diese Worte aufzunehmen und zu erwägen: Ich behaupte gar nichts, was Sie nicht anerkennen, und deshalb habe ich die Freude, zu wissen, dass Sie mit mir in allem einverstanden sind, was mich am Leben erhält. Sie dagegen behaupten viele solche Dinge, die ich außerstande bin anzuerkennen, und deshalb sind Sie in der bittern Lage, zu wissen, dass nicht nur ich, vielmehr Millionen anderer Leute das nicht anerkennen, was Sie behaupten. Wo liegt die Ursache dieser Unstimmigkeit? Sie sind nicht einverstanden mit den Mohammedanern, weil diese Vielweiberei anerkennen und anderes mehr, die Mohammedaner sind aber mit Ihnen darin einverstanden, dass das Gesetz Christi die Wahrheit ist. Wer ist an der Unstimmigkeit schuld? Aber ich wollte eigentlich nicht das sagen, vielmehr folgen-

---

[21] Textquelle | Leo TOLSTOI: Religiöse Briefe. Übersetzt von K. Nötzel. Sannerz / Leipzig 1923, S. 17-20.

des: „Ich wünsche Gutes zu tun und tue Schlechtes." Wenn ich wirklich in meinem Leben nichts als Böses tue und um kein Härchen besser werde, d. h. wenn ich nicht anfange, ein ganz klein wenig weniger Böses zu tun, so lüge ich unbedingt, wenn ich sage, ich wünschte das Gute zu tun. Wenn der Mensch wirklich nicht für die Menschen, vielmehr nur für Gott das Gute tun will, so schreitet er ständig auf dem Wege des Guten voran. Diese Bewegung ist aber – eine Annäherung an Gott (wie gering sie auch sein mag, wenn sie überhaupt nur vorhanden ist) und kräftigt auf dem Wege und gibt Hoffnung und Freude und die Erkenntnis dessen, dass man wenigstens ein klein wenig das tut, was Gott wünscht. Auf der Badewanne des Kaisers von China stand geschrieben: „Erneuere Dich jeden Tag, jede Stunde von Anfang an und immer wieder von Anfang an." Klopfet an, so wird euch aufgetan, bittet um den Geist und er wird euch gegeben – das bedeutet ganz dasselbe. Das ganze Leben ist nur eine einzige Fortbewegung auf diesem Wege – eine Annäherung an Gott (damit sind Sie doch einverstanden?). Und diese Bewegung erfüllt mit Freude, erstens deshalb, weil, je mehr man sich dem Lichte nähert, man sich um so besser fühlt; zweitens deshalb, weil man bei jedem Schritt voran ersieht, wie wenig man noch getan hat, und wie viel von diesem freudeerfüllten Weg einem noch bevorsteht. Sie aber sagen: Meine Sünden, meine Unvollkommenheit, meine Schwäche? Aber ich gehe doch gar nicht ins Kreisgericht, vielmehr zum Gerichte Gottes. Gott ist aber die Liebe. Gott kann ich mir gar nicht anders vorstellen als allweise, allwissend und vor allem nicht nur als keineswegs nachtragend (wie auch ich mich zu sein bemühe), vielmehr als unendlich mitleidig. Wie sollte ich dann aber, vor einem solchen Richter, meine Schwächen und meine Sünden fürchten? Das ganze Evangelium ist angefüllt mit mittelbaren und unmittelbaren Hinweisen auf die Vergebung, auf das Nichtvorhandensein von Sünden vor Gott für den Menschen, der ihn liebt. – Sie sagen, Gott habe im voraus eine solche – ich weiß gar nicht wie ich mich ausdrücken soll – Verfügung getroffen oder einen solchen Einfall gehabt, mir meine Sünden zu verzeihen …. (Ich kann gar nicht ruhig an solche Gotteslästerung denken. Verzeihen Sie mir um Christi willen!) Wäre es aber nicht einfacher für Gott, dem ich völlig angehöre, von dem ich ausging, der mich kennt und mich liebt, für Gott, der die Liebe und das Mitleid ist, – wäre es nicht einfacher für

Gott, mir ohne weiteres meine Sünden zu verzeihen? Und ist es denn keine furchtbare Gotteslästerung zu sagen, Gott könne oder wolle nicht meine Sünden verzeihen, wenn ich glaube, dass er das will, und dass er es tut, und wenn es für mich ganz unmöglich ist, zu glauben, er habe die Menschen dafür gestraft, er strafe sie und werde sie dafür strafen, dass sie nicht daran glauben, dass er ihnen im Voraus verzieh … (Ich kann gar nicht ohne Entsetzen diese gotteslästerlichen Worte wiederholen.) Gott werde mich dafür strafen, dass ich nicht daran glaube, dass er ein unvernünftiger und böser Gott ist. Würden Sie dem habgierigsten Menschen sagen: Willst du eine Erbschaft erlangen, – so gib zu, dass deine Mutter (von der dieser Mensch weiß, dass sie eine Heilige war) mit irgend einem sehr reichen Mann in sträflichen Beziehungen stand – so müsste jeder Mensch eingestehen, dass dies Lüge ist, und eine Beleidigung des Allerheiligsten, was es nur für ihn gibt.

Ich habe viel Unnötiges geschrieben, ich wollte aber eigentlich nur eines sagen: Wir all leben, wenn wir als Menschen leben, indem wir zu Gott hinstreben, indem wir uns ihm annähern, durch seinen Vermittler zwischen ihm und den Menschen: Jesus Christus. Wenn wir uns auch aus dem tierischen, verdorbensten Zustand befreien und die höchste Höhe der Heiligkeit erlangten, so fühlen wir gleichwohl, dass unser Leben voller Sünden ist. Wenn aber der Mensch dieses wirkliche Leben begann, so weiß er stets und vermag zu glauben, wenn er zurückblickt, dass er sich, wenn auch noch so langsam, dem Lichte nähert, die Richtung nach ihm erkennt und in der Hinbewegung in dieser Richtung den Sinn des Lebens begreift. Die Sünden und die Schwächen des Menschen sind groß, und in unendlicher Ferne liegt vor ihm die Vollkommenheit; aber gleichwohl strebt er ihr nach. Und hierbei stärkt gerade der Glaube an die Gnade Gottes, an sein Mitleid und seine Liebe zu uns die Kräfte des Menschen und beweist ihm, dass jede Befreiung von *seinen* Sünden, die ihm aus eigener Kraft unmöglich erscheint, und das Erlangen der Vollkommenheit und der Seligkeit mit Gottes Hilfe möglich ist. Sie sagen, dieses Heil sei vor 1880 Jahren geschehen, ich aber glaube, dass Gott stets so war, wie er jetzt ist, und dass er zu jeder Zeit den Menschen half, dass er von jeher mitleidig war und ihre Rettung will, d. h. das Heil der Menschen, und dass er stets denen, die ihn suchen, nahe ist.

Ich begreife, dass Ihnen jene Form der Vorstellung Gottes und seiner Liebe, an die Sie gewöhnt sind, teuer ist, eines aber kann ich nicht begreifen; weshalb wünschen Sie eigentlich, dass alle anderen genau die gleiche Anschauung haben sollen? Man könnte das noch verstehen, wenn es sich um etwas Neues, eben erst Entdecktes handeln würde, dies aber ist eine längst, längst schon allen, nicht nur mir, sehr wohl bekannte Vorstellung und die tröstlichste, wie Sie selber zugeben. Weshalb sollen denn diejenigen Menschen, die Gott suchen und die Lehre Christi kennen, nicht diese Vorstellung annehmen? Ich begreife, dass diese Lehre auch den befriedigen kann, der niemals an Gott und an Christus dachte, und ich freue mich deswegen sehr für diejenigen, die diese Lehre annehmen. Weshalb soll man aber glauben, dass Menschen, die Gott suchen, so ohne jede Ursache diese Lehre verwerfen, die so viel Trost gewährt? Offenbar haben sie Gründe, nur kommen sie Ihnen ungenügend vor. Nun, was soll man da machen, lassen Sie sie schon in Ruhe, verzeihen Sie und lieben Sie sie, wie sie sind, wenn Sie aber mit jenen in Einklang stehen wollen, so denken Sie ernsthaft nach über diese Ursachen, und untersuchen Sie diese ganze Angelegenheit ganz von vorne an und nehmen Sie dabei an, dass vielleicht auch Ihr Glaube irrtümlich sein könnte, Sie werden das aber nicht tun, das weiß ich, Sie wollen das nicht und können es nicht. Ihnen ist es auch so wohl. So gehen Sie denn Ihren Weg. Alle, die zu einem Ziele schreiten, werden sich in ihm treffen. Von ganzer Seele liebe ich und küsse ich Sie. L. Tolstoi.

17.
‚KRITIK DER PRAKTISCHEN VERNUNFT' VON KANT
An N. N. Strachow. Jasnaja Poliana,
16. Oktober 1887

„... Ich bin in großer Aufregung. Ich war in diesen Tagen erkältet, und da ich nicht imstande war, zu schreiben, las ich zum erstenmal die ‚Kritik der praktischen Vernunft' von Kant. Bitte, antworten Sie mir, ob Sie sie gelesen haben? Wann? Und sind Sie von ihr überrascht worden? Vor etwa fünfundzwanzig Jahren ließ ich mich von der genialen Beredsamkeit Schopenhauers bestechen und las die

‚Kritik der reinen Vernunft', die nichts anderes ist, als eine Einleitung zu der Darlegung seiner Grundanschauungen in der ‚Kritik der praktischen Vernunft' – und ich glaubte nun wirklich, der Alte hätte sich verschwatzt und der Schwerpunkt seiner Lehre wäre die Verneinung. Zwanzig Jahr lebte ich in dieser Überzeugung, und nie kam mir der Gedanke, in das Buch selbst hineinzuschauen. Ein solches Verhalten zu Kant ist ja dasselbe, wie wenn man die Baugerüste um ein Gebäude für das Gebäude selbst hielte. Ist das nun mein persönlicher Irrtum oder ein allgemeiner? Mir scheint, daß hier ein allgemeiner Irrtum vorliegt. Ich nahm absichtlich (vor einigen Tagen habe ich auch seine Biographie in russischer Sprache gelesen) die Geschichte der Philosophie von Weber zur Hand, die ich zufällig da hatte, und sah, daß Weber den Grundsatz, zu dem Kant gelangt, nicht billigt, nämlich, daß unsere Freiheit, die durch die Sittengesetze bestimmt wird, eben das Ding an sich ist (d. h. das Leben selbst); er sieht darin nur den Anlaß zu den Elukubrationen Fichtes, Schellings und Hegels und sieht Kants ganzes Verdienst in der Kritik der reinen Vernunft, d. h. sieht den Tempel gar nicht, der auf dem gesäuberten Platz errichtet ist, sondern nur den für Turnübungen sehr geeigneten reingefegten Platz. Der Doktor der Philosophie Grot schreibt ein Referat über die Freiheit und zitiert Ribot und andere Leute, deren Definitionen ein Turnier von Sinnlosigkeiten und Widersprüchen darstellen, Kants Definition aber wird übergangen, und wir hören zu und debattieren und entdecken das längst entdeckte Amerika. Wenn es in unserer Welt zu keiner Renaissance der Wissenschaften und Künste durch Ausscheidung von Perlen aus dem Mist kommt, so werden wir sicher noch in unserm Abort stumpfsinniger Vielbücherei und Viel-Lernerei ertrinken."[22]

---

[22] Zit. Ein Leben in Selbstbekenntnissen 1923, S. 219-220.

18.

„VORWÄRTSBEWEGUNG NACH EINER VOLLKOMMENHEIT HIN,
DIE DER ... DES VATERS ÄHNLICH IST"

An W. G. Tschertkow[23],

Herbst 1888

„... Wenn die Lehre Christi uns das Heil gebracht hat, so kann derjenige, der sie befolgt, nicht leiden; warum aber bleibt uns der Kampf nicht erspart, der doch Qual bereitet? Das ist tatsächlich eine Frage, die viele verwirrt. Die Rechtfertigung durch den Glauben an die Erlösung, Kommunion und Beichte, – alles das sind Versuche, den Kampf aus dem Wege zu schaffen. Die christliche Lehre fordert Vollkommenheit gleich der Vollkommenheit des Vaters, wir alle sind aber voller Sünden, und darum ist die Annäherung an die Vollkommenheit ein Kampf; Kampf erscheint aber immer als Leiden, als Qual, und also führt die christliche Lehre zu Leiden, zu Qualen. Und so fassen auch viele sie auf. Andrerseits aber ist die christliche Lehre das Heil, Offenbarung des Heils, und Christus hat die Menschen von Leiden und Qualen erlöst; wie läßt sich das nun vereinigen? Alle christlichen Bekenntnisse sind Versuche, diesen Widerspruch zu lösen.

Es ist aber nur eine einzige Lösung möglich, eben die, welche in den von Ihnen angeführten Worten Pascals gegeben wird (schade, daß sie nicht vor mir liegen und ich sie nicht genau in Erinnerung habe); es gibt nur eine Lösung: das Heil ist im Kampf, d. h. in der Vorwärtsbewegung nach einer Vollkommenheit hin, die der Vollkommenheit des Vaters ähnlich ist. Hier geht etwas Ähnliches vor wie bei der Arbeit, der groben, körperlichen Arbeit. Das Wohl des Menschen besteht darin, daß er sich nährt, aber nähren kann man sich nicht ohne Kampf, ohne Anstrengungen, die als Leiden, als Qualen erscheinen. Und so denken die Menschen allerlei Mittel aus, wie sie sich ohne Arbeit nähren könnten, wie im Paradiese, wie sie die Arbeit von sich auf andere abwälzen, wie sie Maschinen erfinden könnten, die für uns arbeiten. Und selbstverständlich kommt

---

[23] *Wladimir Grigorjewitsch Tschertkow* | *Vladimir Grigorjewitsch Čertkov* (1854-1936), ehemaliger Gardeoffizier – Freund und Anhänger Tolstois, bedeutsamer Herausgeber/Verleger seiner religiösen und sozialen Schriften (auch im englischen Exil).

nichts dabei heraus und wird auch nicht, solange die Menschen nicht begriffen haben, daß das leibliche Wohl eben darin besteht, daß man sich durch Arbeit nährt und daß das Wohl vor allem in der Arbeit selbst steckt. Ebenso ist es mit unsern Sünden und dem Bedürfnis nach Seligkeit. Wieviel Zustände man sich auch ausdenken mag, bei denen es keine Sünden gegeben hat oder nicht mehr geben wird, wieviel man sich auch einreden mag, daß Christus oder die Sakramente durch Christum uns gereinigt haben, – Sünde bleibt Sünde, und wir bleiben ihrer bewußt und können mit ihr nicht selig werden. Und selbstverständlich wird nichts dabei herauskommen, solange wir nicht begriffen haben, daß unsere Seligkeit eben in der Befreiung von den Sünden und in der Bewegung nach der Vollkommenheit besteht. Und darauf läuft die christliche Lehre hinaus; sie befreit von den Sünden und gibt die Möglichkeit, sich der Vollkommenheit zu nähern.

Mir wenigstens ist es so gegangen und geht es so. Früher schien mir der Gegensatz meiner Sündhaftigkeit und der Vollkommenheit des Vaters so qualvoll, daß ich um alles in der Welt mit einem Male diese Vollkommenheit erreichen wollte; ich erreichte sie natürlich nicht und wurde schwach. Gerade so wie in der Arbeit. Früher stürzte ich mich auf die Arbeit mit dem Wunsche, sie möglichst schnell zu beenden und wurde schwach und ließ sie liegen. Und erst seit ich vor kurzem bei der Arbeit erkannt habe, daß es nicht darauf ankommt, schnell fertigzuwerden, sondern im Gegenteil darauf, das Glück der Arbeit zu genießen (ich bedaure nun oft, daß die Arbeit schon zu Ende geht), fange ich auch im christlichen Leben an, Freude zu empfinden über die Arbeit an meinen Sünden und die Annäherung an den Vater. Denken Sie nicht, wenn Sie dieses verworrene Zeug lesen, ich schriebe bloß hin, was mir so gerade einfällt. Nein, ich weiß sehr gut, was ich sagen will, ich verstehe es vielleicht bloß nicht auszudrücken. Ich schildere den sehr bestimmten Umschwung, der sich in meinem Leben vollzogen hat: früher war mir der Kampf auch mit meiner Hauptsünde – dem boshaften Übelwollen gegen andere – eine Qual, jetzt aber ist die Sache selbst, dieser Kampf, die schönste Freude meines Lebens. Kaum steigt in mir ein Groll gegen irgend jemand auf, so sage ich zu mir: ‚Das ist nicht wahr; ich liebe ihn um dieser oder jener Eigenschaft willen …‘, und der Groll läßt nach, und ich fühle mich wieder froh, gerade wie die

Arbeit des Mähens und Pflügens, solange man sie nicht versteht, eine Qual ist, später aber eine Freude."[24]

19.

„CHLOROFORM DER LIEBE"

Aus dem Tagebuch. Moskau,
25. Januar 1889

„… Ich dachte, – nein, ich dachte nicht nur, ich fühlte, daß ich die Verirrten, die sogenannten ,bösen Menschen', lieben kann und liebe. Ich dachte zuerst so: kann man die Menschen auf ihre Fehler, ihre Sünden, ihre Vergehen hinweisen, ohne ihnen weh zu tun? Es gibt Chloroform und Kokain für körperliche Schmerzen, aber nichts für seelische. So dachte ich, und sofort fiel mir ein: das ist nicht wahr! Es gibt auch ein seelisches Chloroform. Wie immer, hat man für den Körper schon allseitig gesorgt, an die Seele zu denken hat man noch gar nicht angefangen. Eine Operation an Beinen oder Armen macht man mit Chloroform, eine Operation, die den Menschen bessern soll, wird unter Schmerzen vorgenommen, und die Besserung wird durch den Schmerz aufgehoben; es wird die noch schlimmere Krankheit der Erbitterung hervorgerufen. Und doch gibt es ein seelisches Chloroform, und es ist längst bekannt: es ist immer das gleiche Mittel, die Liebe. Und mehr noch: bei körperlichen Leiden kann auch eine Operation ohne Chloroform nützen, die Seele ist aber ein so empfindliches Ding, daß eine Operation, die an ihr ohne das Chloroform der Liebe vorgenommen wird, nur schaden kann. Die Patienten wissen das immer, sie verlangen nach Chloroform und wissen, daß es da sein muß. Die Ärzte aber ärgern sich oft über diese Forderung. ,Was will er?' sagen sie, sagte auch ich so viele Male, ,er muß mir schon dafür danken, daß ich ihn behandle, daß ich sein Geschwür aufschneide, entferne! Und er verlangt noch, daß es schmerzlos geschehe. Sei zufrieden, daß ich dich überhaupt heile!' Der Kranke aber achtet nicht auf diese Reden, er hat Schmerzen, und er schreit, verbirgt mir die schmerzende Stelle und sagt: ,Du wirst mich nicht heilen, und ich will mich nicht behandeln lassen; ich will

---

[24] Zit. EIN LEBEN IN SELBSTBEKENNTNISSEN 1923, S. 226-227.

lieber noch kränker werden, wenn du mich nicht schmerzlos zu heilen vermagst …' Und er hat recht. Was ist denn eine seelische Krankheit? Es ist eine Verirrung, ein Abweichen von dem Gesetz, von dem einzig richtigen Wege, ein Irren auf falschen Pfaden in den Netzen der Verführung. Und die Menschen, die helfen wollen, oder die einfach auf dem rechten Wege gehen und – auf Grund der Zusammengehörigkeit aller Menschen – die Verirrten aus ihren Netzen befreien wollen – was müssen sie tun? Es ist klar, daß man einen Menschen, der eben erst abgewichen ist, ohne weiteres von dem falschen Wege auf den rechten zurückzerren kann, – es wird ihm nicht weh tun. Aber einen, der schon ganz im Netz verstrickt ist, kann man nicht ohne weiteres herausreißen, man tut ihm weh; man muß erst die Schlingen sanft und zart lösen. Dieses Zögern, dieses Lösen ist eben das Chloroform der Liebe. Und was käme denn sonst heraus? Der Mensch ist an Händen und Füßen und um den Hals von Netzen umgarnt und steht auf falschem Wege. Und um ihn zu retten, greife ich, gleichviel wohin, suche ihn zu mir herüberzuzerren, würge ihn, schneide ihm ins Fleisch und ziehe die Schlingen nur noch fester. Je weiter er gegangen ist, desto enger ist er verstrickt, desto mehr Liebe braucht er. Das eben habe ich früher nicht verstanden, jetzt aber verstehe ich es ganz und fange an, es zu fühlen. Vater! Hilf mir!"[25]

20.
„In die Wüste gehen …
als ständige Lebensform ist es sicher Sünde"
An den Fürsten D. A. Chilkow[26] | 1890

„… In die Wüste gehen und in einer Gemeinde von Gesinnungsgenossen leben mag vielleicht zeitweilig notwendig sein, aber als ständige Lebensform ist es sicher Sünde und Unvernunft. Ein reines, heiliges Leben kann man als Säulenasket oder in einer geschlossenen Gemeinschaft nicht führen, denn der Mensch ist einer Hälfte seines Lebens beraubt – des Verkehrs mit der Welt, ohne den sein Leben

---

[25] Zit. Ein Leben in Selbstbekenntnissen 1923, S. 230-231.
[26] *Dmitri Alexandrowitsch Chilkow* (1857-1914), ehemaliger Gardeoffizier, ein Anhänger Tolstois.

keinen Sinn hat. Um beständig so zu leben, muß man sich selbst betrügen, denn es ist nur zu klar, daß, wie es unmöglich ist, aus dem Strudel eines trüben Flusses durch irgendeinen chemischen Prozeß einen Kreis reinen Wassers abzustecken, es auch unmöglich ist, inmitten der Welt, die von Gewalttaten um ihrer Gelüste willen lebt, allein als Heiliger zu leben. Man muß doch Land kaufen oder pachten, eine Kuh kaufen, muß mit der äußern, nichtchristlichen Welt in Beziehungen treten. Und in diesen Beziehungen steckt das Wichtigste und Notwendigste. Ihnen entgehen kann man nicht und soll es auch nicht. Man kann sich nur selbst betrügen. Die ganze Arbeit eines Schülers Christi geht doch darauf hinaus, sich in ein möglichst christliches Verhältnis zu dieser Welt zu setzen. Stellen Sie sich vor, daß alle Menschen, die die Lehre der Wahrheit so auffassen wie wir, sich zusammentun und sich auf einer einsamen Insel niederlassen. Wäre das ein Leben? Und stellen Sie sich vor, daß die ganze Welt, alle Menschen *nolens volens* denselben Weg gehen, den wir gehen; aber die Menschen, die ebenso denken wie wir, die auf der gleichen Stufe stehen, sind über die ganze Welt verstreut, und wir haben die Freude, ihnen zu begegnen, sie und ihr Werk kennenzulernen. Ist das nicht besser? Und gerade so liegen die Dinge jetzt ...“[27]

21.

„ICH DENKE IMMER ALLES, WAS ICH NOCH NICHT FÜHLE“

Aus dem Tagebuch. Jasnaja Poliana,
3. Januar 1890

„Ein Prophet, ein wirklicher Prophet, oder – besser noch – ein Poet (d. h. ein Schaffender) ist ein Mensch, der vorher denkt und versteht, was die Menschen und er selbst fühlen werden. Ich bin für mich selbst ein solcher Prophet. Ich denke immer alles, was ich noch nicht fühle, z. B. das Unrecht des Lebens der Reichen, das Verlangen nach Arbeit usw. – und fange dann sehr bald an, das nämliche zu fühlen.

... Wir suchen Vernunft, Kraft, Güte, Vollkommenheit in allem, jedoch Vollkommenheit ist dem Menschen nicht gegeben; Vollkom-

---

[27] Zit. EIN LEBEN IN SELBSTBEKENNTNISSEN 1923, S. 241-242.

menheit ist nirgends möglich, nicht im Geist und nicht in der Güte; es ist nur eines möglich: daß man ‚an seinen Platz passe.‘ Das läßt sich erreichen, und dann tritt völlige Ruhe und Befriedigung ein. Das gibt einem Vor allem das eine – Demut.“[28]

22.
„CHRIST IN BUSINESS“
Aus dem Tagebuch.
9. März 1890

„Der Hauptunterschied im Einfluß nicht des Christentums, sondern des sittlichen Bewußtseins auf das Leben besteht darin, daß den einen gewisse Verhältnisse, Stände, Einrichtungen der Welt für unerschütterlich gelten und daß sie innerhalb dieser Verhältnisse bemüht sind, die Weisungen des Christentums oder der Sittenlehre zu befolgen; für die andern, die echten aber ersteht die Frage nach den Verhältnissen selbst, den Ständen, der Lebensordnung, und alles muß geändert werden. Für die einen ist das Christentum ein Führer zum Handeln in bestimmten Verhältnissen, für die andern ein Mittel, die Rechtmäßigkeit der Verhältnisse selbst zu prüfen.

Der Reiche, der Hochgestellte strebe nach einer nützlichen Anwendung seines … usw. Gestern lese ich in ‚New Christianity‘: ‚Christ must be in social life, in politics, in business.‘ Wie ist das möglich? ‚Christ in business‘ – das ist gerade so gut wie Christ in *kicking* oder *killing*.

Ja, vor allem muß man diesen Menschen einschärfen, daß alle Verhältnisse, vom Ackersmann bis zum Henker, sich nach ihrem sittlichen Gehalt gliedern; darum ist es nicht genug, in seinen Verhältnissen gut zu sein, sondern man muß sich auch für dieses oder jenes entscheiden.“[29]

---

[28] Zit. EIN LEBEN IN SELBSTBEKENNTNISSEN 1923, S. 242.
[29] Zit. EIN LEBEN IN SELBSTBEKENNTNISSEN 1923, S. 243.

23.
„IST NICHT ALLES BLOß AUSGEDACHT,
WAS ICH VON DER LIEBE DENKE UND REDE?"
Aus dem Tagebuch. 13. Juni 1894

Alles, was ich sehe: Blumen, Bäume, Himmel, Erde, alles sind Wahrnehmungen von mir. Meine Wahrnehmungen sind aber nichts anderes als die Erkenntnis der Grenzen meines Ich. Das Ich strebt nach Ausdehnung und stößt bei diesem Streben auf seine Grenzen im Raum, und die Erkenntnis dieser Grenzen gibt ihm Wahrnehmungen, diese aber objektiviert es als Blume, Baum, Himmel, Erde.

Dann dachte ich: was ist denn die Liebe? Wozu die Liebe, wenn das Leben in diesem Zusammenstoß mit seinen Grenzen besteht? Der Zusammenstoß mit diesen Grenzen ist notwendig, und in solchen Zusammenstößen besteht das Spiel des Lebens. Was soll hier die Liebe? Ich weiß nicht mehr, wie das geschah, aber diese Vorstellung vom Leben hob die Liebe auf, machte sie überflüssig. Und mich überkamen Zweifel und Trübsinn. Ist nicht alles bloß ausgedacht, was ich von der Liebe denke und rede? Es ist wahr, ich rede nicht allein von ihr, ich habe das nicht ausgedacht, sondern alle haben es schon vor langen Zeiten getan. Aber wenn das auch wahrscheinlich macht, daß irgend etwas vorhanden ist, – ist es am Ende nicht doch ein Selbstbetrug?

Ich ging weiter und dachte: woher weiß ich, daß ich – ich bin, daß alles, was ich sehe, nur die Grenze meines Ich ist? Außer dem Bewußtsein der Grenze ist noch das Bewußtsein des Ich vorhanden, – dessen, was der Grenzen bewußt ist. Was ist denn dieses Bewußtsein? Wenn es die Grenzen fühlt, so ist es seinem Wesen nach grenzenlos und strebt über diese Grenzen hinaus. Wie kann ich nun aus diesen Grenzen kommen? Wie erhebe ich mich über sie?

Nur indem ich das liebe, was jenseits der Grenzen ist. Also hebt die Liebe die Grenzen auf und vereinigt den Liebenden mit dem, was jenseits der Grenzen ist, mit Gott, mit der Liebe.

Durch die Liebe zerstört der Mensch die ihn einengenden Grenzen, kann er grenzenlos, kann er Gott werden. Zuerst zerstört der Mensch die Grenzen zwischen sich und den ihm nächststehenden, verständlichsten Wesen, dann mit den entfernteren, schwerer zu erfassenden.

Wie aber soll man sich ernähren, ohne Pflanzen zu töten, ohne Gras und Insekten zu zertreten, d. h. ohne gegen die Liebe zu handeln? Also, – man mag die Grenzen in dieser Welt noch so weit ausdehnen, die Verwirklichung der vollen Liebe, d. h. die Aufhebung der Grenzen zwischen Ich und Welt ist unmöglich.

Unmöglich ist eine volle Verwirklichung, aber möglich ist ein unendliches Näherkommen.

Diese Welt ist aber nicht die einzige; es gibt andere Welten, in denen diese Verwirklichung wahrscheinlich möglich ist. Der Mensch fördert einerseits in dieser Welt die Verwirklichung des Gottesreiches, d. h. der Liebe, anderseits bereitet er sich selbst zu dem Leben vor, in dem dieses möglich ist."[30]

24.
„EIN JÄMMERLICHER BETTLER"
Aus dem Tagebuch. Moskau,
23. Dezember 1895

„Man muß nur immer dessen eingedenk sein, wer man ist. Es gibt keine noch so schwierige Lage, aus der sich nicht alsbald ein Ausweg fände, wenn man sich nur vor Augen hält, daß man keine zeitliche materielle Erscheinung ist, sondern ein Teil des ewigen, allgegenwärtigen Wesens: ,Ich bin die Auferstehung und das Leben. Wer an mich glaubet, der wird leben, ob er gleich stürbe; und wer da lebet und glaubet an mich, der wird nimmermehr sterben. Glaubst du das?'

Ich ging auf der Straße. Ein jämmerlicher Bettler bat um ein Almosen. Ich hatte vergessen, wer ich bin, und ging vorbei. Dann besann ich mich plötzlich auf mich selbst, und so natürlich und einfach, wie es ist, daß ein Hungriger ißt und ein Müder sich niedersetzt, kehrte ich um und gab ihm ein Almosen. Ebenso ist es bei Streitsucht, Empfindlichkeit, Eitelkeit."[31]

---

[30] Zit. EIN LEBEN IN SELBSTBEKENNTNISSEN 1923, S. 273-274.
[31] Zit. EIN LEBEN IN SELBSTBEKENNTNISSEN 1923, S. 296-297.

25.

„UM AN DIE UNSTERBLICHKEIT ZU GLAUBEN,
MUß MAN … EIN UNSTERBLICHES LEBEN LEBEN"

Aus dem Tagebuch. Nikolskoje,
6. März 1896

„Etwas sehr Wichtiges: ich lag und schlummerte ein. Plötzlich hatte ich das Gefühl, wie wenn im Herzen etwas risse. Ich dachte: so kommt der Tod durch Herzschlag! – und blieb ruhig; ich empfand weder Betrübnis noch Freude; es war ein Gefühl seliger Ruhe: hier oder dort, ich weiß, daß mir wohl ist, daß alles ist, wie es sein muß. Wie ein Kind, das die Mutter auf den Armen auf und nieder schwenkt, nicht aufhört, lustig zu lächeln, weil es weiß, daß liebende Arme es festhalten.

Und ich dachte: warum ist es jetzt so und warum war es nicht früher auch so? Weil ich früher kein ganzes Leben gelebt habe, sondern nur das irdische. Um an die Unsterblichkeit zu glauben, muß man schon hier ein unsterbliches Leben leben …"[32].

26.

„IHRE VORSTELLUNG VON DER NOTWENDIGKEIT DER KIRCHE"

An einen französischen Pfarrer. Im Jahre 1901[33]

Sehr geehrter Herr! Ich erhielt Ihren Brief und danke Ihnen für die freundlichen Empfindungen, die Sie mir darin zum Ausdruck bringen. Auch danke ich Ihnen sehr für die Auszüge aus den Schriften von Auguste Sabatier. Ich bedaure außerordentlich, dass ich mit diesem hervorragenden Menschen nur dem Namen nach, und durch Urteile, die ich über ihn hörte, bekannt bin. Die Bruchstücke, die Sie mir über seine Auffassung des Christentums anführten, beweisen mir, dass ich in vollem Einklang stehen könnte mit ihm hinsichtlich seiner Gedanken und Empfindungen, ganz ebenso wie auch mit Ihnen und allen denjenigen, die seine Auffassung teilen.

---

[32] Zit. EIN LEBEN IN SELBSTBEKENNTNISSEN 1923, S. 303-304.
[33] Textquelle I Leo TOLSTOI: Religiöse Briefe. Übersetzt von K. Nötzel. Sannerz / Leipzig 1923, S. 179-180. – Vgl. dazu auch den nachfolgenden Text Nr. 27.

Dessenungeachtet gibt es einen Punkt, in Hinsicht auf den ich mit Ihnen nicht übereinstimme: Das ist Ihre Vorstellung von der Notwendigkeit der Kirche – und deshalb auch der Geistlichkeit, d. h. von Persönlichkeiten, denen eine gewisse Macht (Autorität) gegeben ward. Ich vermag nicht den 8. und 9. Vers aus dem 23. Kap. des Evangeliums nach Matthäus[34] zu vergessen – nicht deshalb, weil diese Verse im Evangelium stehen, vielmehr deshalb, weil sie für mich die restlose, offenbare Wahrheit darüber enthalten, dass es keine Pastoren, Lehrer und Führer unter den Christen geben kann, und dass gerade die Übertretung dieser Vorschrift des Evangeliums bis zum heutigen Tage die Predigt der wahrhaftigen Christenlehre fast völlig vereitelt.

Meiner Ansicht nach beruht der Hauptgedanke der christlichen Lehre darin, dass zwischen Gott und dem Menschen eine unmittelbare Gemeinschaft hergestellt ward. Jeder Mensch, der die Rolle eines Vermittlers bei dieser Gemeinschaft auf sich nimmt, hindert denjenigen, dem er Führer sein will, daran, in unmittelbare Gemeinschaft zu Gott zu treten, und – was noch schlimmer ist – er entfernt sich selber völlig von der Möglichkeit, auf christliche Weise zu leben.

Meiner Ansicht nach – ist der Gipfel des Stolzes, die Sünde, die mehr als alles andere von Gott fernhält, die, sich zu sagen: „Ich bin imstande, andern dabei zu helfen, dass sie ein gutes Leben führen und ihre Seelen retten." Alles, was der Mensch tun kann, wenn er sich bemüht, die christliche Lehre zu befolgen – ist bestrebt zu bleiben, sich selber nach Möglichkeit zu vervollkommnen (Matthäus V. 48: „So werdet denn vollkommen, wie euer himmlischer Vater vollkommen ist"), und auf diese Selbstvervollkommnung alle seine Kräfte zu verwenden, seine ganze Energie. Das ist die einzige Art, wie man auf seine Nächsten einwirken und ihnen helfen kann auf dem Weg zum Guten. Wenn es eine Kirche gibt – so ist es niemandem möglich, ihre Grenzen zu kennen, und niemand wird imstande sein, zu wissen, ob er zu dieser Kirche gehört oder nicht. Alles, was der Mensch dann wünschen und hoffen kann, ist, danach zu stre-

---

[34] [Mt. 23. „8. Ihr aber sollt euch nicht Rabbi nennen lassen; denn nur einer ist euer Meister, ihr alle aber seid Brüder. 9 Auch sollt ihr niemanden auf Erden euren Vater nennen; denn nur einer ist euer Vater, der im Himmel." EÜ]

ben, ein Teil dieser Kirche zu werden. Niemand kann aber überzeugt sein, er sei tatsächlich hierzu geworden, noch weniger kann jemand dann annehmen, er habe das Recht und die Möglichkeit, andern ein Führer zu sein. Ich bitte Sie, sehr verehrter Herr, mir die Offenheit zu verzeihen, mit der ich eine der Ihrigen entgegengesetzte Meinung erörtere, und ich bitte Sie auch zu glauben, dass ich mit den Gefühlen der Sympathie und der Hochachtung zu allen Diensten bereit bleibe   L. Tolstoi.

27.
„SIE SIND DER VIERTE GEISTLICHE, MIT DEM ICH MICH IN VOLLER ÜBEREINSTIMMUNG ERLEBE"
An den Geistlichen N. | Im Jahre 1901[35]

Lieber Bruder! Ich bedauere, dass ich Ihren Vaternamen nicht kenne. Ihr Brief bereitete mir großes Vergnügen. Sie sind der vierte Geistliche, mit dem ich mich in voller Übereinstimmung erlebe – nicht mit meinen Anschauungen, vielmehr mit dem Wesen der Lehre Christi, die in ihrer wirklichen Bedeutung kleinen Kindern zugänglich ist und keinerlei Meinungsverschiedenheit hervorrufen kann. Und das ist mir sehr erfreulich. Nur Eines betrübte mich ein wenig in Ihrem Briefe. Das ist Ihre Bemerkung über die Metaphysik und die Kirchlichkeit. Ich fürchte, Sie haben sich Ihre eigene Metaphysik gebildet, oder Sie halten sich an die Metaphysik der Kirche, die Ihnen die Möglichkeit gibt, bei Ihren Anschauungen Geistlicher zu bleiben. Daraus, dass Sie erst zehn Jahre Geistlicher sind, schließe ich, dass Sie noch ein junger Mensch sind und mein Sohn, wenn nicht gar mein Enkel, sein könnten, und deshalb erlaube ich mir, Ihnen meinen unerbetenen Rat darüber zu geben, wie meiner Meinung nach ein Geistlicher verfahren sollte, wenn er sich vom Aberglauben befreite, Christi Lehre in ihrer wirklichen Bedeutung erfasste und den Wunsch hat, sie zu befolgen. Wenn die Menschen sich in einer Lage befinden, die unvereinbar ist mit der Nachfolge Christi ..., so denken sie sich irgend ein verwickeltes und verwirrtes System der

---

[35] Textquelle | Leo TOLSTOI: Religiöse Briefe. Übersetzt von K. Nötzel. Sannerz / Leipzig1923, S. 181-183; vgl. EIN LEBEN IN SELBSTBEKENNTNISSEN 1923, S. 346-349.

Metaphysik aus, das ihre Lage rechtfertigen soll, oder sie eignen sich eine solche fertig vorliegende Metaphysik an. Vor dieser Verführung möchte ich Sie gerade warnen. Für einen Christen gibt es keinerlei verwickelte Metaphysik, und kann es auch gar keine solche geben. Alles, was man in der Christenlehre Metaphysik nennen kann, besteht in der einfachen und allen begreiflichen Behauptung, dass alle Menschen – Gottes Kinder sind, Brüder, und deshalb den Vater und ihre Brüder lieben, und darum sich zu ihren Nächsten so verhalten sollen, wie sie selber wünschen, dass man sich zu ihnen verhalten möchte. Ich glaube, jede Metaphysik, die darüber hinausgeht – stammt vom Teufel und ward nur dazu ausgedacht, um die eigene – mit der Christenlehre unvereinbare – Lage zu rechtfertigen. Es gibt auch noch Geistliche – ich kenne solche – die durchaus die Unvereinbarkeit ihrer Lage mit der reinen Auffassung des Christentums empfinden und sich damit rechtfertigen zu können glauben, dass sie in ihrer Lage leichter mit dem Aberglauben kämpfen und die christliche Wahrheit verbreiten könnten. Ich glaube, ein solcher Zustand ist noch bei weitem unrichtiger. In religiösen Dingen kann der Zweck niemals die Mittel heiligen. Mittel, die von der Wahrheit abweichen, vernichten jede Möglichkeit, das Ziel zu erreichen, das ja gerade im Lehren der Wahrheit beruht. Die Hauptsache ist aber die, dass kein Mensch berufen ward, andere zu lehren. (Matth. 23, 8 u. 9.) „Ihr aber nennet mich nicht Lehrer, denn Einer ist Euer Lehrer – Christus; Ihr aber seid alle Brüder." „Nennet auch niemanden auf Erden euren Vater; denn einer ist euer Vater, der im Himmel ist." – Der Mensch ist vielmehr nur dazu berufen, sich selber zu vervollkommnen in der Wahrheit und in der Liebe, und nur durch diese Vervollkommnung (ohne jeden Gedanken an andere) kann der Mensch auf andere einwirken.

Verzeihen Sie, dass ich Ihnen auf das antworte, was Sie mich gar nicht gefragt haben, und was Sie vielleicht gar nicht glauben. Da mir aber Ihr Brief eine nachhaltige Freude bereitete, so wollte ich alles aussprechen, was ich von der tragischen Lage eines Geistlichen halte, der die Wahrheit erkannte, und davon, wie man sich am besten aus einer solchen Lage und ihren Gefahren befreit.

Der beste Ausweg aus dieser Lage – er ist freilich heroisch – beruht meiner Ansicht nach darin, dass dieser Geistliche seine Gemeindemitglieder zusammenruft, zu ihnen von dem Altar aus herantritt und statt den Gottesdienst zu verrichten und sich vor den Heiligenbildern zu verneigen, sich bis zur Erde verneigt vor dem Volke und es um Verzeihung bittet deswegen, weil er es in Verwirrung führte, – der zweite Ausweg ist derjenige, den vor zehn Jahren ein hervorragender Mensch erwählte – er ist inzwischen gestorben – der mir vom Seminar in Wjatka bekannt war, der Geistliche Apolloff, der in der Stawropoler Eparchie diente. Er erklärte dem Bischof, er könne nicht mehr Geistlicher bleiben, da sich seine Überzeugungen geändert hätten.

Man berief ihn nach Stawropol, und die ihm vorgesetzte Behörde sowie seine Familienangehörigen quälten ihn und setzten ihm zu, er möchte in seinen Dienst zurücktreten, es dauerte aber weniger als ein Jahr, da konnte er es nicht mehr länger aushalten, sagte sich wiederum los und schnitt sich die Haare. Seine Frau verließ ihn. Alle diese Leiden wirkten derart auf ihn ein, dass er starb, wie ein Heiliger, ohne seinen Überzeugungen untreu geworden zu sein, und vor allem, ohne aufgehört zu haben, zu lieben.

Das ist der zweite Ausweg, ich weiß aber, dass er furchtbar schwer ist – in Hinsicht auf die Familienbeziehungen jedes Geistlichen und seine Umgebung und deshalb verstehe ich durchaus und verurteile keineswegs denjenigen Geistlichen, der aus Schwäche Geistlicher blieb ungeachtet dessen, dass er nicht mehr an das glaubt, was er tut. Das Einzige, wovon ich spreche, und was ich mir zu raten erlaube, ist: ein solcher Geistlicher möchte nicht seinen Verstand missbrauchen zu Vernünfteleien und Erschleichungen, vermittelst deren es ihm so vorkommen würde, als handle er gut, während er schlecht handelt. Wenn sich nur der Mensch die Wahrheit in ihrer ganzen Reinheit vor Augen hält, und seine Seele nicht zu betrügen sucht, so wird er schon Mittel finden, um auf die allerbeste Weise zu verfahren – entsprechend seinen Kräften.

Wenn ein Geistlicher die wahre christliche Lehre begriffen hat, so soll er meiner Meinung nach wie jeder Christ, zunächst das Eine tun – bestrebt bleiben, die Wahrheit in ihrer ganzen Reinheit und Fülle zu erfassen – ganz unabhängig von seiner eigenen Lage, und zweitens nach Maßgabe seiner Kräfte, diese seine Lage verändern, indem er sie der erkannten Wahrheit annähert. (Diese Annäherung vollzieht sich ganz von selber, wenn ein Mensch aufrichtig ist.) Wie weit sich aber ein Mensch hier annähern kann, und wie er sich annähert – das hat er mit Gott abzumachen, und darüber können andere nicht urteilen.

Meinen brüderlichen Gruß Ihnen!

Ihr Sie liebender Bruder L. Tolstoi.

28.
„… DASS DIE GRUNDLAGE UNSERES LEBENS …
NICHT STERBEN KANN"

An P. Bordakow. Jasnaja Poliana,
August 1903

„Der Schluß Ihres Briefes hat mich ebenso tief betrübt, wie der Anfang mich gefreut hat. Ich will nicht versuchen, Sie umzustimmen, – erstens weil sich nach meinen Beobachtungen Menschen, die an spiritistischen Verkehr mit den Seelen Abgeschiedener glauben, nie durch äußere Gründe überzeugen lassen; zweitens weil alle unwiderleglichen Widerlegungen des Spiritismus längst ausgesprochen sind und ich sie bloß wiederholen könnte. Ich kann nur von mir sagen, daß die Vorstellung oder der Glaube an die Existenz von Geistern und die Möglichkeit ihres Verkehrs mit Lebenden mir gar keine Überzeugung vom künftigen Leben geben würde, sondern im Gegenteil das unzweifelhafte Bewußtsein von der außerzeitlichen, außerräumlichen geistigen Grundlage meiner Existenz zerstören würde, in dem ich lebe und das mir Freude und Ruhe gibt. Der Glaube an den Verkehr mit den Geistern Verstorbener – ganz abgesehen davon, daß ich ihn gar nicht brauche – erschüttert meine ganze auf der Vernunft aufgebaute Weltanschauung dermaßen, daß ich, wenn ich die Stimmen von Geistern vernähme oder ihre Erscheinung sähe, mich an einen Irrenarzt wenden würde mit der Bitte, meine offenkundige Gehirnstörung zu behandeln. Ihre buddhistische Voraussetzung von den aufeinanderfolgenden Existenzen ist eine ebenso willkürliche Annahme wie Hölle und Himmel und jeder religiöse Aberglauben.

Das einzige, was wir ganz sicher behaupten können, ist, daß wir leben, daß die Grundlage dieses unseres Lebens eine geistige Wesenheit ist, die daher keinerlei Änderungen unterworfen ist, keinen

Anfang und kein Ende kennt, sondern war, ist und sein wird, τὸ ὄν, das Seiende, und daß diese Wesenheit beschränkt ist und daß diese Beschränkungen, die Grenzen dieser Wesenheit uns als Materie im Raume und Bewegung in der Zeit erscheinen. Die Ausdehnung dieser Grenzen, die auch durch Erkennen anderer Wesen als Teile des Ich (Liebe) möglich ist, bildet den Sinn und Zweck des Menschenlebens. Wozu diese Begrenzung und Scheidung in einzelne Wesen bei der einigen geistigen Wesenheit? Das können wir mit unserm beschränkten Verstande nicht begreifen. Das einzige, was wir bestimmt wissen, ist, daß die Grundlage unseres Lebens nicht nur nicht sterben kann, sondern immer war und immer sein wird. Die Frage aber, in welcher Form sie nach unserm Tode fortbestehen wird, ist für unsern beschränkten Verstand nicht lösbar. Wir können zwei Vermutungen aufstellen: erstens, daß unsere losgelöste Wesenheit mit dem All verschmilzt, und zweitens, daß sie ebenso wie jetzt in beschränktem Zustande zur Erscheinung gelangt und wieder in der gleichen Weise, wenn auch in neuen Formen, die wir uns nicht vorstellen können, die Aufgabe haben wird, ihre Grenzen immer weiter auszudehnen. So ist unser Leben hier mit unserm Kampf gegen das Böse und der Vermehrung der Liebe das einzige uns eigentümliche Leben, und es daher als Vorbereitung für ein anderes Leben betrachten, ist ein grober und schädlicher Fehler. Ein anderes Leben, eine andere Bestimmung des Lebens wird es nicht geben. Von diesen zwei Vermutungen ist die zweite die wahrscheinlichere. Sie ist wahrscheinlicher, weil wir kein andres Leben kennen als ein Leben in gewissen Schranken und daher kein Recht haben, ein unbegrenztes Leben in der Verschmelzung mit dem All zu erwarten.

Da haben Sie in Kürze meine Weltanschauung, die mir den Glauben an den Spiritismus nicht nur überflüssig erscheinen läßt, sondern auch unvereinbar mit dem, was ich für unanfechtbar halten muß. Ob Sie mir nun beistimmen wollen oder nicht, – bitte, suchen Sie mir die Richtigkeit Ihrer Anschauungen nicht zu beweisen. Sie haben mir Ihre Ansichten ausgesprochen, ich Ihnen die meinen. Und zu beweisen gibt es nichts mehr …"[36]

---

[36] Zit. Ein Leben in Selbstbekenntnissen 1923, S. 359-361 („über den Empfänger dieses Briefes ist nichts Näheres bekannt").

29.

„AUFFASSUNG VON GOTT ALS EINER PERSÖNLICHKEIT"

An den Geistlichen S. K. | Jassnaja Poljana,
25. Dezember 1908[37]

Ihr Brief hat mich sehr gerührt. Ich ersehe daraus, dass Sie, geleitet von wahrer Christenliebe, mich von einem Irrtum befreien und mir den Ihrer Überzeugung nach wahren Glauben vermitteln wollen. Indes ist bereits jenes erste Dogma von der Persönlichkeit Gottes, aus dem Sie alles übrige ableiten, völlig unannehmbar für mich.

Sie sagen, da der Mensch eine Persönlichkeit ist, sei auch Gott Persönlichkeit. Mir aber scheint es, wenn der Mensch sich selber als Persönlichkeit erfasst, so gibt er damit der Erkenntnis seiner Beschränktheit Ausdruck. Jede Beschränktheit ist aber unvereinbar mit dem Begriff Gottes. Gibt man zu, dass Gott Persönlichkeit ist, so wird die natürliche Folge die sein, und das ist auch stets bei allen ursprünglichen Religionen der Fall gewesen, dass man Gott menschliche Eigenschaften zuschreibt: Zorn, Neigung zum Bestrafen, Wunsch nach Lob und das Verlangen, zu einer bestimmten Zeit, an einem bestimmten Ort, in ganz bestimmten Büchern Kundgegebenes als ein für ewige Zeiten unfehlbares Gesetz hinzustellen. Solche Bücher sind die Veden, die Schriften des Konfuzius, das Trinitak, die Bibel, der Koran und vieles derartige. Eine solche Auffassung von Gott als einer Persönlichkeit und von einem solchen Gesetz von ihm, das in irgend einem Buch zum Ausdruck gelangte, ist mir völlig unannehmbar.

Ich sende Ihnen ein Büchelchen mit ausgewählten Gedanken über Gott, die meiner Auffassung von ihm entsprechen. Für mich persönlich ist die höchste Auffassung von Gott, die mich völlig befriedigt, diejenige, die im ersten Brief des Johannes Kap. 4, Vers 7, 12 und 16 zum Ausdruck gelangt. Nämlich, dass Gott die Liebe ist. Schließt ein solcher Gottesbegriff auch jede Hinwendung zu ihm als zu einer Persönlichkeit, jedes Loben, jede Bitte, sogar das Gebet aus, so schließt er dafür in sich ein die Anerkennung des Gottes der Liebe in einem selber, und infolgedessen die Notwendigkeit Seines Offen-

---

[37] Textquelle | Leo TOLSTOI: Religiöse Briefe. Übersetzt von K. Nötzel. Sannerz / Leipzig 1923, S. 254-255.

barens zu jeder Stunde unseres Lebens durch die Liebe zu Ihm, d. h. durch die Liebe zur Selbstvervollkommnung, zu jedem Lebendigen und besonders zu den Menschen als zu denjenigen Geschöpfen, in denen ganz der gleiche Gott lebt, der die Liebe ist. Dasselbe hat Christus gesagt Matthäi 22, Vers 36 bis 40.[38]

Glauben Sie bitte nicht, ich wolle die Richtigkeit Ihres Glaubens bestreiten – davor möge mich Gott bewahren. Ich freue mich nur über Menschen, die einen so festen Glauben haben, wie ich in Hinsicht auf Sie aus Ihrem Briefe schließe. Ich schreibe das, was ich schreibe, nur deshalb, damit Sie mich nicht verurteilen sollen.

Ich vermag nicht aufzuhören, an den Gott der Liebe zu glauben; erstens deshalb, weil dieser Glaube mir jetzt, hier in dieser Welt, das höchste Heil gewährt, indem er mir jederzeit die Möglichkeit eines seligen Lebens in dem Gott der Liebe offenbart, das von mir allein abhängt; zweitens deshalb, weil ich, da ich weiß, dass Gott die Liebe ist, und dass ich, wenn es zum Sterben kommt, zu Ihm, von Dem ich ausging, zurückkehre, zu dem Gott der Liebe – ich auch im Tode gar nichts anderes außer mein Heil zu erwarten imstande bin. Drittens auch noch deshalb, weil ein solcher Glaube an den Gott der Liebe mich nicht nur von keinem Bekenner aller anderen Glaubensbekenntnisse trennt, mich vielmehr mit ihnen vereinigt, da ich ja in allen Glaubensbekenntnissen: dem brahmanischen, buddhistischen, konfuzianischen und allen anderen, und ebenso auch in der Lehre der heidnischen Weisen ganz das Gleiche, ganz die gleiche Lehre finde – nur nicht so klar ausgesprochen wie im Christentum –: dass Gott die Liebe ist, und dass in der Liebe das Gesetz für das Leben der Menschen beruht. Und deshalb bin ich ganz ebenso außerstande, aufzuhören an den Gott der Liebe zu glauben und zu beginnen an einen persönlichen Gott zu glauben, der belohnt und straft … wie ich außerstande bin, jetzt daran zu glauben, dass ich kein 80jähriger Greis bin, der jede Stunde seinen Tod erwartet, vielmehr ein in der Blüte seiner Kraft und seiner Leidenschaften stehender Jüngling, wie ich vor 60 Jahren war. Ich danke Ihnen für Ihre guten

---

[38] [36 Meister, welches Gebot im Gesetz ist das wichtigste? 37 Er antwortete ihm: Du sollst den Herrn, deinen Gott, lieben mit ganzem Herzen, mit ganzer Seele und mit deinem ganzen Denken. 38 Das ist das wichtigste und erste Gebot. 39 Ebenso wichtig ist das zweite: Du sollst deinen Nächsten lieben wie dich selbst. 40 An diesen beiden Geboten hängt das ganze Gesetz und die Propheten.]

Empfindungen zu mir und bitte Sie, den Ausdruck meiner aufrichtigen Achtung und brüderlichen Liebe entgegenzunehmen. Leo Tolstoi.

30.
„… SO FREUDEVOLL SCHIEN ES MIR,
ALS BETTLER FORTGEHEN ZU KÖNNEN"
Aus dem Tagebuch, 2./3. Juli 1908[39]

2. Juli 1908. „Wenn ich von mir als einem Fremden reden hörte: ein Mensch, der in Luxus lebt, alles, was er kann, den Bauern nimmt, sie verhaften läßt und dabei das Christentum bekennt und predigt, Fünfkopekenstücke als Almosen austeilt und sich bei all seinen gemeinen Handlungen hinter seine liebe Frau verkriecht, – ich würde mich nicht bedenken, einen solchen Menschen als Schuft zu bezeichnen! Und eben das brauche ich, um vom menschlichen Ruhm loszukommen und für meine Seele zu leben …

Mir kamen Zweifel, ob ich recht tue, zu schweigen, und ob es nicht besser für mich wäre, fortzugehen, mich zu verbergen. Ich tu' es vor allem deswegen nicht, weil das für mich geschähe, um von diesem überall vergifteten Leben loszukommen. Und ich glaube, daß eben das Ertragen dieses Lebens eine Notwendigkeit für mich ist …"

3. Juli 1908. „Vorgestern erhielt ich einen Brief mit Vorwürfen wegen meines Reichtums, meiner Heuchelei und der Unterdrückung der Bauern, und – zu meiner Schande muß ich es sagen – er tat mir weh. Heute empfand ich den ganzen Tag Schmerz und Scham. Ich ritt spazieren, und so erwünscht, so freudevoll schien es mir, als Bettler fortgehen zu können, alle Menschen zu lieben und allen dankbar zu sein. Ja, ich bin schwach, ich kann nicht immer von meinem geistigen Ich leben. Wenn man aber nicht in ihm lebt, reizt einen alles. Eines nur ist gut: daß ich mit mir unzufrieden bin und mich schäme. Wenn ich nur nicht stolz darauf werde."

---

[39] Zit. EIN LEBEN IN SELBSTBEKENNTNISSEN 1923, S. 381.

31.

„VON DIESER DIE GANZE WELT UMFASSENDEN KIRCHE
HABE ICH MICH NIEMALS GETRENNT"

Brief an den orthodoxen Priester Ivan Solov'ev, 1908

An den Geistlichen N. [Ivan Solov'ev],
Jassnaja Poljana, 1908[40]

Ich erhielt Ihren Brief, mein lieber Bruder I. I., und las ihn in freudiger Rührung. Er ist ganz durchdrungen von einer wahrhaft christlichen Empfindung der Liebe, und deshalb war er mir besonders teuer.

Von mir selber möchte ich nur folgendes sagen: In einem arabischen Gedicht findet sich folgende Legende: Bei seiner Wanderung in der Wüste näherte sich Moses einstmals einer Herde und vernahm, wie der Hirt zu Gott betete. Und das war des Hirten Gebet: „O mein Gott! Wie kann ich nur zu dir hingelangen, wie kann ich nur dein Sklave werden? Mit welcher Freude würde ich dir die Schuhe anziehen, würde ich dir die Füße waschen, sie küssen, würde ich dir die Haare kämmen, würde ich dein Gewand waschen, deine ganze Wohnung aufräumen, und dir Milch bringen von meiner Herde. Nach dir verlangt mein Herz!" Als Moses diese Worte vernahm, ward er zornig auf den Hirten und sprach: „Du Gotteslästerer, Gott ist körperlos, er hat weder Kleidung nötig, noch eine Wohnung, noch Gesinde. Du sprichst Böses!" Und das Herz des Hirten umdüsterte sich. Er war nicht imstande, sich ein Wesen vorzustellen ohne körperliche Form und ohne körperliche Bedürfnisse, und er vermochte nicht mehr zu Gott zu beten und ihm zu dienen, und dadurch verfiel er in Verzweiflung. Da sprach Gott zu Moses: „Weshalb hast du mir meinen treuen Knecht abspenstig gemacht? Jeder Mensch hat seinen Körper und auch seine Art zu reden. Was für dich nicht schön ist, das ist für einen anderen gut. Was für dich Gift bedeutet, ist für einen anderen süßer Honig. Die Worte haben gar nichts zu sagen. Ich sehe das Herz dessen, der sich an mich wendet!"

---

[40] Textquelle | Leo TOLSTOI: Religiöse Briefe. Übersetzt von K. Nötzel. Sannerz / Leipzig1923, S. 274-275. Dort die irrtümliche Datierung: „Dezember 1908".

Diese Legende gefällt mir außerordentlich, und ich möchte Sie bitten, auf mich ganz ebenso hinzuschauen, wie auf jenen Hirten. Ich selber blicke genau so auf mich hin. Alle unsere menschlichen Vorstellungen von Ihm werden stets unvollkommen sein. Ich schmeichle mir indes mit der Hoffnung, mein Herz sei ebenso wie dasjenige jenes Hirten, und deshalb fürchte ich das zu verlieren, was ich besitze, und was mir völlige Seelenruhe und volles Glück gewährt.

Sie sagen mir, ich möchte mich wieder mit der Kirche vereinigen. Ich glaube, ich irre mich nicht, wenn ich annehme, dass ich mich niemals von ihr trennte – d. h. nicht von irgend einer einzelnen jener Kirchen, welche die Menschen voneinander scheiden, vielmehr von jener Kirche, die stets alle, alle Menschen vereinigte und noch vereinigt, die aufrichtig Gott suchen, angefangen von jenem Hirten, bis zu Buddha, Laotse, Konfuzius, die Brahmanen, Christus, und vielen, vielen anderen Menschen. Von dieser die ganze Welt umfassenden Kirche habe ich mich niemals getrennt, und ich fürchte nichts mehr auf der Welt, als mich von ihr zu trennen.

Ich danke Ihnen sehr für Ihren liebevollen Brief und drücke Ihnen brüderlich die Hand. Leo Tolstoi.

Übertragung nach der russischen Gesamtausgabe[41]:
Brief an den orthodoxen Priester Ivan Solov'ev

8. Juli 1908
Ich habe Ihren Brief erhalten, lieber Bruder Iwan Iljitsch, und ihn mit Rührung gelesen. Er war von einem Gefühl wahrer christlicher Liebe durchdrungen und war mir daher besonders lieb. Ich will Ihnen folgendes über mich erzählen.

---

[41] Textquelle | Brief an den orthodoxen Priester Ivan Solov'ev, 1908. In: Russische Gesamtausgabe [Polnoe sobranije sočinenij v 90 tomach]. Band 78, S. 178-179, mit Hilfe des Programms https://www.deepL.com/translator ins Deutsche übertragen und unter vergleichender Heranziehung der nachfolgenden Übersetzung vom Herausgeber dieses Bandes redigiert: Brief an I. I. Solov'ev (1908). In: Martin George / Jens Herlth / Christian Münch / Ulrich Schmid (Hg.): Tolstoj als theologischer Denker und Kirchenkritiker. Zweite Auflage. Göttingen: Vandenhoeck & Ruprecht 2015, S. 290-291.

Es gibt folgende Legende in einem arabischen Gedicht: Als Mose in der Wüste umherwanderte, kam er zu seiner Herde und hörte einen Hirten zu Gott beten. Der Hirte betete: „Oh, Herr, wie gerne würde ich zu dir kommen und dein Diener sein. Wie gerne würde ich dir die Schuhe beschlagen, deine Füße waschen und küssen, dein Haar kämmen, deine Kleider waschen, dein Haus reinigen und dir Milch von meiner Herde bringen. Mein Herz sehnt sich nach dir." Als Mose diese Worte hörte, wurde er zornig auf den Hirten und sagte: „Du bist ein Gotteslästerer, Gott ist unkörperlich, er braucht keine Kleider, keine Unterkunft und keine Diener. Du hast Böses geredet." Und das Herz des Hirten verfinsterte sich. Er konnte sich ein Wesen ohne Körper und ohne körperliche Bedürfnisse nicht vorstellen, und er konnte nicht mehr beten und dem Herrn dienen und wurde verzweifelt. Da sprach Gott zu Moses: „Warum hast du meinen treuen Knecht von mir weggetrieben? Jeder Mensch hat seinen eigenen Körper und seine eigene Sprache. Was für dich nicht gut ist, ist für andere gut, was für dich Gift ist, ist für andere Honig. Worte bedeuten nichts. Ich sehe das Herz desjenigen, der zu mir spricht."

Diese Legende gefällt mir sehr gut, und ich möchte Sie bitten, mich wie diesen Hirten zu betrachten. Ich betrachte mich selbst auf dieselbe Weise. Unsere ganze menschliche Vorstellung von ihm wird immer unvollkommen sein. Aber ich hege in mir die Hoffnung, dass mein Herz dasselbe ist wie das dieses Hirten, und deshalb habe ich Angst, das zu verlieren, was ich habe und was mir vollkommenen Frieden und Glück gibt.

Sie sprechen zu mir von der Vereinigung mit der Kirche. Ich glaube, ich irre mich nicht, wenn ich denke, dass ich mich nie von ihr getrennt habe – nicht von irgendeiner dieser Kirchen, die trennen, sondern von der einen [Kirche], die immer alle vereint hat und vereint, alle Menschen, die aufrichtig nach Gott suchen, von diesem Hirten bis zu Buddha, Laotse, Konfuzius, den Brahmanen, Christus und vielen, vielen Menschen. Von dieser universellen Kirche war ich nie getrennt, und mehr als alles andere fürchte ich mich davor, von ihr getrennt zu werden.

Ich danke Ihnen sehr für Ihren liebevollen Brief und drücke Ihnen brüderlich die Hand.

8. Juli 1908. Lev Tolstoj

‖ Zusatzinformationen nach der russischen Gesamtausgabe: *Erst-*
mals veröffentlicht ohne Nennung des Adressaten („An einen orthodoxen
Priester') in der Zeitschrift „K svetu" 1908, Nr. 5 vom 14. September, S.
13-14. Der Adressat: Iwan Iljitsch Solowjow [Solov'ev] (1854-1918),
Priester, religiöser Schriftsteller, Herausgeber kirchlicher Publikationen, ab
1883 als Dozent am Moskauer Lyzeum tätig; Verfasser des Artikels „Das
Schreiben des Heiligen Synods an den Grafen Leo Tolstoi (Offenlegung sei-
ner Bedeutung und Wichtigkeit in Bezug auf dessen Interpretationen in
einer gebildeten Gesellschaft), 1901". Tolstois Zeilen sind die Antwort auf
einen umfangreichen Brief von I. Solowjow [Solov'ev] (die erhaltene Kopie
ist undatiert). Der Korrespondent zählte sich zu denjenigen, die darum ge-
beten hatten, die Vorbereitungen zum Gedenken anlässlich von Tolstois 80.
Geburtstag abzusagen, änderte seine Einstellung zu Tolstoi jedoch drama-
tisch: „Es schien mir, dass die Morgendämmerung über das russische Land
hereinbricht! Wie wird sich alles versöhnen, aufklären! Wahrlich, er ist
großartig in seinem Fall!" rief Solowjow [Solov'ev] aus. Er war überzeugt,
dass dies der erste Schritt zur Rückkehr Tolstois in den Schoß der orthodo-
xen Kirche war. ‖

32.

"ICH SOLLE GOTT … SO AUFFASSEN,
… WIE IHN ANDERE LEUTE AUFFASSEN"

An den altgläubigen N. A. Rukawischnikoff[42],
Jassnaja Poljana,
4. Februar 1909

Nikolai Alexejewitsch! Gleichzeitig mit Ihrem Brief erhielt ich ein langes Schreiben von einer Dame, die mir vorwirft, ich habe, wie sie sagt, den Glauben „zerstört", und die mich zu überreden sucht, zum Kirchenglauben zurückzukehren, den sie für den wahren Glauben hält. Sie bittet mich, ihr folgende drei Worte zu antworten: „Ich verstand Sie!" Ich fürchte, ich werde nicht imstande sein, ihr mit den gewünschten Worten zu antworten – hauptsächlich deshalb, weil ich die Gründe nicht einsehe, die sie und ebenso viele, sehr viele, sowohl Geistliche, als Nichtgeistliche bewogen, sich mit solchen Ratschlägen an mich zu wenden.

Wie ich unlängst demselben ehrwürdigen Geistlichen schrieb, der mir noch gestern vielerlei Bücher und Aufsätze sandte, die mich bestimmen sollten, zur Rechtgläubigkeit zurückzukehren, glaube ich: das Allerbeste, was wir in Hinsicht auf andere Menschen zu tun imstande sind, ist, dass wir es Gott überlassen, zu entscheiden, welche Beziehung zu Ihm Ihm gefälliger ist, uns selber aber einzig und allein, und ohne je darin aufzuhören, nur darum bemühen, einander möglichst zu lieben. Ich kann demnach gar nicht jene mir von allen Seiten werdenden Ratschläge, und sogar Forderungen begreifen: Ich solle Gott und meine Beziehung zu Ihm nicht so auffassen, wie mir das eigen ist, und wie ich das nötig habe, vielmehr so, wie Ihn andere Leute auffassen. – Diese mir zuteil werdenden Ratschläge erregen deshalb besonders mein Staunen, weil die Lehre, die man mir vorschlägt, mir nicht im geringsten neu und unbekannt, vielmehr ganz die gleiche ist, auf deren Erforschung ich, soweit ich das vermochte, alle meine Kräfte verwandte, und die ich, wenn auch unter

---

[42] Textquelle | Leo TOLSTOI: Religiöse Briefe. Übersetzt von K. Nötzel. Sannerz / Leipzig1923, S. 306-310. (*Nikolai Alexejewitsch Rukawischnikoff* | *Rukawischischkow* war Mitarbeiter der Zeitschrift „Bratski listok".)

schweren Seelenleiden, gleichwohl aufgeben musste. Und gerade jetzt, wo ich doch schon mit einem Fuß im Grabe stehe, von Stunde zu Stunde den Tod erwarte, und, so sollte es scheinen, mich auch ohne den Rat anderer in vollem Ernst den Fragen nach Leben und Tod, nach der Seele und nach Gott hingebe, erhalte ich immer häufiger von den verschiedensten Seiten, schriftlich und mündlich, den Ratschlag, ich möchte wiederum das annehmen, was ich schweren Herzens aufgab, und das ich ebenso wenig annehmen kann, wie ich imstande bin zuzugeben, zweimal zwei sei drei, nicht aber vier.

In Hinsicht darauf aber, dass es nicht nötig sei, wie Sie sagen, den Glauben anderer zu stören, – füge ich nur folgendes hinzu: Wenn dieser Glaube aufrichtig ist – bin ich durchaus mit Ihnen einverstanden. Sie sagen: „Ist es nicht ganz einerlei, woran ich glaube, wenn es mir innerlich warm ist, und meine Wärme einzig und allein durch die Tatsache bedingt wird, dass ich glaube. Wenn ich, den Blick auf die heimische Flamme einer Kerze gerichtet, wenigstens einen kleinen Augenblick nicht ärgerlich werde (der Ärger – ist die Mutter des Übelwollens: der Nichtliebe), weshalb soll ich mich denn dann in einen Kampf einlassen, um die Vernichtung der Kerzen? Möge alles Aberglauben sein, woran ich glaube. Sie haben einen einfachen Glauben. Der meinige ist viel verwickelter: Sie brauchen sich nur an Gott zu erinnern und weiter gar nichts, ich dagegen brauche den Rosenkranz, das Schwören mit zwei Fingern, die Gnade, Reliquien, – wozu stören Sie meinen Glauben!?"

Demnach werfen auch Sie, ganz ebenso wie jene Dame, an die ich eben erinnerte, und sehr, sehr viele Menschen mir vor, ich verneine – gerade als täte ich das zu meinem Vergnügen – dieselben Formen, durch die es Ihnen und so vielen andern warm ums Herz ist, und die Sie und so viele andere nötig haben. Wenn ich aber das verneine, was ich verneine, so tue ich das doch nicht deshalb, weil mir diese Verneinung an sich Freude bereitet, vielmehr nur deshalb, weil ich nicht anders kann. In unserer Zeit dürfen Leute, die nur ein wenig gebildet sind, sich nicht so anstellen, als wüssten sie nicht, dass es 500 Millionen Chinesen und Japaner, 400 Millionen Indier, Türken, Perser und Tataren gibt, die bereits seit Jahrhunderten sich zu ganz andern Bekenntnissen bekannten und noch bekennen, als das unsrige ist. (Sind wir wirklich allein so glücklich, dass wir die einzig wahre, nicht nur allgemein christliche, vielmehr rechtgläubige, altgläubige, katholische, lutheranische Religion haben, während jene Milliarden Menschen ins Verderben gingen und noch ins Verderben gehen?)

Wir dürfen uns auch nicht mehr so anstellen, als wüssten wir nicht das, was über die Bedeutung und die Berufung des menschlichen Lebens, d. h. der Religion gesagt ward von Sokrates, Marc Aurel, Buddha, Laotse, Mohammed, Luther, Spinoza, Kant, Rousseau, Lammenais, Emerson, Channing, Skoworoda, Ruskin und vielen, vielen andern. Ich meine hierbei nur die religiösen Schriftsteller, ich schweige ganz von den Verneinern der Religion in der Art Voltaires. Die Geistlichen, die in den Akademien erzogen wurden, haben es leicht, nichts von dem zu beachten, was auf religiösem Gebiet von der Menschheit geschah: sie, jene Unglücklichen, sind in eine fast ausgangslose Lage gestellt – und um so höher sie stehen, um so schlimmer ist es für sie – bei der sie behaupten müssen, dasjenige sei eine zweifellose Wahrheit, woran die Mehrzahl von ihnen bereits gar nicht mehr glauben kann, und was seit Jahrhunderten von der Menschheit überlebt ward.

Demnach ist das für die Geistlichen nötig, für die Nichtgeistlichen ist das aber durchaus nicht nötig – und auch unschön.

Um Ihnen meine Gedanken deutlicher zu machen, will ich Ihnen ein Erlebnis aus meinem früheren Leben erzählen.

In unserem Dorfe lebte eine Frau, die sich durch liederlichen Lebenswandel auszeichnete, und ungeachtet dessen, dass ihr Mann sie sehr grausam prügelte, solange sie jung war, sich stets von neuem ihrem Laster hingab. Außerdem war sie auch noch unehrlich, eine Diebin, überhaupt galt sie für ein sehr schlechtes, völlig verlorenes Weib. Einstmals nun, in der Nacht, schon längst seitdem diese Frau aufhörte, „Matroschka" zu sein, vielmehr „die Greisin Matrena" geworden war, kam ich in der Nacht durch das Dorf und an Matrenas Hütte vorüber. Nirgends brannte mehr Licht, nur in dem Hause, wo sie wohnte, und wo ich vorübergehen musste (das war im Winter), leuchtete ein Feuer. Ich blickte durchs Fenster und sah Matrena auf Knien vor den Heiligenbildern liegen. Sie bekreuzte sich und verneigte sich immer wieder bis zur Erde. In der Hütte war es ganz still; offenbar schliefen bereits alle. Ich blieb stehen, schaute hin und ging dann weiter. Als ich dann zurückkehrte und wieder in das Fenster blickte, lag Matrena immer noch ebenso auf den Knien, bekreuzte sich, erhob den Kopf zu den Heiligenbildern und fiel wiederum zur Erde nieder.

Worum sie eigentlich betete, weiß ich nicht, ich brauche das aber auch gar nicht zu wissen. Eines weiß ich nur: ich möchte sowohl für mich selber wie auch für die Dame, die mir schrieb, und ebenso für jenen Geistlichen, für Sie und für alle Menschen so beten, wie Matrena betete. Deshalb wünsche ich auch, alle möchten so beten können, weil dieses Gebet einem von nichts berührtem, keinerlei Erklärungen und Rechtfertigungen bedürfendem wahren Glauben entsprang, an den Ursprung von allem, an Gott, an das eigene Gebundensein an Ihn, und die Abhängigkeit von Ihm. Und deshalb würde ich es für das größte Verbrechen halten, dieses Weib ihres Glaubens zu berauben. Ja, und das wäre auch ganz unmöglich: Kein Weiser der Welt vermöchte Matrena von der Wahrheit ihrer religiösen Vorstellungen abzubringen, mag auch die Form ihres Ausdrucks uns fremd sein. Matrena betete wahrscheinlich zur himmlischen Gottesmutter, und sah in ihr eine wirkliche Königin und in dem Himmel den wirklichen Himmel, in dem Gott, der himmlische Vater, sitzt, oder irgend etwas dergleichen, und dieser Glaube gab ihr in Wahrheit Beruhigung und seelisches Wohlbefinden, weil durch ihn ihre Seele in Beziehung trat zu dem Urgrund von allem, was es gibt, zu Gott.

Ich glaube aber, unsere Behauptung, wir glaubten an das, woran wir gar nicht glauben können: an die Himmelskönigin, an den Himmel mit seinen Engeln, an die leibliche Himmelfahrt Christi, an das Paradies, an die Hölle usw., vermag uns keineswegs irgend eine Beruhigung zu geben, – uns vielmehr nur des wahren religiösen Empfindens zu berauben.

Wenn die Gelehrten unserer Zeit von ihren kirchlichen Glaubenssätzen sprechen und schreiben, kann ich nicht umhin, mir den so richtigen Gedanken Kants ins Gedächtnis zu rufen, dass, wenn ein Mensch von Kindheit an in einer Religion erzogen wird, die seinem Bewusstsein und seinem Wissen nicht entspricht, er mit den Jahren zum Sophisten seiner religiösen Überzeugung wird, d. h. er sich bemüht, durch verwickelte, künstliche, gedankliche Ableitungen, durch Vergleiche, historische Überlieferungen und gemachtes Pathos den andern und vor allem sich selber seinen Unglauben an das zu verhüllen, was für zweifellose Wahrheit zu erklären er für notwendig hält. Und das ist sehr hässlich. Deshalb, weil nichts in höherem Grade die Verbreitung des Unglaubens fördert. Derartige Versuche, das Unvernünftige und Unnötige auszulegen, zu rechtfertigen und zu erklären, wirken vornehmlich deshalb so zerstörend auf die Religion, weil, da sie doch die höchste Wahrheit ist, derartige Auslegungen und Rechtfertigungen des Unvernünftigen nur Lüge sein können. Die Menschen aber der neuen Generation, wenigstens die besten von ihnen, empfinden diese Lüge und entäußern sich mit ihr auch desjenigen religiösen Empfindens, welches die Ausleger der Religion auf einem so falschen Wege retten wollen, und dann bleiben diese Menschen ohne jeden Glauben und gelangen zu der sich immer mehr verbreitenden Überzeugung der Mehrzahl aller Gebildeten, die Religion sei nur ein Überbleibsel aus alter Zeit, und darum für unsere aufgeklärte Zeit schon völlig unnötig.

So verhalten sich zu der Lüge, die das Unvernünftige zu rechtfertigen versucht, die besten Leute der jungen Generation, Menschen, denen die Wahrheit an sich teuer ist. Weniger feingeistige Menschen hingegen glauben demjenigen aufs Wort, was ihnen ihre Umgebung und ihre Lehrer einreden, und indem sie sich nur noch der öffentlichen Meinung fügen, halten sie sich noch für religiös, während dabei das, was sie Religion nennen, überhaupt gar nichts mehr gemein hat mit der wirklichen Bedeutung dieses Wortes, nichts anderes ist, als ein Beobachten von Anstandsregeln, und zu gar nichts verpflichtet.

Und so ist in religiöser Hinsicht die Lage von 99 % der Angehörigen aller besitzenden und gebildeten Stände der christlichen Welt. Und dem gleichen Zustand nähern sich mit wachsender Schnelligkeit auch diejenigen aus dem einfachen Volke, die Matrenas Glauben verloren haben und bei dem allgemeinen Unglauben der gebildeten Klassen landeten.

Ich bestreite demnach gar nicht aus Lust am Bestreiten die religiösen Dogmen, die nicht mehr vereinbar sind mit der geistigen Entwicklung unserer Zeit, vielmehr deshalb, damit die Menschen sie aufgeben und dann die mitten unter ihnen lebende, ewige, religiöse Grundlage erschauen möchten, welche uns das Christentum in seiner wirklichen Bedeutung gibt.

Für das Christentum aber in seiner wirklichen Bedeutung halte ich nicht das, was mir so vorkommt, vielmehr dasjenige, was in gleicher Weise von allen erhabensten Denkern der Welt vor und nach Christus anerkannt ward und noch anerkannt wird. Dies wahre Christentum, das ist keine von den andern Lehren getrennte, ausschließliche Lehre, es ist vielmehr der für unsere Zeit vollständigste und deutlichste Ausdruck der ewigen, göttlichen Wahrheiten, die in gleicher Weise von allen großen religiösen Lehren der Welt anerkannt werden: Von dem Brahmanismus, Buddhismus, Konfuzianismus, Masdeismus[43], Taotismus, Mohammedanismus u. a. Der wahre Glaube beruht nicht in der Rechtgläubigkeit und nicht in der Altgläubigkeit, nicht im Katholizismus und nicht im Lutheranertum, nicht im Judaismus, nicht im Mohammedanismus und seinen Sekten, nicht im Buddhismus oder im Konfuzianismus mit allen seinen Unterabteilungen, vielmehr einzig und allein in dem, was ein und dasselbe ist in allen Religionen, und in gleicher Weise, als längst vorausgeahnte Wahrheit, mit Freuden aufgenommen wird von allen Menschen der Welt. Und ganz das Gleiche gelangte im Christentum in seiner wahren Bedeutung zum Ausdruck.

Und deshalb ist es nicht schrecklich, sich zu trennen von dem griechisch-russischen, oder dem altgläubigen oder irgend einem anderen Glaubensbekenntnis, das sich allein für die Wahrheit hält, schrecklich ist es vielmehr, sich von der die ganze Welt umspannenden Kirche der ganzen Menschheit zu trennen, die sich immer mehr dem Zusammenschluss nähert, der seinerseits nur durch die wahre Erkenntnis des Menschen und Gottes erreicht wird.

Das Leben – ist etwas Ernstes, und im Leben ist das Ernsteste die Religion, d. h. dasjenige, wie der Mensch sich selber begreift und seine Beziehung zu dem All, zu Gott. Und deshalb ist es gefährlich und verderblich, aus der Religion ein Mittel zu machen, um irgend welche egoistische Zwecke – ich spreche schon gar nicht von plumper Selbstsucht, Ehrgeiz und Ruhmliebe, sei es vielmehr auch nur in der Art von Seelenruhe – zu erreichen. Das Ziel der Religion kann nur eines sein: Die Erkenntnis der höchsten Wahrheit, die dem Menschen zugänglich ist, und die Unterordnung des eigenen Lebens unter diese Erkenntnis.

Wenn Sie glauben, dass mein Brief dies verdient, so möchte ich darum bitten, dass er abgedruckt werde. Er kann in Ihrer Zeitschrift

---

[43] [Zoroastrismus, Zarathustrismus]

zum Abdruck gelangen, doch nur ohne irgendwelche Kürzungen. Geht das aber nicht, so werde ich bemüht sein, ihn an einer solchen Stelle abdrucken zu lassen, wo er vollständig abgedruckt werden kann.

Ihr Sie achtender …

33.
„GRUNDLAGE ALLER RELIGIONEN …: DIE LIEBE ZU GOTT"
An M. M. Krymbajeff. Jassnaja Poljana,
16. März 1909[44]

Sehr geehrter Herr! Die Grundlage aller Religionen ist eine und dieselbe: Die Liebe zu Gott, d. h. zur höchsten Vollendung und zum Nächsten. Aber bei allen Religionen ereignete es sich und ereignet es sich jetzt noch, dass mit der grundlegenden religiösen Wahrheit, die allen Religionen gemeinsam ist, falsche Deutungen vereinigt werden, welche von ihren Anhängern in diese Lehre gebracht wurden. Ganz das gleiche geschah und geschieht auch im Mohammedanismus, und deshalb beruht ebenso, wie bei allen andern Religionen auch in Hinsicht auf den Mohammedanismus die Aufgabe der jetzigen Menschheit nicht darin, die Religion überhaupt aufzugeben, und an ihre Stelle enge, unbegründete und banale, sogenannte wissenschaftliche Weltanschauungen zu setzen, vielmehr darin, das Wesen der religiösen Lehre zu erfassen und bestrebt zu sein, ihre religiöse Grundwahrheit von dem zu befreien, was sie verhüllt. Und das geschieht auch in allen Religionen, auch im Mohammedanismus. So besteht hier die ihrer religiösen Lehre nach sehr hochstehende Sekte der Babisten, deren Fortsetzer Baga-Ula von der türkischen Regierung nach Uka verschickt ward, wo sein Sohn wohnt. Diese Menschen erkennen keinerlei äußere religiöse Formen an, und die Grundlage ihrer Religion, die sie für eine und dieselbe in allen religiösen Bekenntnissen halten, erblicken sie in einem guten Leben, d. h. in der Liebe zum Nächsten und in dem Nichtanteilnehmen an

---

[44] Textquelle | Leo TOLSTOI: Religiöse Briefe. Übersetzt von K. Nötzel. Sannerz / Leipzig1923, S. 311-312. [Hinweise auf den Empfänger bislang nicht ermittelt.]

der Betätigung des Bösen. Eine andere mohammedanische Sekte kenne ich in Kasan. Diese Sekte nennt sich „Gottes Regiment" oder nach dem Namen ihres Begründers die „Waizoffza". Beide Sekten bedeuten eine Vorwärtsbewegung des Mohammedanismus auf dem Wege zu seiner Befreiung von toten äußeren Formen, deren es, das muss man zugestehen, im Mohammedanismus, da er verhältnismäßig spät entstanden ist, bei weitem weniger gibt als bei allen andern großen religiösen Bekenntnissen. Und deshalb bin ich der Meinung: jeder Mensch, welcher der Menschheit zu dienen wünscht, darf nicht die Religion im ganzen verneinen, in der er geboren und erzogen ward, wie Sie im Mohammedanismus, im Gegenteil, er soll bestrebt bleiben, die tiefen Grundlagen, die in jeder Religion und auch im Mohammedanismus sind, zu erfassen und von den Auswüchsen zu befreien, die sie verhüllen. Auch im Koran kann man viel Wahres und Tiefes finden. Zudem gibt es ein kleines Büchelchen, das in Indien in englischer Sprache herausgegeben ward, und in dem Aussprüche Mohammeds von bemerkenswerter Tiefe und Geistigkeit gesammelt sind.

34.
„… WENN ICH GEIRRT HABE …, SO KENNT ER MICH DOCH"
An einen russischen Geistlichen.
Jasnaja Poliana,
März 1909

„Entschuldigen Sie bitte, daß ich Ihren Brief wider Willen so lange unbeantwortet gelassen habe.

Ich habe Ihren Brief aufmerksam gelesen, aber zu meinem Bedauern – wirklich, zu meinem Bedauern – habe ich darin keine neuen Gründe gefunden, die mich überzeugt hätten. Ihr Hauptargument ist der Glaube an die Heiligkeit und Unfehlbarkeit der Kirche, und es ist verständlich, daß, wenn man einmal diesen Glauben hat, alles zu ihm Gehörige nicht mehr angezweifelt werden kann. Aber ich habe – ich sage es noch einmal: leider – diesen Glauben nicht in mir und kann mich nicht zu ihm zwingen. Ich kann mich nicht zwingen zum Glauben an eine Kirche, die nach ihrer eigenen

Grundbestimmung einig sein soll, dabei aber in eine griechisch-rus-
sische, katholische, lutherische und andere zerfällt, Von denen jede
ihre ausschließliche Wahrheit behauptet. Vielleicht ist eine von ihnen, die, zu der Sie sich bekennen, die wahre, ich kann sie aber als
solche nicht anerkennen. Suchen Sie sich mit Ihrem guten Herzen in
meine Lage zu versetzen. Ich bin ein alter Mann, der mit einem Fuß
im Grabe steht und nur eines wünscht: in den letzten Tagen oder
Stunden seines Lebens in Frieden und Einigkeit mit allen zu sein,
der aber, wenn er Ihren Glauben an eine Vergeltung im künftigen
Leben anerkennen würde, sich durch Leugnung der Wahrheit des
kirchlichen Glaubens für alle Ewigkeit zugrunde richten müßte. Warum sollte ein solcher Mensch sich weigern, anzuerkennen, was Millionen und aber Millionen höchst achtenswerter Menschen für
Wahrheit angesehen haben und heute noch ansehen? Warum sollte
ein solcher Mensch Widerstand leisten, wenn ein solches Bekenntnis
ihm statt des gegenwärtigen Übelwollens die wärmste Zuneigung
einer gewaltigen Menge von Menschen einbringen müßte, – darunter auch vieler, die mir sehr nahestehen, wie meine Schwester, die
Nonne, und noch viele andere? Warum sollte ein solcher Mensch
fortfahren, seine unkirchlichen christlichen Ansichten auszusprechen, durch die er die unfreundlichsten Empfindungen und abspre-
chendsten Urteile einer gegenwärtig sehr zahlreichen Gruppe von
Menschen hervorruft, der sogenannten Intelligenten, die jede Religion für etwas Überlebtes, Unnötiges und sogar Schädliches ansehen? Wenn ein Mensch in meiner Lage mit blutendem Herzen der
Liebe so vieler guter Menschen verlustig geht, die seine Bekehrung
zum kirchlichen Glauben wünschen, und zugleich das Übelwollen
und – ich sage es frei und offen – die Verachtung seitens der Menschen, die die herrschende öffentliche Meinung machen, auf sich
nimmt, – so ist es augenscheinlich, daß er nur aus dem Grunde so
handelt, weil er anders nicht handeln kann.

In der Tat, – was soll ich denn machen, wenn es mir unmöglich,
buchstäblich unmöglich ist, Ihren Wunsch und den vieler guter
Leute zu erfüllen? Wäre es denn nicht unvergleichlich schlimmer,
wenn ich nicht nur behauptete, ich glaubte an das, woran ich nicht
glaube, sondern mich auch noch bemühte, mich selbst zu betrügen
und den Wunsch, eins zu sein mit Leuten, die ich achte und liebe,
für Glauben ausgäbe.

Wirklich, mein lieber Bruder, lassen Sie mich mein Leben in den religiösen Anschauungen zu Ende leben, zu denen mich (ich glaube mich nicht zu täuschen) der aufrichtige Wunsch gebracht hat, den Willen Dessen zu tun, der mich ins Leben gesandt hat. Wenn ich aber, da ich alle meine Kräfte an die Erkenntnis Seines Willens gesetzt habe und nun die letzten Stunden ganz der Erfüllung dieses Willens weihen möchte, – wenn ich geirrt habe und weiter irren werde, so kennt Er mich doch und kann mir meinen Irrtum nicht als Schuld anrechnen. Verzeihen Sie mir auch noch eine Bemerkung, die ich machen möchte. Ich bin von meinem Recht nicht weniger fest überzeugt als viele von denen, die mir zureden, – warum verlange ich denn nicht von ihnen, daß sie für wahr erkennen, was ich für wahr halte? Ich spreche aus, was ich für Wahrheit halte, bestimme, so gut ich kann, was ich für Irrtum ansehe, stelle aber einem jeden frei, meine Behauptungen gelten zu lassen oder abzuweisen, ohne daß ich an irgend jemand mit der Forderung oder Bitte heranträte, sich meine Anschauungen anzueignen. Ich tue das nicht, weil ich weiß, daß jeder seine lange geistige Vergangenheit hat, seinen Prozeß der Wahrheitserkenntnis, und ich weiß, wie schwierig diese geistige Arbeit ist und wie unmöglich jede fremde Einmischung. Ich wünschte, daß man sich auch gegen mich so verhielte.

In jedem Fall danke ich Ihnen noch einmal für Ihr brüderliches, liebevolles Verhalten mir gegenüber und bringe Ihnen das gleiche entgegen."[45]

---

[45] Zit. Ein Leben in Selbstbekenntnissen 1923, S. 391-392.

35.
„WENN ICH SAGE,
GOTT SEI NICHT NICHT IM HIMMEL ..."

An A. N. Savazkj.

Jassnaja Poljana,
13. November 1909[46]

Geehrter Alexej Markowitsch! Wenn ich sage, Gott sei nicht im Himmel, vielmehr in jedem Menschen, so will ich damit nur äußern, dass Gott keine Persönlichkeit ist, die sich an einem ganz bestimmten Orte aufhält, vielmehr jene höchste geistige Grundlage, die wir in uns selber anerkennen und erleben. Diese Worte bedeuten durchaus nicht, dass Gott im Menschen sei, und Sie haben durchaus recht, wenn Sie mit einem solchen Sinn nicht einverstanden sind.

Wie ich Gott auffasse, werden Sie aus den Büchern erkennen, die ich Ihnen sende.

Mit vorzüglicher Hochachtung
Leo Tolstoi.

---

[46] Textquelle I Leo TOLSTOI: Religiöse Briefe. Übersetzt von K. Nötzel. Sannerz / Leipzig1923, S. 293 (ohne weiterführende Hinweise auf den Empfänger).

36

„WAHRHAFT EXISTIERT NUR GOTT"

Letzte Einträge im „Tagebuch nur für mich selbst",
31. Oktober 1910[47]

Von Leo N. Tolstoi seiner Tochter Aleksandra
auf dem Sterbebett diktiert

31 Октября. П р о д и к т о в а н о   А. Л.   Т о л с т о й . Богъ
есть то неограниченное Все, чего человѣкъ сознаетъ себя
ограниченной частью.

Истинно существуетъ только Богъ. Человѣкъ есть проявленіе Его въ
веществѣ, времени и пространствѣ. Чѣмъ больше проявленіе Бога
въ человѣкѣ (жизнь) соединяется въ проявленіяхъ (жизнями)
другихъ существъ, тѣмъ больше онъ существуетъ. Соединеніе этой
своей жизни съ жизнями другихъ существъ совершается любовью.
Богъ не есть любовь, но чѣмъ больше любви, тѣмъ больше человѣкъ
проявляетъ Бога, тѣмъ больше истинно существуетъ.

31. Oktober. Diktiert an A. L. Tolstoi. |

Gott ist das grenzenlose All, von dem der Mensch sich als einen be-
grenzten Teil betrachtet.

Nur Gott existiert wirklich. Der Mensch ist eine Manifestation von
Ihm in Materie, Zeit und Raum. Je mehr eine Manifestation Gottes
in einem Menschen (Leben) mit den Manifestationen (Leben) anderer Wesen verbunden ist, desto mehr existiert er. Die Verbindung
seines Lebens mit dem Leben anderer Wesen geschieht durch Liebe.
Gott ist nicht Liebe, aber je mehr Liebe, je mehr ein Mensch Gott ma-
nifestiert, desto mehr existiert er wirklich.[48]

---

[47] Textquelle | Lew N. TOLSTOI: Aus dem Tagebuch nur für mich selbst. - Zwei
letzte Einträge. 31. Oktober 1910: A.I. diktiert / und 31. Oktober 13:30 Uhr. In:
Sowjetische Gesamtausgabe [Polnoe sobranije sočinenij v 90 tomach]. Band 58.
Moskau 1934, S. 143-144. [Als Internet-Ressource: http://tolstoy.ru/creativity/90-
volume-colection-of-the-works]. – mit Hilfe des Programms https://www.deepL.
com/translator ins Deutsche übertragen; unwesentlich redigiert.

[48] Andere Übersetzung in M. George / J. Herlth / Chr. Münch / U. Schmid (Hg.):
Tolstoj als theologischer Denker und Kirchenkritiker. Zweite Auflage. Göttingen:
Vandenhoeck & Ruprecht 2015, S. 317: „A. L. Tolstaja diktiert. | Gott ist jenes un-
begrenzte Alles, als dessen begrenzten Teil sich der Mensch erkennt. | Wahrhaft

Астапово, 31 окт. 1 ч. 30 дня.

Богъ, если мы хотимъ этимъ понятіемъ уяснить явленія жизни, то въ такомъ пониманіи Бога и жизни не можетъ быть ничего основательнаго и твердаго. Это одни праздныя, ни къ чему не приводящія разсужденія. Бога мы познаемъ только черезъ сознаніе Его проявленія въ насъ. Всѣ выводы изъ этого сознанія и руководство жизни, основанное на немъ, всегда вполнѣ удовлетворяетъ человѣка и въ познаніи самого Бога и въ руководствѣ своей жизни, основанной на этомъ сознаніи.

Astapovo, 31. Oktober. 1 : 30 p.m.

Gott, wenn wir die Phänomene des Lebens mit diesem Konzept verstehen wollen, kann es nichts Solides und Festes in einem solchen Verständnis von Gott und Leben geben. Es ist nur müßiges, unproduktives Argumentieren. Wir kennen Gott nur durch das Bewusstsein seiner Manifestation in uns. Alle Schlussfolgerungen dieses Bewusstseins und die darauf basierende Lebensführung befriedigen den Menschen immer voll und ganz, sowohl in der Erkenntnis Gottes selbst als auch in der Führung seines Lebens auf der Grundlage dieses Bewusstseins.[49]

---

existiert nur Gott. Der Mensch ist Sein Ausdruck in Materie, Zeit und Raum. Je mehr der Ausdruck Gottes im Menschen (das Leben) sich im Ausdruck (durch das Leben) anderer Wesen vereint, desto mehr existiert er. Die Vereinigung dieses seines Lebens mit den Leben anderer Wesen vollzieht sich durch die Liebe. | Gott ist nicht die Liebe, doch je mehr Liebe ist, desto mehr offenbart der Mensch Gott und desto mehr existiert er wahrhaft."

[49] Andere Übersetzung in M. George / J. Herlth / Chr. Münch / U. Schmid (Hg.): Tolstoj als theologischer Denker und Kirchenkritiker. Zweite Auflage. Göttingen: Vandenhoeck & Ruprecht 2015, S. 318: „Astapovo, 31. Okt., 13.30 Uhr | Gott, wenn wir mit diesem Begriff die Phänomene des Lebens erläutern wollen, dann kann in diesem Verständnis Gottes und des Lebens nichts Fundiertes und Festes sein. Das sind nur müßige, zu nichts führende Überlegungen. Gott erkennen wir nur durch das Bewusstsein Seines Ausdrucks in uns. Alle Schlussfolgerungen aus diesem Bewusstsein und die Lebensführung, die darin gründet, befriedigen den Menschen stets vollkommen, sowohl in der Erkenntnis von Gott selbst als auch in der eigenen Lebensführung, die in diesem Bewusstsein gründet."

Anhang

Bibliographische Übersicht
zu den dargebotenen Tolstoi-Texten

I. GRAF LEO TOLSTOI UND DER HEILIGE SYNOD

Russischer Text der Erklärung Tolstois | Lew N. TOLSTOI: Otvet na postanovlenie Sinoda ot 20-22 fevralja i na polučennye mnoju po ètomu slučaju pis'ma, 4.4.1901 (Antwort auf die Verfügung des Synods vom 20. – 22. Februar sowie auf die von mir aus diesem Anlaß erhaltenen Briefe, 1901). In: PSS [Russische Gesamtausgabe in 90 Bänden, Moskau 1928-1957ff: Polnoe sobranije sočinenij v 90 tomach]. Band 34. Moskau 1952, S. 245-253. [Als Internet-Ressource: http://tolstoy.ru/crea tivity/90-volume-colection-of-the-works].

Dargebotene Dokumentation | Graf Leo Tolstoi und der heilige Synod. Deutsch von Dr. N[achman]. Syrkin. Berlin: Hugo Steinitz Verlag 1902. [77 Seiten & Buchwerbung]. →S. 37-76.

Dargebotene alternative Übersetzung von Tolstois Antwort, 1929 | L. N. TOLSTOJ: Antwort auf die Verordnung des Synods [1901]. In: L. N. Tolstoj: Ausgewählte Werke, herausgegeben von W. Lüdtke. Band XII.: Weltanschauung. Auswahl von W. Lüdtke. Wien / Hamburg / Zürich: Gutenberg-Verlag Christensen & Co. 1929, S. 104-112. →S. 53-62.

Übersetzung R. Löwenfeld, 1901 | Leo N. TOLSTOJ: Antwort an den Synod, übersetzt von Raphael Löwenfeld [Erstauflage 1901]. In: Leo N. Tolstoj: Der Sinn des Lebens (Religiös-ethische Flugschriften Band I. = Gesammelte Werke. II. Serie, Band 10. Von dem Verfasser genehmigte Ausgabe von Raphael Löwenfeld). Jena: Eugen Diederichs 1911, S. 79-101. [Enthält als Anhang auch die „Verordnung des Allerheiligsten Synods vom 20.-22. Februar 1901"]. – Neu ediert in: Leo N. TOLSTOI: Vier Auswahlbände und Breviere 1901/1928. Sinn des Lebens – Gott und Unsterblichkeit – Aufruf zur Bruderschaft. (= Tolstoi-Friedensbibliothek – Reihe B, Band 9). Norderstedt: BoD 2023, S. 57-69.

Übersetzung G. Dalitz, 1974 | Lew TOLSTOI: Antwort auf den Beschluss des Synods vom 20. bis 22. Februar und auf die aus diesem Anlass bei mir eingegangenen Briefe, übersetzt von Günter Dalitz. In: Lew Tolstoi: Philosophische und sozialkritische Schriften. (= Gesammelte Werke in zwanzig Bänden, herausgegeben von Eberhard Dieckmann und Gerhard Dudek, Band 15). Berlin: Rütten & Loening 1974, S. 619-629 und Anmerkungen S. 796-797 („Die Verfügung des Heiligen Synods über den Ausschluß Tolstois aus der russisch-orthodoxen Kirche wurde am 24. Februar [1901] veröffentlicht. Das damit von der Kirche verfolgte Ziel, den Schriftsteller unter den Gläubigen zu diskreditieren, wurde jedoch nicht erreicht. Der Dichter erhielt von allen Seiten Briefe der Sympathie, und nur einige Schreiben drückten Vorwurf oder Mahnung aus. Mit seinem Antwortartikel wandte sich Tolstoi vor allem an die Verfasser der vorwurfsvollen Briefe. Der Artikel erschien zuerst in den ‚Blättern' des Verlages ‚Freies Wort' in London. Danach wurde er auch von der Petersburger Zeitschrift ‚Missionskoje obozrenie' (Missionsrundschau) unter Weglassung der heikelsten Stellen publiziert. Tolstois stolze Antwort fand in Rußland und im Ausland großen Widerhall. Der Dichter erhielt von vielen Arbeitern, Studenten, Bauern und Angestellten Briefe, in denen diese ihre Zustimmung und Bewunderung für seine mutige und entschiedene Haltung bekundeten.")

Übersetzung D. Trottenberg, 2014 | Antwort auf den Beschluss des Synods vom 20.-22. Februar 1901, übersetzt von Dorothea Trottenberg. In: Martin George / Jens Herlth / Christian Münch / Ulrich Schmid (Hg.): Tolstoj als theologischer Denker und Kirchenkritiker. Zweite Auflage. Göttingen: Vandenhoeck & Ruprecht 2015, S. 240-248. Vgl. ebd., S. 240 die Ausführungen von Daniel Riniker zum Hintergrund: „Seit den späten 1870er Jahren war die Beziehung der Russischen Orthodoxen Kirche zu Tolstoj angespannt. Seine religiösen Traktate, die in Russland zwar verboten waren, aber dennoch in unzähligen Abschriften zirkulierten, seine beharrlich wiederholte Kritik an der Kirche und ihren Dogmen und schließlich das Erscheinen des Romans ‚Auferstehung' im Jahr 1899 ließen die Kirche immer unwirscher auf Tolstojs Werk und seine Person reagieren. Am 24. Februar 1901 veröffentliche der Hl. Synod die Resolution Nr. 557 bezüglich des Grafen Lev Tolstoj, die alle Gläubigen vor dem schädlichen Einfluss seiner Lehre warnte und die von Tolstoj selbst und den meisten Zeitgenossen als Exkommunikation aus der Orthodoxen Kirche verstanden wurde. […] Tolstojs Antwort auf den Beschluss des Hl. Synods wurde im Juni 1901 in der Zeitschrift ‚Missionerskoe obozrenie' veröffentlicht, wobei ca. 100 Zeilen der Zensur zum Opfer fielen. Die Zeitschrift gab zudem einen Sammelband heraus, in dem Tolstojs Antwort noch einmal abgedruckt war, worauf die Zensurbehörde jede weitere Veröffentlichung verbot. Die erste vollständige Publikation erfolgte in Čertkovs ‚Listki Svobodnogo slova' 1901 in England. In Russland konnte der vollständige Text erstmals 1905 erscheinen."

II. ÜBER DULDUNG
(Über die Glaubenstoleranz – O veroterpimosti, 1901)

Russischer Text | Lew N. TOLSTOJ: O veroterpimosti (Über die Glaubenstoleranz, 1901). In: PSS [Russische Gesamtausgabe in 90 Bänden, Moskau 1928-1957ff: Polnoe sobranije sočinenij v 90 tomach]. Band 34. Moskau 1952, S. 291-298. [Als Internet-Ressource: http://tolstoy.ru/creativity/90-volume-colection-of-the-works].

Übersetzung 1902/1911 | L. N. TOLSTOJ: Gewissensfreiheit. Übersetzt von Raphael Löwenfeld. In: L. N. Tolstoi: Religiös-ethische Flugschriften Band I. (= Leo N. Tolstoj: Gesammelte Werke. II. Serie, Band 10. Von dem Verfasser genehmigte Ausgabe von Raphael Löwenfeld). Abteilung „Was ist Religion und worin besteht ihr Wesen". Jena: Eugen Diederichs 1911, S. 91-106. [Erstauflage 1902.] – Neu ediert in Leo N. TOLSTOI: Was ist Religion? Die Übersetzungen von Nachman Syrkin und Iwan Ostrow, nebst weiteren Texten. (= Tolstoi-Friedensbibliothek Reihe A, Band 13). Norderstedt: BoD 2023, S. 122-130.

Dargebotene Übersetzung I L. N. TOLSTOJ: Über Duldung. In: L. N. Tolstoj: Ausgewählte Werke, herausgegeben von W[illy]. Lüdtke. Band XII.: Weltanschauung. Auswahl von W. Lüdtke. Wien/Hamburg/Zürich: Gutenberg-Verlag Christensen & Co. 1929, S. 117-124. – Im vorliegenden Band →S. 77-85.

III. AN DEN KLERUS
(K duchovenstvu, 1902)

Russischer Text I Lew N. TOLSTOI: K duchovenstvu (An die Geistlichkeit, 1902). In: PSS [Russische Gesamtausgabe in 90 Bänden, Moskau 1928-1957ff: Polnoe sobranije sočinenij v 90 tomach]. Band 34. Moskau 1952, S. 299-318. [Als Internet-Ressource: http://tolstoy.ru/creativity/90-volume-colection-of-the-works]. – Für den vorliegenden Band der Tolstoi-Friedensbibliothek übersetzt mit Hilfe des Programms https://www.deepL.com/translator – redigiert und überprüft anhand der nachfolgend bibliographierten Übersetzung →S. 87-109.

Übersetzung von D. Trottenberg, 2014 I Leo Tolstoj: An die Geistlichkeit, übersetzt von Dorothea Trottenberg. In: Martin George / Jens Herlth / Christian Münch / Ulrich Schmid (Hg.): Tolstoj als theologischer Denker und Kirchenkritiker. Zweite Auflage. Göttingen: Vandenhoeck & Ruprecht 2015, S. 249-269. – Vgl. ebd., S. 249 zur Entstehung des Textes: „Die Idee, einen offenen Brief an die gesamte Geistlichkeit zu schreiben, damit sie sich bewusst werde, was sie tue, fasste Tolstoj im Frühling 1902. ,An die Geistlichkeit will ich schreiben. Wenn man mich nicht versteht, ist das nicht so schlimm, aber ich will den Menschen diesen schrecklichen Schaden vor Augen führen, den sie den Menschen zufügen', schrieb Tolstoj seinem Bruder Sergej. Wie wichtig ihm dieser Aufruf war, zeigt der Umstand, dass er bis im Dezember 1902 an seinem Text arbeitete und ständig neue Änderungen vornahm. 1903 erschien das Pamphlet in England und in Berlin, in Russland konnte es erst 1906 veröffentlicht werden. 1903 verfasste der Priester Ioann von Kronstadt, nachdem er den Aufruf in einer ausländischen Ausgabe gelesen hatte, ein Gegenpamphlet mit dem Titel ,Antwort auf Tolstojs Aufruf an die Geistlichkeit'. Darin bezeichnete er Tolstoj als den ,größten Komplizen des Teufels' und ,berüchtigsten Gegner Christi'." (Daniel Riniker)

IV. VERNUNFT – GLAUBE – GEBET
Briefe an Briefe an den Bauern V. K. Zavolokin I Dezember 1900 / Januar1901

Russische Gesamtausgabe I Briefe an den Bauern V. K. Zavolokin (geb. 1862) im Gouvernement Jaroslavl' (17. Dezember 1900; 14. Januar 1901; 18. Januar 1901). In: PSS [Russische Gesamtausgabe in 90 Bänden, Moskau 1928-1958ff: Polnoe sobranije sočinenij v 90 tomach]. Band 72, S. 527-529 und Band 73, S. 5-15. [Als Internetressource http://tolstoy.ru/creativity/90-volume-colection-of-the-works];

für den vorliegenden Band mit Hilfe des Programms https://www.deepL.com/translator ins Deutsche übertragen und vom Herausgeber redigiert unter vergleichender Heranziehung der nachfolgend aufgeführten Übersetzungen.

Teilübersetzung 1903 | Graf Leo TOLSTOI: Vernunft – Glaube – Gebet, und Arbeiterfrage. Berlin: Globus Verlag 1903, S. 3-39: „Vernunft – Glaube und Gebet". [Gesamtumfang der Broschüre (kein Eindruck des Erscheinungsjahres): 48 Seiten; Jahresangabe hier nach zwei Einträgen im Bibliothekskatalog, einem abweichenden Eintrag zufolge aber schon 1901 erschienen.] – Mutmaßliche russische Textgrundlage ist die gekürzte Ausgabe der drei Briefe an V. K. Zavolokin (ohne Adressatenangabe), die Vladimir Čertkov früh in England veröffentlicht hat (L. N. TOLSTOJ: O razume, vere i molitve. Tri pris'ma. Christchurch 1901). →S. 126-139.

Gesamtübersetzung 2014 | Drei Briefe an den Bauern V. K. Zavolokin (1900/01). In: Martin George / Jens Herlth / Christian Münch / Ulrich Schmid (Hg.): Tolstoj als theologischer Denker und Kirchenkritiker. Zweite Auflage. Göttingen: Vandenhoeck & Ruprecht 2015, S. 270-281. [Erstauflage 2014]. – Vgl. ebd. S. 270 zum Hintergrund des Briefwechsels: „Vasilij Zavolokin (geb. 1862) war ein Bauer aus dem Gouvernement Jaroslavl', der sich im Jahr 1900 unter dem Eindruck der Lektüre der ‚Auferstehung', der ‚Kreutzersonate' und der ‚Kurzen Darlegung des Evangeliums' schriftlich an Tolstoj gewandt hatte mit der Frage, wie er sich von der ‚Lüge lossagen' und zum wahren Christentum finden könne. Tolstoj antwortete in drei Briefen in den Jahren 1900 – 1901."

V. KLEINERE TEXTE TOLSTOIS
ÜBER RELIGION, KIRCHE UND GLAUBEN | 1865-1909

1. Über die Religion (O religii, Fragment) | 1865

Sowjetische Gesamtausgabe | Lew N. TOLSTOI: О РЕЛИГИ | O religii (Über die Religion, 1865. Fragment). In: PSS [Russische Gesamtausgabe in 90 Bänden, Moskau 1928-1957ff: Polnoe sobranije sočinenij v 90 tomach]. Band 7. Moskau 1932, S. 125-127. [Als Internet-Ressource: http://tolstoy.ru/creativity/90-volume-colecti on-of-the-works].

Hintergrund | Zur Geschichte des Textes schreibt Daniel Riniker: „Die Entstehungszeit dieses lange unveröffentlichten […] Fragments lässt sich anhand eines Tagebucheintrags vom 16. Oktober 1865 bestimmen: ‚Habe die Religionsbeweise bei Guizot-Witt gelesen und einen ersten Aufsatz geschrieben nach einer Idee, die ich von Montaigne hatte.' Tolstoj erwähnt ein Werk von Henriette de Witt, geb. Guizot (1829-1908), von der damals drei Bücher erschienen waren […]. Inspiriert zu diesem Aufsatz haben Tolstoj Montaignes *Essais*, höchstwahrscheinlich die *Apologie de Raimond Sebond* (1. Buch, 12. Kapitel). – Den ursprünglichen Titel *Kann man Religion beweisen?* gab Tolstoj zugunsten des neutraleren *Über die Religion* auf. Der Titel eines weiteren Aufsatzes, den Tolstoj nicht geschrieben hat (‚Über den Liberalismus unseres Jahrhunderts und die Verfassung') findet sich

ebenfalls in diesem Manuskript: es handelt sich bei dem […] Fragment offensichtlich um den ersten Teil einer geplanten, jedoch nicht realisierten Aufsatzreihe. –
‚Über die Religion' wurde erstmals 1932 in der sowjetischen Gesamtausgabe veröffentlicht" (Martin George / Jens Herlth / Christian Münch / Ulrich Schmid
[Hg.]: Tolstoj als theologischer Denker und Kirchenkritiker. Zweite Auflage. Göttingen: Vandenhoeck & Ruprecht 2015, S. 43; vgl. ebd., S. 43-46 die Übersetzung
des Fragments ‚Über die Religion' von Olga Radetzkaja.)

Dargebotene Übertragung | Für den vorliegenden Band der Tolstoi-Friedensbiblio-
thek übersetzt mit Hilfe des Programms https://www.deepL.com/translator – redigiert & überprüft anhand der Übersetzung von Olga Radetzkaja.

2. *Über die Bedeutung der christlichen Religion* | 1875/76

Sowjetische Gesamtausgabe | Lew N. TOLSTOI: O značenii christianskoj religii (Über
die Bedeutung der christlichen Religion, 1875/76 | Fragment). In: PSS [Russische
Gesamtausgabe in 90 Bänden, Moskau 1928-1957ff: Polnoe sobranije sočinenij v
90 tomach]. Band 17. Moskau 1936, S. 353-356. [Als Internetressource: http://
tolstoy.ru/creativity/90-volume-colection-of-the-works]. – Für den vorliegenden
Band der Tolstoi-Friedensbibliothek übertragen mit Hilfe des Programms https://
www.deepL.com/translator; diese Übertragung ist mangels Abgleich mit einer
gesicherten Übersetzung lediglich als ‚Inhaltswiedergabe' zu betrachten!

3. *‚Christlicher Katechismus' (Christianskij katichizis, Fragment)* | 1877

Sowjetische Gesamtausgabe | Lew N. TOLSTOI: Christianskij katichizis (Christlicher
Katechismus, 1877 | Fragment). In: PSS [Russische Gesamtausgabe in 90 Bänden,
Moskau 1928-1957ff: Polnoe sobranije sočinenij v 90 tomach]. Band 17. Moskau
1936, S. 363-368. [Als Internet-Ressource: http://tolstoy.ru/creativity/90-volume-
colection-of-the-works].

Hintergrund | Zum Text teilt Daniel Riniker mit: „Der ‚Christliche Katechismus'
ist einer der ersten Texte aus der Zeit, als Tolstoj sich infolge seiner Lebenskrise
intensiv mit religiösen Fragen zu beschäftigen begann. Das Fragment […] lässt
sich anhand eines Briefes von Tolstoj an Nikolaj Strachov vom 6. November 1877
datieren: ‚Vor ein paar Tagen war ich in einer Stunde dabei, als ein Priester Kindern den ‚Katechismus' lehrte. Das war alles so widerlich. Es war so offensichtlich, dass die klugen Kinder diese Worte nicht nur nicht glauben konnten, sie
konnten gar nicht anders, als sie zu verachten, deshalb wollte ich den Versuch
wagen, in Form eines Katechismus das auszudrücken, was ich glaube, und das
habe ich getan. Dieser Versuch hat mir gezeigt, wie schwierig das für mich ist
oder, wie ich befürchte, völlig unmöglich. Und das stimmt mich traurig und bedrückt mich.' In diesem Brief erklärt Tolstoj gleich selbst, weshalb der Christliche
Katechismus ein Fragment geblieben ist. Wenige Jahre später, 1884-1886, versuchte er sich in einem größeren Traktat mit dem Titel ‚Die christliche Lehre'
nochmals an der Form des Katechismus, allerdings hatte seine Einstellung zum

Christentum, zur Orthodoxen Kirche und ihren Dogmen bis dahin eine entscheidende Wende erfahren. – Das Manuskript trägt keinen Titel, die Worte ‚Christlicher Katechismus' wurden am Schluss des Textes von Tolstoj hinzugefügt. – Der ‚Christliche Katechismus' wurde erstmals 1936 in der sowjetischen Gesamtausgabe veröffentlicht" (In: Martin George / Jens Herlth / Christian Münch / Ulrich Schmid [Hg.]: Tolstoj als theologischer Denker und Kirchenkritiker. [Übersetzung der Tolstoj-Texte von Olga Radetzkaja und Dorothea Trottenberg, Kommentierung von Daniel Riniker]. Zweite Auflage. Göttingen: Vandenhoeck & Ruprecht 2015, S. 47; vgl. ebd. S. 47-51 die Übersetzung von Olga Radetzkaja.)

Dargebotene Übertragung | Für den vorliegenden Band der Tolstoi-Friedensbibliothek übersetzt mit Hilfe des Programms https://www.deepL.com/translator – redigiert & überprüft anhand der Übersetzung von Olga Radetzkaja.

4. Wessen sind wir? (Č'i my?) | 1879

Sowjetische Gesamtausgabe | Lew N. TOLSTOI: Чьи мы? | Č'i my? (Wessen sind wir?, 1879). In: PSS [Russische Gesamtausgabe in 90 Bänden, Moskau 1928-1957ff: Polnoe sobranije sočinenij v 90 tomach]. Band 90, S. 127-131. [Als Internet-Ressource: http://tolstoy.ru/creativity/90-volume-colection-of-the-works].

Hintergrund | Zum Text ‚Wessen sind wir?' teilt Daniel Riniker mit: „Dieses Fragment entstand höchstwahrscheinlich Ende 1879, als Tolstoj sich mit dem Gedanken trug, seine religiösen Ansichten in systematischer Form zu Papier zu bringen. So darf es als Vorarbeit zu seinen größeren religiösen Schriften gelten, der ‚Beichte', der ‚Untersuchung der dogmatischen Theologie' und ‚Mein Glaube'. – Das Fragment wurde erstmals 1904 im 10. Band der Werkausgabe der in Russland verbotenen Schriften Tolstojs von Vladimir Čertkov in England veröffentlicht (mit der Jahresangabe 1886) […] Das Manuskript gilt als verschollen." (In: Martin George / Jens Herlth / Christian Münch / Ulrich Schmid [Hg.]: Tolstoj als theologischer Denker und Kirchenkritiker. [Übersetzung der Tolstoj-Texte von Olga Radetzkaja und Dorothea Trottenberg, Kommentierung von Daniel Riniker]. Zweite Auflage. Göttingen: Vandenhoeck & Ruprecht 2015, S. 52; vgl. ebd., S. 52-57 die Übersetzung von Olga Radetzkaja.)

Dargebotene Übertragung | Für den vorliegenden Band der Tolstoi-Friedensbibliothek übersetzt mit Hilfe des Programms https://www.deepL.com/translator – redigiert & überprüft anhand der Übersetzung von Olga Radetzkaja.

5. Aufzeichnungen eines Christen (Zapiski christianina, Fragment) | 1881

Sowjetische Gesamtausgabe | Lew N. TOLSTOI: Zapiski christianina (Aufzeichnungen eines Christen, 1881 | Fragment). In: PSS [Russische Gesamtausgabe in 90 Bänden, Moskau 1928-1957ff: Polnoe sobranije sočinenij v 90 tomach]. Band 49, S. 7-21. [Als Internet-Ressource: http://tolstoy.ru/creativity/90-volume-colection-of-the-works]. – Auszug für den vorliegenden Band der Tolstoi-Friedensbiblio-

thek übersetzt mit Hilfe des Programms https://www.deepL.com/translator – redigiert & überprüft anhand der nachfolgend bibliographierten Übersetzung:

Übersetzung Günter Dalitz, 1978 | Lew TOLSTOI: Aufzeichnungen eines Christen.
In: Lew TOLSTOI: *Tagebücher. Erster Band*: 1847-1884. Aus dem Russischen übersetzt von Günter Dalitz. (= Gesammelte Werke in zwanzig Bänden. Herausgegeben von Eberhard Dieckmann und Gerhard Dudek, Band 18). Berlin: Rütten &
Loening 1978, S. 341-358. – Vgl. ebd., S. 462 zum Hintergrund des Textes: „Aufzeichnungen eines Christen – Tolstoi hatte sie 1881 als eine Folge von Tagebuch-
eintragungen geplant, in denen er sein Leben auf dem Lande ohne jede Beschö-
nigung beschreiben wollte. Sie umfassen jedoch nur einen Tag, den 8. April. Tolstoi schrieb an den ‚Aufzeichnungen eines Christen' am 8. und 9. April und unterbrach sie dann. Im November des gleichen Jahres nahm er sie noch einmal auf,
führte sie aber nicht zu Ende."

6. *Das Wesen der christlichen Lehre*
(Suščnost' christianskogo učenija) | 1908

Sowjetische Gesamtausgabe | Lew N. TOLSTOI: Suščnost' christianskogo učenija
(Das Wesen der christlichen Lehre, 1908). In: PSS [Russische Gesamtausgabe in
90 Bänden, Moskau 1928-1957ff: Polnoe sobranije sočinenij v 90 tomach]. Band
41. Moskau 1957, S. 65-69. [Als Internet-Ressource: http://tolstoy.ru/creativity/90-
volume-colection-of-the-works].

Hintergrund | Zu diesem Text teilt Daniel Riniker mit: „‚Das Wesen der christli-
chen Lehre' wurde als ‚Wochenlektüre' in Tolstojs ‚Lesezyklus' veröffentlicht.
Ursprünglich stammt dieser Auszug aus dem Traktat ‚Die christliche Lehre', der
zwischen 1894 und 1897 entstand und von Tolstoj als ‚Katechismus' konzipiert
war. – Dass Tolstoj einen Abschnitt aus der ‚Christlichen Lehre' in den ‚Lesezyklus' aufnahm, ist nur folgerichtig, da es sich um knappe, prägnante und in sich
geschlossene Texte handelt, die zudem in einer Sprache geschrieben waren, die
gemäß Tolstojs Absicht dem ‚Volk nahe und allen verständlich' sein sollte. In der
Erstausgabe des ‚Lesezyklus' von 1905 fehlte ‚Das Wesen der christlichen Lehre'
noch, Tolstoj nahm den Text erst in die zweite Auflage von 1908 auf." (Martin
George / Jens Herlth / Christian Münch / Ulrich Schmid [Hg.]: Tolstoj als theologischer Denker und Kirchenkritiker. [Übersetzung der Tolstoj-Texte von Olga
Radetzkaja und Dorothea Trottenberg, Kommentierung von Daniel Riniker].
Zweite Auflage. Göttingen: Vandenhoeck & Ruprecht 2015, S. 285; ebd. S. 283-
289 die Übersetzung von Dorothea Trottenberg.)

Dargebotene Übertragung | Für den vorliegenden Band der Tolstoi-Friedensbiblio-
thek übersetzt mit Hilfe des Programms https://www.deepL.com/translator – redigiert & überprüft anhand vorliegender *Übersetzungen*: Das Wesen der christlichen Lehre. In: Lew TOLSTOI: Für alle Tage. Ein Lebensbuch. Mit einem Geleitwort von Volker Schlöndorf und einem Nachwort von Ulrich Schmid. Auf
Grundlage der russischen Ausgabe letzter Hand von Christiane Körner [2010]
revidierte und ergänzte Übersetzung von E. Schmitt und A. Škarvan. Lizenz-

ausgabe, Berlin: Fröhlich & Kaufmann Verlag 2018, S. 54-56. – Das Wesen der christlichen Lehre. Übersetzt von Dorothea Trottenberg. In: Martin George / Jens Herlth / Christian Münch / Ulrich Schmid (Hg.): Tolstoj als theologischer Denker und Kirchenkritiker. [Übersetzung der Tolstoj-Texte von Olga Radetzkaja und Dorothea Trottenberg, Kommentierung von Daniel Riniker]. Zweite Auflage. Göttingen: Vandenhoeck & Ruprecht 2015, S. 285-289.

Das größere Werk, aus dem der Auszug stammt | Lew TOLSTOI: Christianskoe učenie (Die christliche Lehre, 1894-1897). In: PSS [Russische Gesamtausgabe in 90 Bänden, Moskau 1928-1957ff: Polnoje sobrabranije sotschinenij w 90 tomach]. Band 39. Moskau 1956, S. 117-191. [Als Internet-Ressource: http://tolstoy.ru/creativity/90-volume-colection-of-the-works]. – *Übersetzung.* Graf Leo TOLSTOI: Die christliche Lehre. Ausschließlich autorisierte und vom Verfasser revidierte deutsche Ausgabe. Herausgegeben von Dr. Eugen Heinrich Schmitt. Berlin: Hugo Steinitz Verlag 1898/99. [Neuedition: Leo N. TOLSTOI: Die Christliche Lehre. Katechetische Schriften für Erwachsene und Kinder. (= Tolstoi-Friedensbibliothek Reihe A, Band 10). Norderstedt: BoD 2023.]

7. Gebete (Molitvy) | 1909

Sowjetische Gesamtausgabe | Lew N. TOLSTOI: Molitvy | МОЛИТВА (Gebete, 1909). In: PSS [Russische Gesamtausgabe in 90 Bänden, Moskau 1928-1957ff: Polnoe sobranije sočinenij v 90 tomach]. Band 90, S. 143-147. [Als Internet-Ressource: http://tolstoy.ru/creativity/90-volume-colection-of-the-works].

Hintergrund | Daniel Riniker teilt mit: „Diese Gebete entstanden alle im Sommer 1909, einige von ihnen notierte Tolstoj zunächst in seinem Tagebuch oder seinen Notizbüchern, bevor er sie ins Reine schrieb. Die Texte sind Ausdruck von Tolstojs Überzeugung, dass ein Gebet eine individuelle und intime Zwiesprache des Gläubigen mit Gott sein soll, frei von Forderungen oder Bitten. Und so sind Tolstojs Gebete auch eher untypisch für diese Textsorte, da sie weder formal noch inhaltlich eine Anrufung Gottes durch einen Gläubigen darstellen." (In: Martin George / Jens Herlth / Christian Münch / Ulrich Schmid [Hg.]: Tolstoj als theologischer Denker und Kirchenkritiker. [Übersetzung der Tolstoj-Texte von Olga Radetzkaja und Dorothea Trottenberg, Kommentierung von Daniel Riniker]. Zweite Auflage. Göttingen: Vandenhoeck & Ruprecht 2015, S. 282; vgl. ebd., S. 282-284 die erste Veröffentlichung der Gebete in deutscher Sprache, übersetzt von Dorothea Trottenberg.)

Dargebotene Übertragung | Für den vorliegenden Band der Tolstoi-Friedensbibliothek übersetzt mit Hilfe des Programms https://www.deepL.com/translator – redigiert & überprüft anhand der Übersetzung von Dorothea Trottenberg.

Weiterführende Literatur

1906/1909 | *Leo N. Tolstois Biographie und Memoiren.* Autobiographische Memoiren, Briefe und biographisches Material. Herausgegeben von Paul Birukof und durchgesehen von Leo Tolstoi. *Band I:* Kindheit und frühes Mannesalter. Wien / Leipzig: Moritz Perthes (k. u. k. Buchhandlung) 1909. [593 Seiten.] – *Leo N. Tolstois Biographie und Memoiren.* Autobiographische Memoiren, Briefe und biographisches Material. Herausgegeben von Paul Birukof und durchgesehen von Leo Tolstoi. *Band II:* Reifes Mannesalter. Wien/Leipzig: Moritz Perthes (k. u. k. Buchhandlung) 1909. [554 Seiten.]

1911a | Leo Tolstoi: *Briefe 1848-1910.* Gesammelt und herausgegeben von P. A. Sergejenko. Autorisierte vollständige Ausgabe. Mit einem Vorwort von Dr. Adolf Hess. Berlin: Verlag J. Ladyschnikow 1911. [560 Seiten] [Soll neu ediert werden als Band: TFb_B010 (in Vorbereitung).]

1913 | *Leo Tolstoi's Briefwechsel mit der Gräfin A[lexandra]. A[lexandrowna]. Tolstoi 1857-1903.* (=Tolstoi-Bibliothek, herausgegeben von Ludwig Berndl, erster Band). München: Georg Müller 1913. [XVI und 470 Seiten.]

1919 | Leo Tolstoi: *Tagebuch der Jugend.* Erster Band 1847-1852. Von Wladimir Tschertkow autorisierte, vollständige Ausgabe. Herausgegeben von Ludwig Berndl. München: Verlag Georg Müller 1919. [292 Seiten.]

1923a | Arthur Luther (Hg.): Leo Tolstoi. *Ein Leben in Selbstbekenntnissen. Tagebuchblätter und Briefe.* Leipzig: Bibliographisches Institut Leipzig [1923]. [446 Seiten.]

1923b | Leo N. Tolstoj: *Tagebuch. Erster Band 1895-1899.* Autorisierte, vollständige Ausgabe von Ludwig Berndl. Jena: Eugen Diederichs 1923. [184 Seiten]. / *Tagebuch. Zweiter Band 1900-1903.* Autorisierte, vollständige Ausgabe von Ludwig Berndl. Jena: Eugen Diederichs 1923. [204 Seiten.]

1923c | Leo Tolstoi: *Religiöse Briefe.* Übersetzt und herausgegeben von Karl Nötzel. Sannerz und Leipzig: Gemeinschafts-Verlag Eberhard Arnold [1923], S. 39-43. [Vorbereitete Neuedition als Band TFb_B011.]

1925 | Paul Birukoff (Hg.): *Tolstoi und der Orient.* Briefe und sonstige Zeugnisse über Tolstois Beziehungen zu den Vertretern orientalischer Religionen. (Reihe: Tolstoi Dokumente, herausgegeben von Paul Birukoff). Zürich und Leipzig: Rotapfel-Verlag 1925. [266 Seiten.] [Vorbereitete TFb-Neuedition.]

1926 | Leo Tolstoi: *Briefwechsel mit der Gräfin A. A. Tolstoi.* Mit den Erinnerungen der Gräfin A. A. Tolstoi an L. N. Tolstoi. Herausgegeben von Ludwig Berndl. Neue vermehrte Ausgabe. Zürich/Leipzig: Rotapfel Verlag 1926. [466 Seiten.]

1928a | Leo N. Tolstoj: *Briefe.* Gesammelt und herausgegeben von P[etr]. A[leksěevič]. Sergejenko. (= Tolstoi-Gesamtausgabe des dichterischen Werkes, Band 15). Berlin: Malik-Verlag [1928]. [559 Seiten.]

1950 | Leo Tolstoj: *Briefe an seinen Freund Wladimir Tschertkov aus den Jahren 1883-1886*. Nach dem russischen Manuskript übertragen und herausgegeben von Ludwig und Dora Berndl. Winterthur: Albert Züst Verlag 1950. [162 Seiten.]

1971 | Lew Tolstoi: *Briefe. Erster Band*: 1844-1885. Aus dem Russischen übersetzt von Günter Dalitz. (= Gesammelte Werke in zwanzig Bänden. Herausgegeben von Eberhard Dieckmann und Gerhard Dudek, Band 16). Berlin: Rütten & Loening 1971. [800 Seiten.] / *Briefe. Zweiter Band*: 1886-1910. Aus dem Russischen übersetzt von Günter Dalitz. (= Gesammelte Werke in zwanzig Bänden. Herausgegeben von Eberhard Dieckmann und Gerhard Dudek, Band 17). Berlin: Rütten & Loening 1971. [776 Seiten.]

1978 | Lew Tolstoi: *Tagebücher. Erster Band*: 1847-1884. Aus dem Russischen übersetzt von Günter Dalitz. (= Gesammelte Werke in zwanzig Bänden. Herausgegeben von Eberhard Dieckmann und Gerhard Dudek, Band 18). Berlin: Rütten & Loening 1978. [492 Seiten] / *Tagebücher. Zweiter Band*: 1885-1901. Aus dem Russischen übersetzt von Günter Dalitz. (= Gesammelte Werke in zwanzig Bänden, Band 19). Berlin: Rütten & Loening 1978. [531 Seiten] / *Tagebücher. Dritter Band*: 1902-1910. Aus dem Russischen übersetzt von Günter Dalitz. (= Gesammelte Werke in zwanzig Bänden, Band 20). Berlin: Rütten & Loening 1978. [572 Seiten.]

1979 | Leo N Tolstoi: *Tagebücher 1847-1910*. Aus dem Russischen übersetzt von Günter Dalitz. München: Winkler 1979. [Lizenzausgabe mit Genehmigung des Verlags Rütten & Loening; 1294 Seiten.]

2015 | Martin George / Jens Herlth / Christian Münch / Ulrich Schmid (Hg.): Tolstoj als theologischer Denker und Kirchenkritiker. (Übersetzung der Tolstoj-Texte von Olga Radetzkaja und Dorothea Trottenberg, Kommentierung von Daniel Riniker). Zweite Auflage. Göttingen: Vandenhoeck & Ruprecht 2015 [Erstauflage 2014].

Literatur zu Tolstois
religiösen und theologiekritischen Werken

ACKERMANN 1927 = Johannes Ackermann: Tolstoj und das Neue Testament. Leipzig: Teubner 1927.

AXELROD 1902 = Esther Luba Axelrod: Tolstois Weltanschauung und ihre Entwicklung. Stuttgart: Enke 1902. [& Stuttgart: Union dt. Verlagsanstalt ¹1902.]

BARTH 1957 = Karl Barth: Kirchliche Dogmatik. Dritter Band, Vierter Teil. Zweite Auflage. Zürich: Evangelischer Verlag A.G. Zollikon 1957, S. 491, 495, 707.

BARTOLF 2006 = Christian Bartolf: Ursprung der Lehre vom Nicht-Widerstehen. Über Sozialethik und Vergeltungskritik bei Leo Tolstoi. Berlin: Selbstverlag des Gandhi-Informations-Zentrum 2006.

BRYNER 2015 = Erich Bryner: Protestantismus. In: M. George / J. Herlth / Chr. Münch / U. Schmid (Hg.): Tolstoj als theologischer Denker und Kirchenkritiker. Zweite Auflage. Göttingen: Vandenhoeck & Ruprecht 2015, S. 540-553.

DOERNE 1969 = Martin Doerne: Tolstoj und Dostojewskij. Zwei christliche Utopien. Göttingen: Vandenhoeck & Ruprecht 1969.

DREWERMANN 2023 = Eugen Drewermann: Einleitung. In: *Worin besteht mein Glaube?* Übersetzungen von Sophie Behr und Raphael Löwenfeld. (= Tolstoi-Friedensbibliothek Reihe A, Band 6). Norderstedt: BoD 2023, S. 7-25.

ERNST 1991 = Peter Ernst: Ehrfurcht vor dem Leben: Versuch der Aufklärung einer aufgeklärten Kultur. Ethische Vernunft und christlicher Glaube im Werk Albert Schweitzers. Mit einem Exkurs über religiöse Kultur und Sozialethik im literarischen Entwurf Leo Tolstois. (= Europäische Hochschulschriften. Reihe 23, Band 414). Frankfurt am Main: Peter Lang 1991.

GAEDE 1974 = Käte Gaede: Das Schriftverständnis Lev Tolstojs und Fragen seines gesellschaftlichen Bezuges. Theologische Dissertation I Humboldt-Universität. Berlin 1974. [Maschinenschriftlich vervielfältigt, zwei Bände].

GAEDE 1980 = Käte Gaede: Lew Nikolajewitsch Tolstoi. Schriftsteller und Bibelinterpret. Berlin: Evangelische Verlagsanstalt 1980.

GASTROW 1905 = Paul Gastrow: Tolstoj und sein Evangelium. Gießen: A. Töpelmann 1905.

GEORGE 2015a = Martin George: Gott. In: M. George / J. Herlth / Chr. Münch / U. Schmid (Hg.): Tolstoj als theologischer Denker und Kirchenkritiker. Zweite Auflage. Göttingen: Vandenhoeck & Ruprecht 2015, S. 355-372.

GEORGE 2015b = Martin George: Kirche. In: M. George / J. Herlth / Chr. Münch / U. Schmid (Hg.): Tolstoj als theologischer Denker und Kirchenkritiker. Zweite Auflage. Göttingen: Vandenhoeck & Ruprecht 2015, S. 389-407.

GEORGE/HERLTH/MÜNCH/SCHMID 2015 = Martin George / Jens Herlth / Christian Münch / Ulrich Schmid (Hg.): Tolstoj als theologischer Denker und Kirchenkritiker. (Übersetzung der Tolstoj-Texte von Olga Radetzkaja und Dorothea Trottenberg, Kommentierung von Daniel Riniker). Zweite Auflage. Göttingen: Vandenhoeck & Ruprecht 2015. [Erstauflage 2014.]

GLOGAU 1893 = Gustav Glogau: Leo Graf Tolstoi ein russischer Reformator. Ein Beitrag zur Religionsphilosophie. Kiel/Leipzig: Lipsius & Tischler 1893.

GOLDT 2015 = Rainer Goldt: Judentum. In: M. George / J. Herlth / Chr. Münch / U. Schmid (Hg.): Tolstoj als theologischer Denker und Kirchenkritiker. Zweite Auflage. Göttingen: Vandenhoeck & Ruprecht 2015, S. 557-570.

HAMBURGER 1950 = Käte Hamburger: Leo Tolstoi, Gestalt und Problem [1950]. Zweite, neubearbeitete Auflage. Göttingen: Vandenhoeck & Ruprecht 1963.

HANKE 1993 = Edith Hanke: Prophet des Unmodernen. Leo N. Tolstoi als Kulturkritiker in der deutschen Diskussion der Jahrhundertwende. Tübingen: Max Niemeyer 1993.

HAUCK 1950 = Wilhelm-Albert Hauck: Rudolf Sohm und Leo Tolstoj. Rechtsordnung und Gottesreich. Heidelberg: Carl Winter 1950.

HEIM 1922 = Karl Heim: Tolstoj und Jesus. (= Stimmen aus der deutschen christlichen Studentenbewegung, 15). Berlin: Furche-Verlag 1922.

HODEL 2015 = Robert Hodel: Ludwig Wittgenstein [Tolstoi-Rezeption]. In: M. George / J. Herlth / Chr. Münch / U. Schmid (Hg.): Tolstoj als theologischer Denker und Kirchenkritiker [2014]. Zweite Auflage. Göttingen: Vandenhoeck & Ruprecht 2015, S. 653-667.

HOLL 1922/1928 = Karl Holl: Tolstoi nach seinen Tagebüchern [1922]. In: Karl Holl: Gesammelte Aufsätze zur Kirchengeschichte. Band II. Der Osten. Tübingen: Verlag von J.C.B. Mohr 1928, S. 433-449.

KALICHA 2013 = Sebastian Kalicha (Hg.): Christlicher Anarchismus. Facetten einer libertären Strömung. Heidelberg: Verlag Graswurzelrevolution 2013.

KJETSAA 2001 = Geir Kjetsaa: Lew Tolstoj. Dichter und Religionsphilosoph. Gernsbach: Casimir Katz Verlag 2001.

KLEMM 2008 = Ulrich Klemm: Leo Tolstoi. Dichter, Christ, Anarchist. Hilterfingen: Edition Anares 2008.

KLOSTERMANN 1961 = Robert Adolf Klostermann: Zur Problematik der russischen Bibelexegese. In: Studien zum Neuen Testament und zur Patristik. (= Texte und Untersuchungen zur Geschichte der altchristlichen Literatur, Bd. 77). Berlin: Akademie-Verlag 1961, S. 351-378.

KOEBER 1890 = Raphael von Koeber: Leo Tolstoi und sein unkirchliches Christentum. Herausgegeben mit einer Nachschrift: Die Flucht aus dem brennenden Cirkus, von Hübbe-Schleiden. Braunschweig: C. A. Schwetschke & Sohn 1890.

KOLSTØ 2015 = Pål Kolstø: Orthodoxie. In: M. George / J. Herlth / Chr. Münch / U. Schmid (Hg.): Tolstoj als theologischer Denker und Kirchenkritiker. Zweite Auflage. Göttingen: Vandenhoeck & Ruprecht 2015, S. 528-540.

KÜHNE 1913 = Walter Kühne: Tolstojs Entwicklung, Wandlung und Denkweise. Berlin: Akademische Buchhandlung 1913.

KUßE 2010 = Holger Kuße: Lev Tolstoj und die Sprache der Weisheit. Göttingen: Vandenhoeck & Ruprecht 2010.

KUßE 2015a = Holger Kuße: Religion. In: M. George / J. Herlth / Chr. Münch / U. Schmid (Hg.): Tolstoj als theologischer Denker und Kirchenkritiker. Zweite Auflage. Göttingen: Vandenhoeck & Ruprecht 2015, S. 408-432.

KUßE 2015b = Holger Kuße: Anthropologie. In: M. George/ J. Herlth /Chr. Münch/ U. Schmid (Hg.): Tolstoj als theologischer Denker und Kirchenkritiker. Zweite Auflage. Göttingen: Vandenhoeck & Ruprecht 2015, S. 433-448.

LAURILA 1944 = Kaarle Sanfried Laurila: Leo Tolstoj und Martin Luther als Ausleger der Bergpredigt. Annales Academiæ Scientiarum Fennicæ, Band 55,1. Helsinki 1944.

LEMPP 1912 = Otto Lempp: Tolstoj. In: Religionsgeschichtliche Volksbücher, 5. Reihe, Heft 9. Tübingen: Mohr 1912.

LÖWENFELD 1892 = Raphael Löwenfeld: Leo N. Tolstoj, sein Leben, seine Werke, seine Weltanschauung. Erster Teil. Leipzig: Arwed Strauch [1892].

LÖWENFELD 1901 = Raphael Löwenfeld: Gespräche über und mit Tolstoj. Dritte, vermehrte Auflage. Leipzig: Eugen Diederichs 1901.

MACHINEK 1998 = Marian Machinek: „Das Gesetz des Lebens"? Die Auslegung der Bergpredigt bei L. N. Tolstoj im Kontext seines ethisch-religiösen Systems. (= Moraltheologische Studien – Systematische Abteilung, Band 25). St. Ottilien: Eos Verlag Erzabtei St. Ottilien 1998.

MEYER-BENFEY 1946 = Heinrich Meyer-Benfey: Tolstojs Weltanschauung. Hamburg: Deutscher Literatur-Verlag Otto Melchert 1946. [Als Internetressource https://digital.slub-dresden.de]

MILKOV 2004 = Nikolay Milkov: Leo Tolstois Darlegung des Evangeliums und seine theologisch-philosophische Ethik. In: Perspektiven der Philosophie. Neues Jahrbuch. Band 30 (2004), S. 311-333.

MÜNCH 2015a = Christian Münch: Glaube und Vernunft. In: M. George / J. Herlth/ Chr. Münch / U. Schmid (Hg.): Tolstoj als theologischer Denker und Kirchenkritiker. Zweite Auflage. Göttingen: Vandenhoeck & Ruprecht 2015, S. 324-338.

MÜNCH 2015b = Christian Münch: Offenbarung und Bibel. In: M. George / J. Herlth / Chr. Münch / U. Schmid (Hg.): Tolstoj als theologischer Denker und Kirchenkritiker. Zweite Auflage. Göttingen: Vandenhoeck & Ruprecht 2015, S. 338-354.

MÜNCH 2015c = Christian Münch: Jesus Christus. In: M. George / J. Herlth / Chr. Münch / U. Schmid (Hg.): Tolstoj als theologischer Denker und Kirchenkritiker. Zweite Auflage. Göttingen: Vandenhoeck & Ruprecht 2015, S. 373-388.

NIGG 1949/1986 = Walter Nigg: Der Häretiker in der Ostkirche. Leo Tolstoi. In: W. Nigg: Das Buch der Ketzer [1949]. Zürich: Diogenes Tb. 1986, S. 530-557.

ORECHANOV 2015 = Georgij Orechanov: Russische Orthodoxe Kirche [Tolstoj-Rezeption]. In: M. George / J. Herlth / Chr. Münch / U. Schmid (Hg.): Tolstoj als theologischer Denker und Kirchenkritiker. Zweite Auflage. Göttingen: Vandenhoeck & Ruprecht 2015, S. 585-593.

PHILIPP = Franz-Heinrich Philipp: Tolstoj und der Protestantismus. (= Marburger Abhandlungen zur Geschichte und Kultur Osteuropas, II). Gießen: Verlag Wilhelm Schmitz 1959.

QUISKAMP 1937 = Robert Quiskamp: Der Gottesbegriff bei Tolstoj. Paderborn: Ferdinand Schöningh 1937. [Abweichende Ausgabe: Der Gottesbegriff bei Tolstoy (Dissertation). Emsdetten: Lechte 1937.]

RAGAZ 1945 = Leonhard Ragaz: Die Bergpredigt Jesu. Bern: Verlag Herbert Lang & Cie. 1945. [Folgeauflagen]

RITTELMEYER 1905 = Friedrich Rittelmeyer: Tolstojs religiöse Botschaft, dargestellt und beurteilt in vier Vorträgen. Ulm: Heinrich Kerler Verlags-Conto 1905.

SALOMON 1929 = Richard Salomon: Tolstoj als Bibelexegetiker. In: Archiv für slavische Philologie, Berlin 42. Jg. (1929), S. 184-186.

SANDFUCHS 1995 = Wolfgang Sandfuchs: Dichter – Moralist – Anarchist. Die deutsche Tolstojkritik 1880 – 1900. Stuttgart: M & P Verlag für Wissenschaft und Forschung 1995.

SCHMID 2010 = Ulrich Schmid: Lew Tolstoi. München: C.H. Beck 2010.

SCHMID 2015a = Ulrich Schmid: Katholizismus [I. Tolstojs Stellung zu diesem]. In: M. George / J. Herlth / Chr. Münch / U. Schmid (Hg.): Tolstoj als theologischer Denker und Kirchenkritiker [2014]. Zweite Auflage. Göttingen: Vandenhoeck & Ruprecht 2015, S. 554-556.

SCHMID 2015b = Ulrich Schmid: Katholizismus [II. Tolstoj-Rezeption]. In: M. George / J. Herlth / Chr. Münch / U. Schmid (Hg.): Tolstoj als theologischer Denker und Kirchenkritiker. Zweite Auflage. Göttingen: Vandenhoeck & Ruprecht 2015, S. 620-627.

SCHMIDT 1990a = Evelies Schmidt: Nachwort. In: Leo N. Tolstoi: Meine Beichte. Aus dem Russischen von Raphael Löwenfeld. (= Religions- und gesellschaftskritische Schriften, Band 1. Neu herausgegeben und durchgesehen von Evelies Schmidt). München: Eugen Diederichs Verlag 1990, S. 167-200.

SCHMIDT 1990b = Evelies Schmidt: Editorische Notiz. In: Leo N. Tolstoi: Mein Glaube. Aus dem Russischen von Raphael Löwenfeld. (= Religions- und gesellschaftskritische Schriften, Band 2. Neu herausgegeben und durchgesehen von Evelies Schmidt). München: Eugen Diederichs Verlag 1990, S. 353-362.

SCHMITT 1901 = Eugen Schmitt: Die Kulturbedingungen der christlichen Dogmen und unsere Zeit. Leipzig: Verlag Eugen Diederichs 1901. [Vgl. zu Tolstoi besonders S. 44 ff.]

STAUB 1908 = K. J. Staub: Graf L. N. Tolstojs Leben und Werke, seine Weltanschauung und ihre Entwicklung. München / Kempten: Kösel'schen Buchhandlung 1908.

STEPUN 1961 = Fedor Stepun: Die religiöse Tragödie Tolstojs. In: F. Stepun: Dostojewskij und Tolstoj. Christentum und soziale Revolution. München: Hanser 1961, S. 80-156.

TAMCKE 2010 = Martin Tamcke: Tolstojs Religion. Eine spirituelle Biographie. Berlin: Insel Verlag 2010.

TAMCKE 2015 = Martin Tamcke: Protestantische Theologie [Tolstoj-Rezeption]. In: M. George / J. Herlth / Chr. Münch / U. Schmid (Hg.): Tolstoj als theologischer Denker und Kirchenkritiker. Zweite Auflage. Göttingen: Vandenhoeck & Ruprecht 2015, S. 608-619.

THAETER 1988 = Jörg Thaeter: Die Beziehung des Individuums zur Unbegrenztheit und zur Gemeinschaft. L. N. Tolstoj als „Seher des Geistes". Kiel: Dissertation 1988.

TROYAT 1966 = Henri Troyat: Tolstoi oder Die Flucht in die Wahrheit. Wien / Düsseldorf: Econ-Verlag 1966. [S. 299-332: Kunst und Glaube; S. 443-472: ‚Auferstehung', Exkommunizierung.]

WALTER 1907 = Michael Walter: Tolstoj nach seinen sozialökonomischen, staatstheoretischen und politischen Anschauungen. Zürich: Schulthess 1907.

ZWAHLEN 2015 = Regula Zwahlen: Russische Religionsphilosophie [Tolstoj-Rezeption]. In: M. George / J. Herlth / Chr. Münch / U. Schmid (Hg.): Tolstoj als theologischer Denker und Kirchenkritiker. Zweite Auflage. Göttingen: Vandenhoeck & Ruprecht 2015, S. 594-607.

Übersicht zu den Bänden
der Tolstoi-Friedensbibliothek, Reihe A

TFb_A001 | Leo N. TOLSTOI: *Meine Beichte*. Das Bekenntnisbuch in den Übersetzungen von H. von Samson-Himmelstjerna (1879) und Raphael Löwenfeld (1901). Mit einem Hintergrundtext von Pavel Birjukov. (= Tolstoi-Friedensbibliothek Reihe A, Band 1). Norderstedt: BoD 2023. | ISBN 978-3-7448-2131-5

TFb_A002 | Leo N. TOLSTOI: *Vernunft und Dogma*. Eine Kritik der Glaubenslehre, übersetzt von L. Albert Hauff, 1891. (= Tolstoi-Friedensbibliothek Reihe A, Band 2). Norderstedt: BoD 2023. | ISBN 978-3-7578-0983-6

TFb_A003 | Leo N. TOLSTOI: *Kritik der dogmatischen Theologie*. Gesamtausgabe, übersetzt von Carl Ritter, 1904. (= Tolstoi-Friedensbibliothek Reihe A, Band 3). Norderstedt: BoD 2023. | ISBN 978-3-7578-2495-2

TFb_A004 | Leo N. TOLSTOI: *Kurze Darlegung des Evangelium*. Aus dem Russischen von Paul Lauterbach, 1892. Mit einem einleitenden Text von Käte Gaede. (= Tolstoi-Friedensbibliothek Reihe A, Band 4). Norderstedt: BoD 2023. | ISBN 978-3-7578-1498-4

TFb_A005 | Leo N. TOLSTOI: *Das Evangelium*. Aus der Bibelarbeit, übersetzt von Nachman Syrkin. (= Tolstoi-Friedensbibliothek Reihe A, Band 5). | Erscheint 2023.

TFb_A006 | Leo N. TOLSTOI: *Worin besteht mein Glaube?* Übersetzungen von Sophie Behr (1885) und Raphael Löwenfeld (1902). Mit einer Einleitung von Eugen Drewermann. (= Tolstoi-Friedensbibliothek Reihe A, Band 6). Norderstedt: BoD 2023. | ISBN 978-3-7578-2881-3

TFb_A007 | Leo N. TOLSTOI: *Was sollen wir denn tun?* Übersetzt von Carl Ritter (1902), mit einer Einführung von Raphael Löwenfeld. (= Tolstoi-Friedensbibliothek Reihe A, Band 8). Norderstedt: BoD 2023. | ISBN 978-3-7578-2143-2

TFb_A008 | Leo N. TOLSTOI: *Über das Leben.* Übersetzungen von Raphael Löwenfeld und Willy Lüdtke, 1902/1929. (= Tolstoi-Friedensbibliothek Reihe A, Band 8). Norderstedt: BoD 2023. | ISBN 978-3-7578-0448-0

TFb_A009 | Leo N. TOLSTOI: *Das Reich Gottes ist in Euch,* oder: Das Christentum als eine neue Lebensauffassung, nicht als mystische Lehre. (Christi Lehre und die Allgemeine Wehrpflicht). Vom Verfasser autorisierte Übersetzung von Raphael Löwenfeld 1894. (= Tolstoi-Friedensbibliothek Reihe A, Band 9). Norderstedt: BoD 2023. | ISBN Taschenbuch: 978-3-7481-2165-7; ISBN Festeinband: 978-3-7494-6539-2

TFb_A010 | Leo N. TOLSTOI: *Die Christliche Lehre.* Katechetische Schriften für Erwachsene und Kinder. (= Tolstoi-Friedensbibliothek Reihe A, Band 10). Norderstedt: BoD 2023. | ISBN 978-3-7578-1367-3

TFb_A011 | Leo N. TOLSTOI: *Was ist Kunst?* Aus dem Russischen von Michail Feofanov (1902). Mit einer Einleitung von Dr. Marco A. Sorace. (= Tolstoi-Friedensbibliothek Reihe A, Band 11). Norderstedt: BoD 2023. | ISBN 978-3-7578-0875-4

TFb_A012 | Leo N. TOLSTOI: *An den Synod.* Texte zur Exkommunikation, Brief an den Klerus und Zeugnisse zum eigenen Glaubensweg. Mit einem Begleittext von Käte Gaede. (= Tolstoi-Friedensbibliothek Reihe A, Band 12). Norderstedt: BoD 2023. | ISBN 978-3-7578-2997-1

TFb_A013 | Leo N. TOLSTOI: *Was ist Religion?* Die Übersetzungen von Nachman Syrkin und Iwan Ostrow (1902), nebst weiteren Texten. (= Tolstoi-Friedensbibliothek Reihe A, Band 13). Norderstedt: BoD 2023. | ISBN 978-3-7578-1695-7

TFb_A014 | Leo N. TOLSTOI: *Der Weg des Lebens.* Ein Buch für Wahrheitssucher. Neuedition der Übertragung von Adolf Heß, 1912. (= Tolstoi-Friedensbibliothek Reihe A, Band 14). | Erscheint 2023.

Der Band erscheint in der Reihe A des Editionsprojekts ‚Tolstoi-Friedensbibliothek‘ zur (Neu-)Erschließung gemeinfreier Übersetzungen von ‚religionsphilosophischen (theologischen) und sozialethischen Schriften‘ Leo N. Tolstois.

Über die Reihen A und B, weiterführende Literatur, sonstige Angeboten sowie den Kreis der Beteiligten (Konzeption und Herausgeberschaft, Bearbeitung, Beratung, Kooperationspartner*innen) informiert die Projektseite: www.tolstoi-friedensbibliothek.de